书山有路勤为径,优质资源伴你行
注册世纪波学院会员,享精品图书增值服务

客户成功实践指南

直达客户成功 7步法

[英]里克·亚当斯（Rick Adams） 著
鲍荟伊 王雅倩 王权 译
马成功 张善勇 审校

电子工业出版社
Publishing House of Electronics Industry
北京·BEIJING

Practical Customer Success Management: A Best Practice Framework for Rapid Generation of Customer Success by Rick Adams

ISBN: 9780367182762

Copyright © 2020 by Rick Adams. All rights reserved.

Authorised translation from the English language edition published by Routledge, a member of the Taylor & Francis Group.

Copies of this book sold without a Taylor & Francis sticker on the cover are unauthorized and illegal.

本书简体中文字版由Taylor & Francis Group授权电子工业出版社独家出版发行。未经书面许可，不得以任何方式抄袭、复制或节录本书中的任何内容。

本书封底贴有Taylor & Francis Group防伪标签，无标签者不得销售。

版权贸易合同登记号　图字：01-2020-6437

图书在版编目（CIP）数据

客户成功实践指南：直达客户成功7步法 /（英）里克·亚当斯（Rick Adams）著；鲍荟伊，王雅倩，王权译 . —北京：电子工业出版社，2022.10
书名原文：Practical Customer Success Management : A Best Practice Framework for Rapid Generation of Customer Success
ISBN 978-7-121-44311-4

Ⅰ . ①客… Ⅱ . ①里… ②鲍… ③王… ④王… Ⅲ . ①销售管理 – 指南 Ⅳ . ① F713.3-62

中国版本图书馆 CIP 数据核字（2022）第 170378 号

责任编辑：袁桂春
印　　刷：北京七彩京通数码快印有限公司
装　　订：北京七彩京通数码快印有限公司
出版发行：电子工业出版社
　　　　　北京市海淀区万寿路173信箱　邮编100036
开　　本：720×1000　1/16　印张：20.5　字数：285千字
版　　次：2022年10月第1版
印　　次：2023年8月第2次印刷
定　　价：89.00元

凡所购买电子工业出版社图书有缺损问题，请向购买书店调换。若书店售缺，请与本社发行部联系，联系及邮购电话：（010）88254888，88258888。
质量投诉请发邮件至zlts@phei.com.cn，盗版侵权举报请发邮件至dbqq@phei.com.cn。
本书咨询联系方式：（010）88254199，sjb@phei.com.cn。

赞誉

本书全面回顾了客户成功经理的角色和职责。客户成功管理与客户体验截然不同,适用于任何企业,而不仅仅是软件即服务企业。书中深入介绍了客户引导、采用计划和采用实施,并提出了可立即运用的建议,以便在每个阶段有效实施。

安妮·玛丽·庞德(Anne Marie Ponder)
美国阿斯特拉制药公司IT基础设施高级主管

里克在他的书中不仅阐明了什么是客户成功管理,而且提供了制定正确的客户成功战略的所有要素。如果你需要在自己的公司内实现客户成功,或者如果你是一名客户成功经理,想要一本关于客户成功管理最佳实践的权威指南,那么就开始阅读本书吧!

巴普蒂斯特·德贝弗(Baptiste Debever)
阿尔卡拉布公司创始人兼发展部门主管

这是一本令人耳目一新的书,阐述了易于遵循的客户成功管理理念,使用了现实生活中的例子来证明如何更有效地履行客户成功经理的职责。里克的写作风格十分有趣,内容易于理解。我尤其欣赏他分解复杂挑战的方式,他的方式让客户成功经理在服务客户的日常情况下很容易理解这些挑战。

塞缪尔·帕里(Samuel Parri)
全球成功主管和高级项目负责人

客户成功作为一种企业准则，其发展是快速的，并将继续保持下去。里克的这本书对于任何对客户成功感兴趣的人来说都是非常宝贵的资源。无论你是从事客户成功职业的新手，还是一位经验丰富的高管，本书都提供了框架和实用指南，帮助你拥有最佳的、适用于今天和未来的实用结构与流程。

亚当·约瑟夫（Adam Joseph）
客户成功管理洞察公司CEO

本书提供了一种结构化和逻辑性的方法，将帮助客户成功经理在客户成功理论和实际应用之间架起一座桥梁。

詹姆斯·斯科特（James Scott）
成功黑客公司一般合伙人

序

帮助并引导人们走向成功是我们最崇高的使命,而我很幸运,正是围绕这一点构建了我的职业生涯。1983年,当我在兰兹角公司(Lands' End)工作时,我是公司创始人和所有者加里·科默(Gary Comer)的直接下属,当时还没有首席客户官(Chief Customer Officer,CCO)的概念,这意味着我走在了这个职业角色的前沿,并且定义了这个角色应该是什么。我非常看重CCO的角色,将它视为一种跨组织的工作,目的是将整个公司团结在一起,为客户提供最好的体验。加里把我描述为公司的"良心",我将客户的需求放在第一位,以获得客户驱动的增长,这是客户体验和客户成功背后的关键概念。作为客户体验运动的设计师之一,我感到非常幸运。时至今日,我仍对在整个组织中推行客户至上文化的必要性充满热情。

2006年,我在撰写我的第一本书《首席客户官》(Chief Customer Officer)时不得不说服出版商将书名确定为这个名称。到2015年,业界已广泛接受CCO的角色,世界也发生了变迁,包括经济衰退和社交媒体的兴起。在此期间的几年里,我将客户驱动增长的概念提炼为一种最佳实践方法,称为"五种能力模型",为此,我花了一年时间写了一本新书,名为《首席客户官2.0》(Chief Customer Officer 2.0)。五种能力模型的概念明确了公司和员工必须做什么来构建真正以客户需求来驱动的业务。我所有的书都非常重视"工具",侧重于为读者提供实际的帮助和指导,以便读者可以采用并根据自己的实际情况来推广应用。

如今,客户体验的概念是大多数成功业务的关键组成部分。客户体验的一个方面是客户成功管理,它特别侧重于帮助客户实现目标。对于许多公司,尤其是以B2B为核心业务的公司来说,不仅需要确保客户从购买和使用的产品与服务中获得价值,而且需要实现和衡量这一价值,这已变得越来越重要。虽然帮助客户实现他们期望和需要的结果并不是什么新概念,但是,相对较新的概念是客户成功经理的特定角色。在这本书中,作者里克要做的是提供一个框架、一些工具和一定的指导,帮助客户成功经理开展具体的、与客户成功相关联的活动,这与我在我的书中为领导者提供框架、工具和指导是一样的,目的都是使整个组织发展基于以客户为中心的模式。

总之,我知道里克和我一样热衷于在所有活动中都把客户放在第一位,以确保公司能更好地理解客户的愿望和需求,并帮助客户实现目标。我希望所有读过这本书的人都受到同样的启发,把客户放在第一位,以获得客户驱动的增长。

珍妮·布利斯(Jeanne Bliss)

珍妮·布利斯是研究以客户为中心的领导力和首席客户官职业角色的顶尖专家之一。20多年来,她领导了兰兹角公司、科威国际不动产公司(Coldwell Banker)、好事达保险(Allstate)、微软公司(Microsoft)和马自达汽车公司(Mazda)的客户体验工作。自2002年以来,她以客户幸福(CustomerBliss)公司为平台,为全球许多组织指导客户体验的转换,并通过主题演讲鼓舞了听众。她是客户体验专业协会的联合创始人,被称为"客户体验教母"。

本书为谁而写

我们是新手,但我们也是专家

最近,我的一个好朋友问我,我的书是为哪种类型的人而写的,是正在寻求基础知识的新入职的客户成功经理(Customer Success Manager,CSM),还是想了解有关客户成功工具和最佳实践的最新发展的专家,抑或是在客户成功方面具有坚实基础,并希望在此基础上使自己的职业生涯达到下一个层次的中间人士?

简短的回答是,为以上所有人以及更多的人而写。

详尽的回答是,在现实中,事情并没有那么简单。扮演客户成功经理角色的绝大多数人并不是刚刚从大学毕业才找到第一份工作的大学生——远非如此。一般来讲,客户成功经理进入这个角色之前就从事过很多职业,从销售人员到客户服务人员,从技术主题专家到项目及项目集管理人员,以及许多其他职业。我曾遇到一些拥有5年、10年甚至15年以上扎实从业经验的人,他们直到最近才转向客户成功管理这个领域,这是一种非常常见的现象。当然,这些人一定具有丰富的知识、技能和经验来适应他们的新角色。

因此,这个岗位上几乎没有人需要从零开始构建自己的知识和技能;相反,他们都具备了一定专业知识。当然,具体的知识、技能和专长因人而异。例如,具有销售背景的人可能擅长沟通,善于管理利益相关者,而具有技术背景的人也许善于分析数据和解决问题。但问题是,客户成功经理角色所涉领域十分广泛，要求具备的知识和技能也很广泛，以至于几乎没有人能够具备所有必要的专业知识。

此外，本书的目标读者既包括那些需要技能和知识来与客户互动，以便成功实现目标的客户成功经理，也包括那些必须制定客户成功战略的管理者和领导者，这些人负责提供适当的资源与支持，衡量并报告其客户成功团队的业绩，以展示客户成功团队带来的投资回报。

为何购买本书

本书为读者提供了一个完整的、端到端的最佳实践框架，就像我在培训、指导和咨询课程中展示的那样。它不仅是关于客户成功管理的一本书，还是一本内容丰富的指南，提供了客户成功管理实践的详细解释，并且为客户成功经理高效、有效、高质量地履行职责提供了一步一步的指导。如果你是一名客户成功经理，本书不仅为你介绍了一套完整的方法，还允许你访问多个可下载的工具，包括模板和清单，你可以在每次与客户互动的过程中定制并使用这些工具。

如何使用本书

本书旨在提供一种方法来填补空白——无论这些空白是什么，也无论有多少空白。实现这一目的的手段是全面、清晰、精准地阐述公司要求客户成功经理完成的所有任务，并且以一种符合逻辑关系的进展顺序呈现。我们欢迎并鼓励读者从头到尾通读整本书，不仅要理解客户成功管理实践框架，还要理解其背后的客户成功理念，从而获得最大的收益。然而，有些读者可能选择直接跳到描述并解释他们并不熟悉且需要立即执行的任务的内容。

目录

引言 / 001

第1章 客户成功经理角色概述 / 008

什么是"客户成功" / 009

理解结果与关键绩效指标 / 010

视客户为业务合作伙伴 / 014

为什么客户成功管理变得越来越重要 / 015

客户成功管理如何帮助实现商业价值 / 018

客户成功管理在组织结构中的位置 / 021

客户成功管理的14条原则 / 024

第2章 为客户成功管理而准备 / 027

组织中的客户成功战略 / 028

在帮助实施组织的客户成功战略中，你扮演什么角色 / 031

有哪些资产和资源可以帮助你 / 035

你将怎样安排和管理时间 / 040

客户成功管理的好消息 / 044

第3章　客户成功管理的任务、工具和方法 / 045

RAPAE模型——一种归类客户成功管理任务的方法 / 046

研究、分析和计划是行动的使能因子 / 049

理解关键路径 / 051

引入客户成功管理实践框架 / 052

应当如何使用客户成功管理实践框架 / 056

与高管和客户利益相关者见面 / 058

第4章　客户成功管理实践框架第1阶段：准备 / 068

准备概述 / 069

定义互动 / 071

访问信息 / 075

内部交接 / 078

客户信息 / 081

解决方案与合同信息 / 083

客户对结果的要求 / 085

客户成功经理对结果的要求 / 089

利益相关者信息 / 090

第三方和现状 / 093

管理信息缺口 / 094

制定互动策略和路线图 / 097

客户成功管理实践框架第1阶段的工具 / 101

客户成功管理实践框架第1阶段的活动与产出 / 104

第5章　客户成功管理实践框架第2阶段：承诺 / 106

什么是承诺 / 107

客户承诺流程 / 108

与客户沟通 / 111

与客户的初次会见 / 116

制定利益相关者管理策略 / 122

客户成功管理实践框架第2阶段的工具 / 129

客户成功管理实践框架第2阶段的活动与产出 / 131

第6章　客户成功管理实践框架第3阶段：客户引导 / 134

什么是客户引导 / 135

理解客户引导 / 136

通用的和定制的客户引导 / 137

将客户引导变成一项专业服务 / 140

客户引导的信息 / 142

管理客户引导的流程 / 147

客户成功管理实践框架第3阶段的工具 / 152

客户成功管理实践框架第3阶段的活动与产出 / 153

第7章　客户成功管理实践框架第4阶段：采用计划第一部分（概念）/ 156

采用都涉及什么 / 157

了解受影响的用户 / 164

研究方法 / 171

客户成功经理参与采用研究 / 178

与多位利益相关者合作 / 179

第8章 客户成功管理实践框架第4阶段：采用计划第二部分（实施）/ 183

第1步：确定采用需求 / 184

第2步：识别流程变化 / 186

第3步：创建受影响群体 / 188

第4步：记录实际考虑因素 / 193

第5步：确定沟通、培训和支持需求 / 194

第6步：定义和精准识别采用障碍与采用风险 / 204

第7步：制定采用计划大纲 / 206

第8步：制作采用建议书并获得批准 / 211

第9步：完成完整的采用计划并发布采用路线图 / 213

客户成功管理实践框架第4阶段的工具 / 215

客户成功管理实践框架第4阶段的活动与产出 / 216

第9章 客户成功管理实践框架第5阶段：采用实施 / 219

什么是采用实施 / 220

项目管理与客户成功经理的角色 / 221

分阶段实施的好处 / 225

准备启动项目 / 226

管理人员 / 228

管理任务 / 233

衡量与报告 / 234

处理问题 / 237

应对变化 / 238

完成项目 / 239

客户成功管理实践框架第5阶段的工具 / 241

客户成功管理实践框架第5阶段的活动与产出 / 241

第10章 客户成功管理实践框架第6阶段：价值实现 / 243

价值实现是什么意思 / 244

价值实现阶段相对的持续时间 / 245

平衡多个客户的需求 / 246

帮助客户实现价值 / 258

最大化续约 / 265

追加销售和交叉销售 / 267

反馈与宣传 / 271

一切都准备好了吗 / 278

客户成功管理实践框架第6阶段的工具 / 280

客户成功管理实践框架第6阶段的活动与产出 / 280

第11章 客户成功管理实践框架第7阶段：互动评估 / 283

审查客户成功管理活动的重要性 / 284

充实客户成功管理知识库 / 286

更新个人及团队的最佳实践 / 287

将常用的流程步骤模板化 / 289

改进你自己的客户成功管理实践 / 290

完成季度活动目标 / 292

改进你的团队的实践 / 294

庆祝成功 / 296

客户成功管理实践框架第7阶段的活动与产出 / 296

第12章 结束语 / 298

谁从客户成功管理中受益 / 299

客户成功管理常见的陷阱 / 301

客户成功是客户体验皇冠上的宝石 / 303

客户成功管理的未来 / 306

客户成功管理术语表 / 309

引言

在理想的世界中，我们不需要客户成功管理

在理想的世界中，不需要与客户成功相关的活动，因此也不需要客户成功经理来开展这些活动。在理想的世界中，客户知道他们到底需要什么，知道如何获得这些需要的东西以及在获得之后如何衡量；销售人员和设计团队完全理解客户对结果的要求，并且以最能实现这些结果的方式来确定销售建议；产品和服务完全按照预期来运行；人与人之间、个人与团队和公司之间的沟通是明确的、和谐的；最终用户迫不及待地开始使用客户成功经理所在公司的产品和服务，实现必要的价值，确保自己的公司获得最好的投资回报。

欢迎来到现实世界

与此同时，一回到现实世界，我们发现，实际情况并不像上面列举的种种场景那么完美。在现实世界中，客户并不清楚他们购买的是什么，利益相关者难以管理，并且对"什么是重要的"产生分歧，结果充其量也只是模糊的界定，战略与计划时刻都在改变，而最终用户呢？这么说吧，对于拥抱变革"不够热忱"。

所以，他们购买了解决方案，那现在呢

上面描述的理想世界与现实世界之间的差异，只是为了说明这样一个概念：客户购买甚至安装、配置和集成了某个解决方案，但不一定保证他们能获得期望的结果，即使他们购买了合适的解决方案并完美地部署了它。除了提供解决方案，几乎总是会有更多的事情要做，这正是需要客户成功经理介入的地方。

解释高级项目领导

高级项目领导（Senior Project Lead，SPL）这个术语是我自创的，我在本书中用它来简略地描述客户组织中对成功购买客户成功经理所供

职公司的产品与服务直接负责的人。这个人可能是出资人（提供预算资金的人）、决策者（批准购买的人）或者其他非常普通的人，如项目经理、某个流程的负责人，以及被赋予了使该购买计划能够运行的工作任务的团队的领导者。无论职务和资历如何，他们都将是客户成功经理在这个特别的购买计划方面的主要联系人，客户成功经理很可能在整个过程中与他们密切合作。因此，对客户成功经理来说，高级项目领导是非常重要的利益相关者，应与之建立良好的工作关系，并定期、高质量地与之沟通。

客户成功经理的角色很复杂

客户成功经理扮演朋友、意见提供者、咨询师、教练、顾问和主题专家的角色，迎合客户的主要利益相关者（我称之为高级项目领导）的需要。客户成功经理帮助高级项目领导了解他们购买了什么以及为什么购买，提供最佳实践的流程和工具，助推他们制订高质量的客户引导和采用计划，并实施这些计划和对其进行项目管理，以获得成功的结果。客户成功经理充当各种资源的管道，从主题专业知识到来自他们自己公司和第三方组织的、现有的、合适的通用培训内容。客户成功经理帮助高级项目领导确定关键绩效指标（Key Performance Indicator，KPI），并衡量、分析和报告结果，在必要时采取纠正措施，使计划重回正轨。简而言之，客户成功经理的存在是为了帮助客户通过购买的解决方案实现可能的最大价值——不管需要付出什么代价。

撰写本书的缘由

客户成功管理刚刚起步，就像大多数婴儿一样，它正在迅速成长和成熟。伴随着自身的成长和成熟，客户成功管理将开始发展自己的语言、最佳实践、工具和模板，以帮助客户成功经理尽可能高效和多产。本书提供了名为客户成功管理实践框架（Practical CSM Framework）的最佳实践与工具，以进一步推动客户成功管理的成熟过程。这个框架带领读者通过整个端到端的体验，与客户互动并与之密切合作，帮助他们实现成功，从而助推客户成功经理的公司通过最大限度地续签和扩大机会来获得成功。这个框架以及它所包含的循序渐进的流程，再加上它提供的工具和模板，旨在向客户成功经理传递该做什么以及如何做的信息，让他们有时间去做这些事情，而不是每次都要从最初的原则中寻找答案。

本书主要内容

本书的前三章阐述了客户成功管理作为一种专业实践的基本概念，并解释了客户成功管理是什么，它如何帮助客户成功经理工作的公司，以及怎样帮助该公司的客户从购买的产品和服务中实现更多价值。开篇几章还解释了如何为履行客户成功经理的职责做好准备，客户成功经理应当怎样管理自己的时间，介绍了在客户成功管理背景下研究、分析和计划的作用，以及客户成功经理遵循的最大限度提高其有效性的关键路径。

本书的主体部分详细介绍了客户成功管理实践框架（见图0.1）。框架中的每个阶段都用一章的内容来阐述，包括该阶段中发生的事情，列举并解释其中的步骤，并为完成每个步骤的最佳方式提供了建议和指导。此外，还创建了一系列可供下载的模板和检查表，以帮助客户成功经理完成他们的任务，这些在书中都有介绍。

最后一章总结了客户成功经理如何为履行职责做好准备，以及怎样避免一些常见的客户成功管理陷阱。这一章还讨论了客户成功如何与客户体验的整体概念相适应，并且提供了关于客户成功管理在未来如何发展和调整的一些想法。

本书章节设置如图0.2所示。

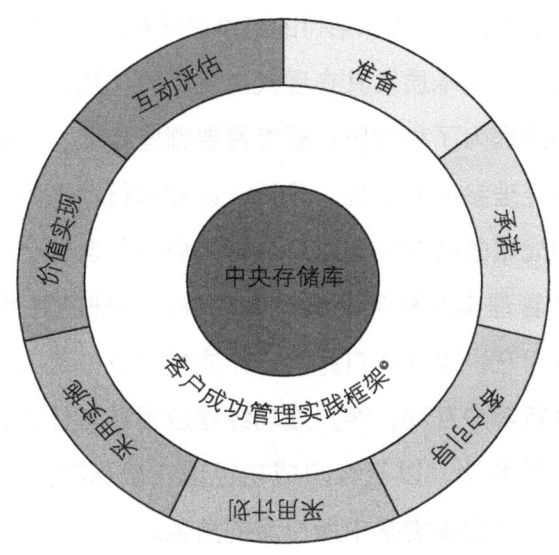

图 0.1 客户成功管理实践框架

第 1 章 客户成功经理角色概述	第 7 章 客户成功管理实践框架第 4 阶段：采用计划第一部分（概念）
第 2 章 为客户成功管理而准备	第 8 章 客户成功管理实践框架第 4 阶段：采用计划第二部分（实施）
第 3 章 客户成功管理的任务、工具和方法	第 9 章 客户成功管理实践框架第 5 阶段：采用实施
第 4 章 客户成功管理实践框架第 1 阶段：准备	第 10 章 客户成功管理实践框架第 6 阶段：价值实现
第 5 章 客户成功管理实践框架第 2 阶段：承诺	第 11 章 客户成功管理实践框架第 7 阶段：互动评估
第 6 章 客户成功管理实践框架第 3 阶段：客户引导	第 12 章 结束语

图 0.2 本书章节设置

阅读本书的收获

客户成功管理追求的是结果——客户的结果和客户成功经理自己公司的结果。本书也是关于结果的——客户成功经理的结果和管理者的结果，后者需要制定客户成功战略，提供资源并领导团队。

客户成功经理从本书中可以期待的结果包括对以下内容更深入的理解：

- 客户成功管理的本质及其在现代商业中的作用。
- 客户成功经理为了高效履行职责需要哪些技能、知识和经验。
- 客户成功经理参与的研究、分析、计划和行动等的类型。
- 客户成功战略的必要性，以及战略中应当包含什么。
- 客户成功管理实践框架及其对客户成功经理的好处，客户成功经理如何运用它，以便使自身的工作质量和效率最大化。
- 为与一位新客户互动，客户成功经理应当准备什么。
- 客户引导的方法，以及客户成功经理在确保客户引导正常进行且与每位客户的相关需求中所扮演的角色。
- 如何与客户利益相关者互动，以及如何创建有意义的利益相关者管理计划，并利用这些计划来构建高质量的关系。
- 如何理解客户的商业愿景和战略，以及与这种愿景和战略相关联的业务能力。
- 怎样帮助客户了解哪些用户将影响变革，以及这些用户的需求是什么。
- 如何帮助客户绘制采用路线图，该路线图包括针对所有受影响用户的沟通策略、培训计划和用户支持包。
- 客户成功经理在帮助客户跟踪和衡量活动、分析和报告衡量结果以显示实现的价值的过程中所扮演的角色。
- 客户成功经理在帮助客户识别和克服采用障碍并应对采用风险中所扮演的角色。
- 客户成功经理如何随着时间的推移来增强自己的知识、技能与经验，以便充分发挥自身潜力，成为一位高度胜任且成功的客户成功专业人员。

对于客户成功高级领导者来说，阅读本书将获得两个结果。

第一个结果是，他们将拥有一个现成的、完整的、端到端的最佳实践框架，以进行客户成功管理相关的活动。这个框架，他们要么拿给团队直接使用，要么对其进行调整和定制，以满足自己组织特定的、与客户成功相关的需要。

第二个结果是，他们将从本书中了解：如何组建并发展客户成功团队；这个团队如何与其他部门的同事密切合作，以获得最大效益；这个团队需要哪些资源，以便履行其职责；如何为单个的团队成员设立目标和组织活动；如何衡量团队和客户成功经理的绩效；随着时间的推移，如何提升团队的绩效。

最终的结果：增加收入和实现更大的利润

当然，对于客户成功经理和高级管理人员来说，最终的结果将是增加收入和实现更大的利润，这也是一个高产、高效和高质量的客户成功组织应该获得的结果。遗憾的是，你仅仅通过阅读本书并不能得到这些结果。读完本书，你还要采取行动，将你学到的概念和想法付诸实践。这是最困难的部分。阅读本书是这一旅程的开始，但是，持续地应用你从本书中学到的工具、方法和最佳实践，将帮助你获得更高的收入和利润。

客户成功经理角色
概述

第 1 章

什么是"客户成功"

定义"客户成功"

在我们讨论客户成功管理的细节之前,有必要停下来思考一下我们所说的"客户成功"到底是什么。我看到过人们使用各种各样的定义,毋庸置疑的是,客户成功的概念已发展多年,但它的本质仍然没变。客户成功发生在客户购买了产品、服务和解决方案后获得了令人满意的(或更好的)回报之时(见图1.1)。

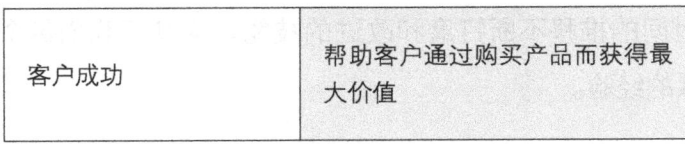

图1.1 定义"客户成功"

举例来说,假设我们卖给客户一个运输车队,他们用该车队来取代原来的车队,此举也许可以降低车队的运行成本(如维修费、燃油费和道路税费等),并提高可靠性(减少故障和缩短维修时间)。过了5年后,客户经过计算发现,将购买或租赁价格与购置新车队的持续成本综合起来考虑,使用新车队送货花费更少,那么我们可以说,在所有其他因素相同的情况下,对于客户来说,这次购买运输车队的活动就是成功的。

当然,成功本身的定义会因情况的不同而各异,而且不一定总是涉及节约成本或增加收入。例如,在降低总成本的同时,如果拥有一个更可靠的运输车队,那么客户总是能够按时将产品交付给用户的声誉将随之提高,这可能带来什么价值呢?或者,通过使用更节能的汽车来减少碳足迹,并同时减少有毒污染物的排放,客户的品牌声誉又将有多大提高呢?

客户成功管理就是实现价值

客户成功的概念比乍看起来的更加复杂和多样。我经常发现供应商和客户完全根据我们认为的真金白银来计算投资回报。发生这种情况，要么是因为他们发现，除了节约成本和增加收入，在其他领域不存在额外的、隐藏的价值；要么（更常见的）是因为，尽管他们意识到还有其他价值，但不知道怎样以有意义的方式来衡量或计算这些价值。从客户成功经理的角度来看，确保已经识别了客户通过购买与使用公司产品和服务将实现的所有价值，绝对符合我们的利益，我们要帮助客户找到衡量和计算（并最终向高管层汇报）这些价值的方法。我想说的是，能够做到这一点，对每位客户成功经理而言都是一项关键技能，而且是一项需要随着时间的推移不断打磨和改进的技能，这基于我们每个人在职业生涯中积累的经验。

客户成功管理应当主要关注产品（或服务）的价值

最近，扩展客户成功（以及客户成功经理的角色）的定义已成为一种时尚，这种扩展，不仅包括客户从购买和使用公司产品和服务中获得的价值，还包括客户成功经理可能帮助客户的任何其他方式。我对这一更广泛的定义并没有太多的疑问，但我认为，重要的是要认识到，客户成功经理的主要作用不仅要让客户成功，而且要让客户在使用他们从公司购买的产品和服务中取得成功。以其他方式帮助客户，可以在与客户利益相关者建立和管理关系方面发挥作用，也有助于提高整体的客户体验（将在下面的内容中讨论），但最终，只有当能够看到公司产品和服务在为他们创造价值时，客户才会想继续购买，并且购买更多。让客户继续购买公司产品和服务，正是客户成功管理的全部。

理解结果与关键绩效指标

定义"结果"

对于客户成功经理而言，结果的概念确实十分重要，实际上，它对整个客户成功管理的哲学和理念都很重要。正如我们在前文中看到的那样，客户成功经理的作用是帮助客户从购买客户成功经理所在公司的产品、服务和解决方案中实现价值。为了成功地履行这一职责，他们需要理解"价值"这个术语对他们接触的每一位客户都意味着什么。

当然，关于客户寻求什么样的价值的种种细节，不同的客户各不相同，但我们可以说，每位客户对于从客户成功经理所在公司购买产品、服务和解决方案的计划，都有（或者，至少应当有）一系列清晰定义的目标或目的。这意味着如果这些目标或目的达到了，该笔采购便是成功的。这些目标或目的就是我们所说的"结果"。换句话讲，我们可以认为，结果就是客户希望通过使用从客户成功经理所在公司购买的产品、服务和解决方案来实现最终目标。

结果发生在客户公司的所有层面（见图1.2）。来自较低的战术层面的结果通常会被整合起来，以便为更高的战略层面创造结果。举例来讲，每个单独的项目或计划的结果，都可能由某位特定的部门主管或流程负责人来掌控，从而使得部门或公司的战略产生总体的结果。反过来，每项战略的结果推动着公司朝实现其整体愿景的方向前进。实际上，我们可以认为，公司愿景就是对整个公司长期努力实现的结果的陈述。

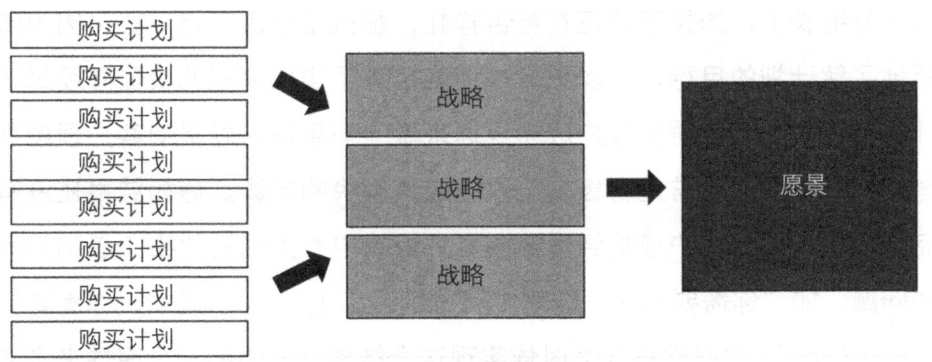

图 1.2　结果发生在公司的所有层面

确定和记录"结果"

对于客户成功经理来说，有益的做法是，不仅要了解他们参与支持的特定购买计划中对结果的要求，还要了解该计划的成功如何支撑更广泛的战略结果，并且最终支持整体的企业愿景。理解这些联系，对客户成功经理而言将十分有用，因为这有助于获得客户高级领导团队的支持和出资，并有助于确保组织将购买计划（以及客户成功经理所在公司的产品和服务）视为对公司整体成功的重要贡献。

对于任何特定的购买计划，客户可能需要其带来多个结果，而对于客户成功经理来说，确保理解所有这些对结果的要求并将它们记录下来以供将来参考，是非常重要的。要成为有用的目标，至少需要在结果的三个属性上进行定义，如表1.1所示。

表 1.1　经过良好定义的结果的属性

属　性	描　述
定性	期望获得的结果类型（如在"EMEA 区域内销售产品 X 所产生的收入"）
定量	需要的结果的数量，可以用绝对的或相对的术语来描述，如"2000 万美元总收入"（绝对）或"在此期间年均增长 15%"（相对）
最后期限	结果必须取得的时限，可以用绝对的或相对的术语来描述，如"到 2025 财年末"（绝对）或"实施后 18 个月内"（相对）

并不是所有的客户都擅长用这些术语来解释他们的结果（尽管很多人十分擅长）。如果客户正在苦苦挣扎，那么就值得坚持下去，因为清晰地了解计划的目标，可以更容易地确定为了实现期望的价值必须采取什么行动。这可能需要客户成功经理来做一些事情，以帮助客户理解这些定义，尽管这通常是在售前阶段就应该解决的问题。假如结果还没有完全确定，那么客户成功经理要向客户组织中有关的利益相关者询问一些问题，如"你需要从这一计划中获得什么结果""为了成功，你需要完成多少目标""你必须在什么时候实现这个结果"。借助三个属性来定义每个结果，客户成功经理和客户就能清楚地理解，为了能够声明该计划

已经取得成功都需要实现什么,以及如何计算客户已获得多少价值和最终从该购买计划中获得了什么。

定义"关键绩效指标"

通常情况下,公司有多种方法来衡量其绩效,但最值得学习的方法是衡量在实现结果上取得的进展程度。关键绩效指标是用于显示实现每个结果的进展的指标。一般来讲,可能需要几个不同的关键绩效指标才能完全了解实际取得了多少进展,以及需要解决哪些问题才能取得进一步的进展。

为了理解多个关键绩效指标如何帮助组织构建一个更完整的关于特定结果的真实进展的画面,我们将使用一个示例。假设客户提出了如下对结果的要求:

在未来18个月内至少要实现1500万美元的产品销售收入。

一个显而易见的关键绩效指标是"月销售收入"。如果我们将1500万美元的目标除以这段时间内的月数,那么这家公司每月需要实现约83(1500÷18)万美元的销售收入(假设时间和收入之间存在线性关系)。但是,单凭月销售收入的数字,是否足以了解发生了什么,以便在未能达到目标时采取适当的纠正措施?假设我们对前3个月的销售收入进行衡量,发现目前月销售收入仅为65万美元左右,大大低于实现18个月的业绩所需的水平。仅仅通过衡量月销售收入,我们是否有足够的信息来了解问题出在哪里,以及需要采取什么纠正措施?答案当然是否定的,那么,作为附加关键绩效指标的其他指标可能是有用的吗?

也许,除了月销售收入,公司还可以衡量月销售数量和月销售次数,我们假设这两个数字分别是20和12。这将告诉我们比月销售收入本身更多的东西。例如,如果我们用月销售收入除以月销售次数,就会得到每笔销售的平均规模,结果大约是5.4(65÷12)万美元。如果我们将目标月销售收入除以月销售次数，就会知道为了实现销售收入，需要多大的销售规模，也就是6.9（83÷12）万美元。因此我们可以看到，如果公司未来每个月的销售数量不变，实际月销售规模将比目标月销售规模少20%左右。此外，我们可以计算得出，公司目前只完成了约60%的销售数量。我们还可以计算得出，如果目前的销售规模保持在5.4万美元，那么每月增加3个客户的销售数量，则销售数量每月提高15笔，将弥补所需的短缺。

因此，现在我们有了3个关键绩效指标——月销售收入、月销售数量和月销售次数——仅仅是这些信息，就已经开始提供有用的数据了，客户可以根据这些数据制定战略，采取任何必要的纠正措施，以确保实现他们期望的结果。当然，客户还可以采取其他措施，如围绕营销活动增加潜在客户的数量或围绕产品质量采取行动，确保产品令客户满意。

选择和理解结果与关键绩效指标很重要（但并不总是很容易）

一方面，衡量的每个关键绩效指标通常都带来了有助于理解总体情况的有用信息。更多的关键绩效指标有助于形成高清晰度的"图像"，从而促进管理层决策质量提升。另一方面，过多的和/或错误的关键绩效指标将使衡量和分析变得昂贵和耗时，并可能导致更多的混乱，而不是促成更好的决策。客户成功经理应当具有足够的经验知道哪些关键绩效指标是有意义的和重要的。如果不熟悉关键绩效指标，客户成功经理应该在对客户所处行业的业绩进行衡量时使用的典型关键绩效指标进行一些基本的研究。

视客户为业务合作伙伴

客户成功管理是一种业务合作方法

我想给你提个建议。我的建议是，如果你向客户销售结果，那么你就是在有效地与他们做生意。

一旦你不再销售产品和服务本身，而是开始销售结果，你就已经改变了你的公司和你的客户之间的关系。实际上，这就好像你要和他们做生意一样。你已经提出了他们应该购买你的产品和服务的商业理由，他们也已经购买了。为了继续使用这些服务和购买更多产品，客户需要看到他们期望的价值实现了。实现的价值越多，他们购买的就越多。因此，客户公司的成功符合你的公司的利益——你们两家公司的利益是一致的。当客户赢了时，你也赢了，所以，客户公司从这种合作关系中获得的成功越多，你的公司获得的成功也越多。

这就是销售结果如此强大的原因，也是客户成功管理是企业获得成功的重要部分的原因之一。

为什么客户成功管理变得越来越重要

客户成功经理——一个新角色，但不是一个新概念

客户成功经理作为一个正式工作岗位存在的时间相对较短，但是，帮助客户从使用产品和服务中获得价值的核心概念已经存在很长时间了。从传统上讲，客户成功经理构成了服务主管和支持主管角色的一部分，围绕产品和服务的使用向客户提供帮助。此外，还可以通过收费的专业服务提供进一步的帮助，如果客户愿意的话，他们可以使用这些收费服务。这些收费服务可能包括围绕需求分析和创建商业用例的咨询，为实施和变革管理提供帮助，以及定制或系统集成方面。

客户成功管理最近的快速发展

既然是这样，为什么我们现在才看到业界将客户成功管理正式化，各公司开始组建自己独立的客户成功部门，而且这些部门刚开始拥有自己的员工、预算、战略、目标和经理呢？商业社交媒体网站领英将客户成功经理列为2018年十大最有前途工作的第三名，所以，我们可以看

出，客户成功经理的重要性在与日俱增。是什么原因导致人们越来越注重通过客户成功管理来为客户创造价值？这是一个好问题，理解客户成功经理为什么很重要以及是什么导致了它的重要性与日俱增，有助于我们理解这个角色需要做什么以及它在未来如何继续发展。

客户敏捷性的提高驱动了对客户成功经理的需求

答案来自客户现在购买产品和服务的方式改变了。以技术行业为例（这一领域是客户成功经理作为正式的工作角色首次出现的领域），一直以来，无论客户何时想要购买新技术，都需要进行相当巨额的预先资本投资，可能是对新硬件（如服务器、路由器、交换机、数据中心等）和新软件（如操作系统和应用程序）的投资。一旦购买了这些，它们就成了客户的资产，可以在一段时间内使用，最终在公司重新投资新的替代技术时报废，或者以少量的剩余价值出售。假设初始的前期投资加上持续的管理和维护费用很高（通常是这种情况），剩余价值要么很低，要么没有，那么为了实现技术投资的回报，客户需要使用该技术来增加收入和/或降低成本，使之超过初始投资加上持续管理和维护费用的总和。

当提前知道公司现在的技术需求是什么，以及在购买的技术的使用期限内公司的持续需求是什么时，这种模式可以很好地运行。然而，问题在于，用资本购买技术可能非常昂贵，因此，客户也许必须持续多年使用该技术，才能在这笔交易中实现收支平衡。在当今这个时代，许多公司发现，不断的变革使得它们很难以任何可靠的方式提前为这段时间做好计划。这段时间内会发生很多事情——客户可能有了新的需求，国家或许通过了新的法律，市场上也许出现了新的竞争对手，金融环境也许发生了变化，当然，还可能出现技术创新。

在这样的背景下，公司高管不得不非常仔细地考虑进行任何重大的资本投资,这些投资使公司必须持续多年使用购买的产品,才能从这样的购买中实现利润。更好的办法或许是,将客户购买技术的行为作为一种服务,客户只是按照每月、每季或每年的合同来付费使用该技术,而不会真正拥有它。这为管理团队提供了敏捷性——在每次续约时,可以决定要么购买更少的特定服务,要么购买更多的特定服务,甚至完全停止使用它(见图1.3)。

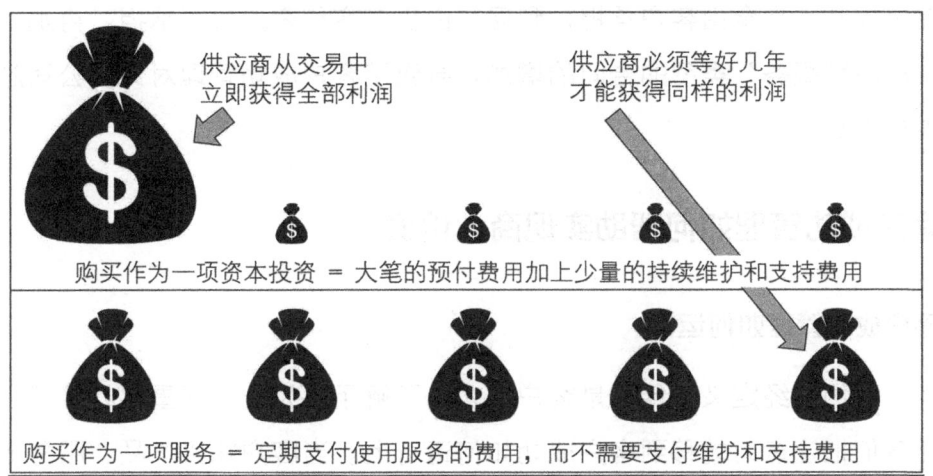

图 1.3 "X即服务"推迟了供应商的盈利

这种敏捷性为客户组织带来了重要的价值,因为从公司的角度来看,它降低了风险。然而,在现实中,这样做并没有降低风险,只是转移了风险。当然,有些风险仍然存在于客户身上,但很大一部分风险从客户转移到了供应商。这是因为,在旧的模式中,当客户进行首次购买时,供应商立即从交易中获得全部(或者至少大部分)利润。如今,没有了大笔资金的购买,而是由客户定期支付费用,以月度、季度或年度为周期来使用技术,供应商必须等好几年才能获得同样的利润。

例如,在"X即服务"的新业界,供应商可能在5年或更长时间内获得的销售收入才能与过去直接从资本支出的销售中获得的销售收入相当。这就意味着,以前供应商几乎可以直接从一笔新的交易中获得全部利润，而现在供应商必须等上好几年才能从这笔交易中获取同样的利润。正因为如此，对那些希望将产品作为服务来销售的公司而言，不仅必须帮助客户一开始就做出最初的购买决策（这当然是销售高管负责的事情），而且必须帮助客户在使用产品时产生真实、可衡量的价值，以便客户不断地续约（这是客户成功经理负责的事情）。

客户成功经理角色还包括其他一些方面，但简而言之，风险从以前完全或几乎完全由客户承担，到现在由供应商和客户共同承担，再加上"产品即服务"类型的合同的增加，导致了客户成功管理对许多公司越来越重要。

客户成功管理如何帮助实现商业价值

客户成功管理如何运行

我们已经定义了什么是客户成功，了解了它为什么很重要，接下来让我们把注意力转移到客户成功如何运行上。当客户购买产品、服务或解决方案（解决方案将多种产品和服务结合起来，打包在一起，客户为解决某一问题或克服某一业务挑战而购买）时，他们很可能不如供应商那么了解产品、服务或解决方案。供应商研究、开发、创造产品并最终将其推向市场，卖给客户，也许还为客户安装和配置产品，同时提供管理服务和售后支持服务。

在所有这些努力之后，供应商成为自己产品的专家是有道理的。同样，特定的客户组织也是自身业务的专家，它们知道自己的愿景与战略、系统与流程、资源与能力、知识与经验、客户与竞争对手、产品和服务。双方都非常了解自身的那一部分，对另一部分的了解却不那么深刻（见图1.4）。

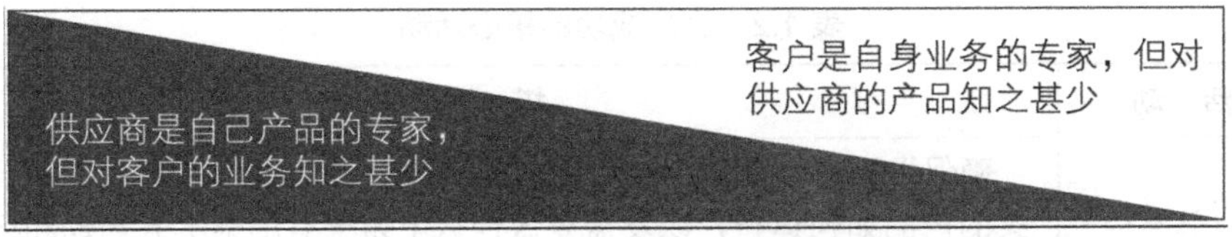

第1章 客户成功经理角色概述

```
供应商是自己产品的专家，          客户是自身业务的专家，但对
但对客户的业务知之甚少            供应商的产品知之甚少
```

图1.4　客户与供应商的知识

当客户购买产品、服务或解决方案时，他们可以问自己一个很好的问题："我们如何将这件新产品整合到公司，从而提高我们的业绩，并且为我们创造可衡量的价值？"考虑到这个阶段的客户几乎没有或者完全没有使用该产品的经验，因此，客户向供应商或具有类似知识和经验的第三方公司（如分销商或系统集成商）寻求帮助是说得通的。

如果客户直接购买此产品，并将购买作为一次性的资本投资，那么供应商提供此类售后服务的压力或必要性可能会降低，无须将其作为单独收费的专业服务收取费用。然而，如果客户将此产品的购买作为一项可续签合同的服务，或者如果事实上客户根据其初次购买的经验，可能在中期或短期内追加购买相同或其他的产品，那么对供应商来讲，在不收取额外费用的前提下为客户提供售后服务可能是值得的。当然，这是因为确保客户实现良好的投资回报符合客户的利益，能最大限度地提高客户续签合同和/或购买其他产品的可能性。

客户成功经理做些什么

客户成功活动往往是在购买协议达成后开始的，而客户成功经理通常会在所购买的产品经过定制、安装、配置、集成、保护和完成任何其他必要的工作之后才开始参与进来，使产品能够投入使用。客户成功的核心目的是产生客户价值（既尽可能多地产生，又尽可能快地产生），以便最大限度地提高客户续签合同和/或进行额外购买的可能性。要做到这一点，客户成功经理需要将工作重点放在表1.2所示的核心活动上。

表 1.2 客户成功的核心活动

活　动	描　述
客户引导	确保相关的客户利益相关者了解他们购买了什么、为什么购买、购买的产品如何运行，以及需要做什么（如果有的话）来启动和运行产品
采用	帮助客户为产品投入使用所需的一切做出计划，然后帮助客户实施该计划。该计划可能包括：研究和分析使用新产品的影响，然后为最终用户确立沟通、培训、支持和激励措施，并记录新的流程和任务
持续创造价值	为客户提供持续的帮助，确保客户继续使用产品，并继续使用产品来创造价值。客户成功经理的任务是帮助客户识别阻碍价值产生的障碍，并且就如何克服这些障碍做出计划
衡量和报告	确保一旦客户启动并使用新的产品，就会定期进行衡量，以证明所产生的价值。客户成功经理还可以根据衡量结果参与编写报告，并在会议上展示报告中的信息
适应和调整	帮助客户改进产品的使用方法，使产品产生最大的价值，并且根据客户的变化（如客户制定了新的公司战略）或供应商的变化（如产品升级提供了新的特性和功能）来调整使用方法

这些是客户成功经理往往会参与的核心活动，它们直接有助于为客户产生和实现价值，当然，正如我们看到的那样，通过为客户创造价值，客户成功经理也在为自己的公司创造价值。然而，他们通常也会通过其他三种方式为自己的公司实现附加价值，如表1.3所示。

表 1.3 来自客户成功的附加价值

价　值	描　述
宣传	因为客户成功经理与客户利益相关者一起合作来产生价值，所以能够很好地知道什么时候去寻求支持（如推荐、证明、出现在案例研究中等），并且知道在客户组织中去联系什么人，以获得必要的许可和帮助
销售	因为客户成功经理体验了客户如何使用产品，所以能够很好地发现更多使用该产品的额外机会（追加销售），或者使用公司销售的其他产品的机会（交叉销售）。这些信息通常会由客户成功经理传递给销售团队，让他们在适当的时候跟进

续表

价　值	描　述
产品改进	因为客户成功经理体验了客户怎样使用产品，所以能够很好地了解产品的哪些特性和功能十分不错，哪些特性和功能勉强可用，哪些特性和功能则不够理想——或许是因为太复杂，或许是因为使用频率太高，或许是因为质量降低或其他原因。将这些信息传递给研发团队，是客户成功经理的一个重要职责，有助于持续不断地提升和改进公司的产品

客户成功管理在组织结构中的位置

不同公司中的客户成功管理

每家公司在组织员工的方式上并非一模一样，也不应一模一样。每家公司都有自己的独特之处，包括所做的事情，为什么要做这些事情，以及如何做好这些事情。考虑到这一点，期望客户成功经理以完全相同的方式适用于每家公司是不合理的。

最大的区别在于，公司是否建立了一个独立的部门或团队专门负责客户成功管理，并且雇用那些只把时间花在与客户成功相关的活动上的员工。如果不是这种情况，要么是因为公司发现自己没有必要组建一个全职的、专门的客户成功团队投入这些活动，要么是因为公司没有（或者目前还没有）可用的管理时间、财务资源、人员、系统、流程和／或在客户成功管理最佳实践方面的经验来组建和运行一个全职的、专门的客户成功团队。

并不是所有的公司都需要或负担得起一个专门的客户成功团队。如果公司不销售任何部署、采用和使用起来非常复杂的产品，或者在市场中不以可续签合同的服务的形式来销售产品，那么公司就不需要专门的客户成功团队。在这类情形中，也许并不是公司在财力上无法承担或者不值得投资一个完整的客户成功部门，而是公司仍然有团队来做这些事情，如销售团队、产品支持团队或服务管理团队，这个团队承担客户成功经理的某些责任与职责。在我看来，这或许是非常明智和实用的做法，有助于公司从客户成功驱动方法中获得一些好处而不需要付出相应的成本来组建和运行一个专门的客户成功团队。当然，这种决策需要由管理层或"最高层"高管做出，并且应当随着公司的变化和发展而不时地进行审查。

将客户成功管理作为客户体验的一个方面

对于销售产品、服务和/或解决方案的组织来说，如果这些产品、服务和/或解决方案的部署、采用和使用都比较复杂，特别是当这些产品全部或部分作为一项可续签合同的服务出售时，创建和运行一个专门的客户成功部门也许更有说服力。假设是这种情况，不同的组织在如何管理团队及其与公司的其他业务部门（特别是与客户直接互动的其他部门）的职责方面仍然有很大的差异。让我们简单地对比一下这些部门与客户成功部门的职责，以便更清楚地了解它们之间的差异和重叠之处（见表1.4）。

表 1.4　面向客户的部门

部　门	职　责
市场营销	使潜在客户了解公司及其产品，并帮助他们了解这些产品的特点、优势和好处。帮助客户将购买这些产品可能获得的潜在价值与他们面临的业务挑战和机遇联系起来
销售	与新老客户沟通，了解他们的需求。在新客户和现有客户中发现新的销售机会。制订满足客户需求的销售方案，并将这些方案传达给相关的客户利益相关者。围绕销售合同进行谈判并达成一致。赢得新的销售机会，管理和记录销售情况
产品支持	通过提供支持服务（通常借助电话、电子邮件或在线方式），帮助客户使用他们购买的产品。支持服务往往助推客户解决他们遇到的技术问题和/或就如何执行具体任务或使用产品的具体特性或功能向最终用户提供建议
服务管理	确保提供的服务是可用的和有效的，以便为这些服务付费的客户可以使用它们。服务管理部门通常负责服务可用性和服务质量，并可能涉及例行报告，以证实和证明在前一阶段客户体验的可用性和质量

续表

部门	职责
专业服务	这通常是附加的收费服务，客户可以决定购买核心产品，以便在某种程度上提高自身的价值。专业服务可能包括围绕需求分析和创建商业用例的咨询，与定制、配置、项目管理和集成相关的更实际的服务，以及与用户培训、采用和变革管理相关的服务
客户成功	这通常是非计费服务，为客户提供售后帮助，从购买的产品中获得价值。它通常提供有关采用和使用产品以及衡量和报告使用产品所获得的价值的建议、协助和资源（虽然大多数公司对客户成功管理不收费，但有些公司确实收费。在这种情况下，客户成功管理成了另一种专业服务）

客户成功管理仍在发展

重要的是要认识到，客户成功管理目前仍在发展中，还没有成为成熟的行业。例如，Totango是一家专门提供客户成功管理工具的软件供应商，每年对这个行业进行一次全球调查。2018年的调查报告显示，83%的客户成功管理团队的规模都在扩大。这意味着有许多新的或相对较新的客户成功管理团队已经组建起来，目前正在经历规模、经验和自身成熟度不断发展的过程。

客户成功管理仍在成熟

和商业中的许多活动一样，如果我们能够在开始行动之前弄清楚到底要做什么以及怎么做，那就太好了，但生活很少给我们这样的"奢侈"。现实的情况是，许多公司在其业务范围内实现客户成功时并没有制定完全成形的战略，也没有创建所有的资源，更没有使所有的系统和流程启动与运行，而这些都是客户成功经理渴望拥有的。我认为，这是一种合理而务实的前进方式，尽管我也认识到这或许使为该公司工作的客户成功经理的工作更加艰难。我并不知道所有的答案，但如果你发现自己身处这样的境地，那么本书有望给你提供一些你需要的结构，填补一些你可能存在的知识空白，并且给你一些可下载的资源，帮助你在履行自己的职责时变得更高效、更卓有成效。

客户成功管理的 14 条原则

进行客户成功管理应当遵循14条原则,如表1.5所示。其中一些可能显而易见,但值得仔细推敲所有的原则,因为它们解释了客户成功经理的角色以及如何成功地履行职责。吸收和理解这些原则,然后将它们应用到你的工作中,将帮助你成为一名更高效、更卓有成效的客户成功经理。

表 1.5 客户成功管理的 14 条原则

	原则	解释
1	客户成功经理的存在是为了给自己所在的公司创造价值	公司之所以决定投资客户成功管理(无论是作为一个成熟的、独立的部门来组建,还是作为一项由诸如客户服务等其他现有岗位人员来履行的职责),是因为希望从投资中看到财务回报。通常,这种财务回报来自产品/服务销量的增加和客户合同的续签,但也可能包括客户宣传水平提高和/或更深入地了解客户需求,以帮助产品开发
2	客户成功经理的主要任务是帮助客户从使用公司产品/服务中获得可衡量的价值	客户期望从对公司产品/服务的购买中获得回报。客户成功经理的主要任务是帮助客户获得可能的最大回报,并确保客户正在衡量和报告这些回报,以便客户组织内的相关决策者了解和理解
3	客户成功经理是懂得如何采用、使用公司产品/服务并实现其价值的主题专家	在如何运营自己的业务方面,客户已经是主题专家了,但是,客户成功经理之所以能够为客户增加价值,是因为他们在客户购买的产品/服务方面拥有主题专家的知识。具体来讲,这种专业知识存在于客户为了获得最大投资回报而需要经历的采用和产生价值的过程中
4	客户成功经理了解客户的公司	虽然客户成功经理可能永远不会像客户那样了解自己的公司,但他们需要确保足够了解客户,以便能够知晓公司的产品与服务可以为客户的公司增加价值,并且前后连贯地帮助和协助客户就产品/服务的使用进行计划并实施该计划,同时衡量由此获得的价值
5	客户成功经理是研究员和分析师	为了计划并采取有效的行动,客户成功经理必须首先了解情况,这意味着他们必须能够发现正确的信息并使其有意义。需要研究和分析的信息包括与客户的商业战略和结果要求相关的信息,以及客户的现状,还包括与公司产品/服务以及如何采用它们相关的内容

续表

	原则	解释
6	客户成功经理是咨询师和顾问	对于每次与客户互动,客户成功经理的角色是咨询师和顾问,而不是决策者。客户支付资金购买产品/服务,并通过让员工使用购买的新产品/服务来追求客户期望的战略结果。客户成功经理的责任是提供及时和有用的信息与指导,并在必要时伸出援手,帮助客户获得公司产品/服务
7	客户成功经理是教育者	客户组织中的关键利益相关者可能并不总是知道他们需要了解的、与购买的产品/服务相关的一切信息,或者为了完全地采用产品/服务而需要进行的一些活动。虽然客户成功经理不能担任正式的培训师的角色,但提供非正式的培训和相关活动,帮助这些利益相关者更全面地了解情况,以便做出明智的决定,无疑是他们职业角色的一部分
8	客户成功经理是沟通者	沟通是客户成功管理的核心,包括会议、工作坊和演示中的口头交流,以及报告和管理系统(如客户关系管理工具)中的书面交流。不言而喻的是,沟通还包括积极倾听。客户成功经理需要具备出色的沟通技巧,必须能与有不同文化背景和工作角色相关背景的利益相关者进行沟通,这些利益相关者可能来自他们自己的公司和客户的公司,也可能来自第三方公司
9	客户成功经理是影响者和使能者	虽然客户成功经理通常不是互动中的正式领导者,但他们绝对需要有很强的领导力,特别是影响他人和使活动得以进行的能力。强大的人际交往能力(包括建立融洽关系和确立信任关系)也很重要,特别是因为客户成功经理也许不被视为"负责人",但他们仍需影响他人,以完成工作
10	客户成功经理是计划者和项目经理	并不是所有的活动都一样。在采取行动之前,必须花时间制订一个深思熟虑的计划,充分控制风险,同时最大限度地提高效率和效能。一旦制订了计划,就要遵循计划,衡量结果,并在必要时进行调整,确保项目按部就班地执行,交付预期的结果。客户成功经理可能不是一个正式的合格的项目经理,但绝对应当熟悉活动的计划和管理
11	客户成功经理是问题解决者	客户成功经理可能遇到许多阻碍客户成功的潜在障碍。这些障碍可能与非常实际的问题有关,如缺少信息或资源不足,但也可能与利益冲突和/或利益相关者之间的分歧有关。当然,障碍还有可能来自项目之外,如公司战略的改变或新的立法。无论是哪种情况,客户成功经理都要理性地看待问题,并确定正确的行动路线来解决这些问题

续表

	原　则	解　释
12	客户成功经理是务实者	客户希望从公司产品/服务中获得投资回报，这是完全合情合理的。但有时，客户（或客户组织中的特定利益相关者）可能有着不现实的期望。甚至客户成功经理的同事有时候也会因为这样或那样的原因而产生不切实际或不可行的想法。客户成功经理需要务实地考虑在规定的时间期限、预算及资源和情境约束范围内，到底能够实现什么样的结果
13	客户成功经理主动寻找进一步销售的机会	虽然我并不提倡把客户成功经理变成销售人员，但我坚信，运用他们对自己公司产品/服务的了解以及对客户的业务与技术需求的理解，进一步辨别客户使用产品/服务可能获得的额外价值的机会，是每位客户成功经理的责任。这些信息应当传递给销售团队，以便在必要时跟进
14	客户成功经理应当尽可能少做，最好什么都不做	最后这条原则是半开玩笑半认真的，因为在理想的世界中，客户成功经理应当尽可能少做，或者根本什么都不需要做。在理想的世界中，客户成功经理通常涉及的大部分工作将在售前完成，而剩余的大部分工作将由一个消息灵通、技术成熟、资源丰富的客户采用/变革管理团队完成。然而，我们并非生活在理想的世界中，在现实世界中，客户成功经理常常有许多工作要做。优秀的客户成功经理的秘诀在于发现知识和技能的缺口，以及需要完成但尚未完成的工作，并通过工作填补缺口，完成必要的任务

为客户成功管理而准备

第 2 章

组织中的客户成功战略

了解自己公司的背景

背景总是很重要，尤其是在履行客户成功经理的职责时。对于任何客户成功互动而言，最显而易见的背景当然是客户背景，我们将在后面的章节中详细讨论客户成功经理应如何着手研究和分析每位客户的特定情况、要求和需求。然而，另一种背景也需要客户成功经理了解并接受他人的指导，而且也很重要，那就是自己公司的背景。我们将在本节中进行探讨。

正如我们在第1章中讨论的那样，客户成功经理存在的原因是为自己的公司创造价值，他们通过让客户使用其购买的公司产品/服务来帮助客户获得成功。但确切地说，这种"对自己公司的价值"可能因组织的不同而不同。虽然从表面上看，每个客户成功团队的战略看起来非常相似，但具体细节或许截然不同。如果团队中的客户成功经理不理解该战略和/或他们在实施该战略中所扮演的角色，那就不太可能为自己的公司创造出与理解该战略时相当的价值。

制定客户成功战略

最初的客户成功战略通常是由高级管理团队制定的，该战略还包括预算和一系列要实现的目标。制定战略的是最高层高管，他们决定在公司中创建客户成功部门，并继续为该部门提供资金（当然，前提是该部门实现了目标）。他们会选择一个人担任部门的负责人，这个人要么从公司内部选拔，要么从外部招聘。他们除了会给这位负责人一定的财务预算，还会给他提供一定数量的公司资源，包括现有的人事和人力资源支持、IT系统等。他们还会向这位负责人说明公司的策略和目标（或目的），这位负责人会努力通过最明智地使用资源来实现这些目标。

当然，最高层高管给客户成功领导者（我们称他为客户成功部门负责人）说明的战略很可能只是高级别的，是否需要将该战略细化，是否需要制订一个更详细的计划（其中包括为团队设定的具体目标，以及采用什么策略来实现这些目标），则取决于客户成功领导者。但是，无论具体的计划是什么样子的，它肯定直接体现着公司的战略与目标。

那么，是什么影响了不同公司战略与目标的变化呢？答案来自两方面。首先，战略与目标受到公司整体抱负的影响，包括愿景、使命、目标和战略。其次，战略与目标受到当前公司状况的影响：公司是做什么的；公司有哪些财力、人力和其他资源；在客户成功方面公司已经具备了什么样的经验和成熟度；客户都有谁；卖给客户什么产品／服务，诸如此类。

例如，假设有一家处在某个高增长行业中的新创办公司获得了强大的资金支持，该公司生产一种创新的但相对便宜和易于使用的产品，这家新公司可能希望其客户成功经理通过使现有客户加强宣传以扩大其市场份额的方式，聚焦于如何赢得新客户。另外，在竞争激烈但增长缓慢的行业中，销售非常昂贵和复杂的解决方案的成熟市场领导者可能更关心留住现有客户，以保护其当前的市场份额和收入。以上这些只是例子，当然，刚才作为例子的两家公司都希望一方面尽可能多地留住现有客户，另一方面尽可能多地赢得新客户。不过，每家公司战略中的侧重点很可能不同——甚至差别巨大——这种差异反映在每家公司为其客户成功部门设定的目标中。

知晓自己公司的成功战略

每位客户成功经理都应知晓自己公司的愿景、使命、目标与战略，并且应当理解目标因何而存在，以及如何通过战略实现目标。每位客户成功经理都应足够清晰地知晓这些信息，在不借助复杂的术语或图表的情况下，使用几个简单的句子向某个外部人士来解释它们，而且能够让对方"听得懂"，即使对方不了解公司的相关背景。这是一个很好的自测练习。现在试着向第三方（可以是虚构的第三方）解释上面的信息，可以口头阐述，也可以在白板上或用纸和笔（或电子设备）写下来，看看你能做到什么程度。最优秀的客户成功经理、最出色的销售人员、最卓越的决策执行者都能做到这一点……你能吗？即使你的任务并不是去研究、分析、思考和练习，为了能够做到这一点并且做得足够好，你需要做些什么？假如某位客户的利益相关者请你解释公司的愿景、使命、目标和战略，你能毫不犹豫地做出准确的回答吗？

一旦你知晓了以上这些信息，下一步就是了解公司的客户成功部门的具体目标和战略，同时还要了解你所在部门正在制定的详细目标，以及为实现这些目标而采用的战略，尤其是你个人在实现这些目标中扮演什么角色。如前所述，很明显，这些愿景、使命、目标和战略反映并支持整个公司的总体战略方向（如果不是这样，那么可能是你的理解出现了错误或缺失，你应当重新检查）。对自己理解能力的检查，可以通过能不能向第三方解释部门的愿景和战略来进行。同样，这也是一次很好的练习，可以用口头或书面方式来尝试，也可以向一个真实的人或虚构的第三方（如果没有人作为你的实验对象的话）解释。与公司整体的愿景和战略一样，如果你发现自己无法用简单的语言来解释部门的愿景和战略，那么你可以采取一切适当的措施来纠正这一点（见图2.1）。

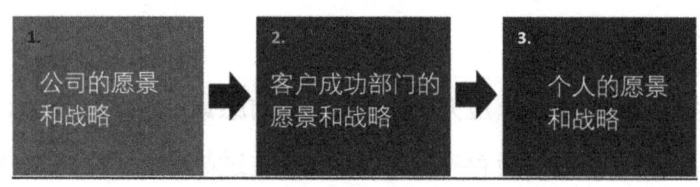

图2.1　客户成功经理角色的背景

运用成功战略

现在你已经知道客户成功经理应该做些什么了。在该背景下，你了解了自己需要做的所有事情，这些事情有时是直接而明显的，有时是温和而微妙的，但总在某个地方融为一体，既有显然易见的一面，又有不易察觉的一面。如果你曾练过武术，那么我将这种理解比作有坚实的核心或"气"，这意味着你处于均衡之中，既能站定自己的位置，也十分敏捷，并且随时准备好朝着任何方向做出必要的移动。所有的决策都应当基于对部门战略的"核心"的考虑，这反过来又体现了公司愿景。最优秀的客户成功经理理解这一点，并基于对自己部门和公司的目标与前进方向的了解来指导自己的决策，包括如何为任务划分优先级并分配时间，以及与客户一起（或者从客户那里）追求什么样的具体结果。

在帮助实施组织的客户成功战略中，你扮演什么角色

定义客户成功经理的角色

每位公司员工都应知晓自己的职业角色是什么，这是不言而喻的。然而，客户成功经理作为一个单独定义的职业角色，对许多公司和个人来说都非常新鲜，因此，关于这一角色及其职责存在一定程度的混淆与模糊。我曾与数百名客户成功经理合作并为他人提供培训，根据经验，我得出这样的结论：就目前的情况而言，很大一部分客户成功经理实际上并不清楚自己的职业角色或公司对自己的期望。因此，我认为有必要在本书中对此做一个简短的论述。

正如我们知道的那样，客户成功经理的主要作用是帮助客户从购买的公司产品/服务中获得最大价值。客户成功经理主要支持增加续约（通常被认为是衡量客户成功活动结果的主要方式）和增加销售，还包括发现额外的（全新的）销售机会，为营销目的而获得客户的宣传，并

帮助理解实际的产品/服务使用情况以及对产品/服务的要求，以助推研发团队在未来改进和提升产品/服务。

虽然客户成功管理的本质是相同的，但客户成功经理的具体职业角色和特定职责与责任将因公司而异，这取决于不同的需求、不同的能力和现有的客户成功成熟度的不同水平。对于更大、更复杂的公司，可能有多个客户成功经理的职业角色。例如，在2018财年结束时，思科公司存在三种类型的客户成功经理。第一种是虚拟客户成功经理，它管理着数百位客户，这些客户直接与思科签订在线购买的相对简单的服务合同。第二种是尽心服务的客户成功经理，他们只与一个或数量极少的重要客户合作。只有那些拥有最复杂需求并与思科产生了直接购买关系的规模最大的客户，才能拥有尽心服务的客户成功经理，因为这是一种相对昂贵的资源。第三种是合作伙伴客户成功经理。这类客户成功经理与思科的大型分销商渠道网络密切配合，并负责一个或几个较小的分销商合作伙伴。他们的作用是支持和协助经销商合作伙伴及合作伙伴的客户。虽然思科内部的客户成功组织后来发生了巨大的变化，但也说明了大型供应商应如何安排其客户成功活动，以适应广泛的客户规模和需求。

了解自己的具体职业角色

客户成功经理在了解其具体的职业角色时，显而易见的出发点是审查工作说明书。至少在理论上，工作说明书应当对他们在日常活动中应该执行的任务给出一个合理、详尽、准确的描述。虽然工作说明书可能是很好的开始，但也有一些需要考虑的其他事项。首先且最明显的是，工作说明书已经撰写了多长时间，自上次审查和更新以来又过了多久。不用说，如果工作说明书是最近撰写或更新的，那么肯定比那些并非最近撰写或更新的工作说明书更有可能准确地反映职业角色本身。其次需要考虑的因素是工作说明书的详细程度。

许多工作说明书提供了有用的任务与职责列表，但也有很多（有意或无意）措辞含糊，可以延伸出各种解释。如果客户成功经理对其职业角色的理解及他们在该角色中应当执行的任务和履行的职责不同于他们的同事或经理的理解，就可能使自己处于困难的境地。最后是众所周知的"警告条款"，这在当今的工作说明书中很普遍，类似于"……及你的经理可能要求你履行的其他任何职责"这样的陈述。这个"一揽子条款"意味着客户成功经理的上级可能要求他们做任何事情，尽管人力资源的最佳实践会努力确保工作说明书正确而准确地记录所有的核心任务和责任，任何没有明确记录的额外职责不能超过总工作量的一小部分，并且要求要合理，还要考虑提出要求者的技能和经验。

在重新阅读并（尽可能多地）理解了工作说明书的含义之后，对客户成功经理而言，下一个目标是确定其经理对自己职业角色的理解。理论上，你的经理会花大量的精力来思考工作说明书。然而，正所谓"铁打的营盘，流水的兵"，经理一直在变，所以，如今的工作说明书很可能不是你现在的经理最初撰写的。此外，正如我们已经指出的那样，随着环境的改变，加上客户成功管理世界本身日新月异，因此，即使你的经理最初撰写了工作说明书，他们也很可能对你有其他的或额外的要求，而这些要求并没有写进书面文档之中。唯一的办法就是询问。如果你还没有去问清楚，那么在阅读完本章后，你的首要任务之一就是坐下来与你的直接上司（经理）讨论你的职业角色。这似乎显而易见，但根据我的经验，人们经常会为了处理抽象和困难的事情而忽略那些非常明显的事情。如果你就是这样的，那么现在你知道该怎么做了！

客户成功经理（以及其他任何人）最需要的是"清晰"。当你和你的经理下次有机会一起坐下来正式或非正式地讨论你的职业角色时，以下是你最需要了解的（或与他们一起解决的）（见表2.1）。

表 2.1　了解自己的具体职业角色

信　息	解　释
总体描述	这个角色的总体描述是什么？这应当是一段简短的描述工作的文字，就像在和第三方谈话一样，如此一来，第三方就"明白了"，不需要进一步澄清问题
具体的、优先的职责	任何需要占用你 10% 以上时间的任务、职责或活动都需要单独定义和解释，因为至关重要的是充分理解这些职责并给予足够的关注。理想情况下，应当按照轻重缓急的顺序进行排序，或者更好的是应该为每个项目分配大致的时间百分比
目标	一个非常重要的考虑是知道上级将如何衡量你的绩效。你的经理和 / 或整个公司会用什么指标来评价你的工作业绩？理想情况下，应当尽可能清楚地列出这些内容，因为明确显示的目标要比隐藏或描述模糊的目标容易理解得多
记录和报告	这不仅应包括你向谁报告，还应包括你需要提供哪些类型的数字或其他信息，以及你预计将花费多少时间来处理这些信息
支持	为了充分履行你的职责，了解你将获得什么样的支持是很重要的。你感兴趣的支持应当包括可以使用的资产和资源，如软件系统和模板化的表格，以及必要时的正式和非正式培训、指导和咨询
职业发展	了解一下眼前的职业发展机会可能是你感兴趣的。你希望个人能力得到提升，有这样的愿望当然很好，如果工作说明书的描述与你的情况相符，那么了解未来职业发展的可能性是有意义的，并会对你如何在职业生涯中取得进步有一些启发

当然，除了职责和责任，工作说明书中还有其他一些东西也值得仔细阅读，以便弄清楚这些是否与你现在的工作或某个你可能想申请的新职位相关，如其中可能包括需要的或期望的技能、经验和资历。但本书并不涉及如何申请客户成功经理这个职位，而是如何去做好这份工作，所以我们的讨论到此为止。

团队合作是必不可少的要素

不管特定的信息是否与你在特定公司的特定工作有关，总体来讲，有一点我们可以强调：客户成功经理在实施公司的客户成功战略中扮演着十分重要的角色。实现客户成功通常需要团队的努力，或者说，至少需要客户成功经理和一系列客户利益相关者的努力，更需要公司内部的团队合作。取决于具体的情景，团队合作可能包括团队内部多个客户成功经理的合作，但更常见的是涉及不同人员的部门间的合作，包括（但不限于）来自研发、市场营销、销售、工程、专业服务、支持服务和服务管理及其他部门的主题专家，你可能会时不时地要求他们提供某些特定产品与服务的专业知识。

客户成功经理要执行的任务将在第4章解释，在第4章，我们将介绍客户成功管理实践框架，它把一次典型的与客户互动的过程分解成一系列关键阶段或步骤，每个阶段包含一系列需要完成的活动。在这之后，第4～第11章将带你逐阶段地、更详细地了解这些活动的执行情况。实际上，本书的其余部分都致力于帮助你了解该做什么以及如何做得最好！

有哪些资产和资源可以帮助你

一个尚不成熟的职业的问题

我想在这里讨论资产和资源，因为在我向欧洲、北美洲、南美洲、远东和中东等地的代表提供客户成功管理培训的过程中，我发现许多客户成功经理很少从公司获得用来帮助他们完成工作的实际资产和资源。这是因为大多数客户成功部门要么是全新的，要么相对不成熟，还没有创造资产和资源。以上当然是假设已经存在客户成功部门的情况下，因为我的代表中有相当比例的人被赋予了组建（或仅仅是组建）客户成功部门的任务，或者在他们完成"日常工作"的同时，于销售、市场营销或客户服务等岗位上从事与客户成功相关的活动。

也许上面的描述与你自身的情况相符，或者至少在某种程度上相符。如果的确如此，那么我希望本节描述的客户成功经理发现的有用资产和资源的类型，也会对你有所帮助。一旦你意识到自己可能找到哪些有用的帮助，那么创造或保护这些资产和资源的过程就会变得容易得多。在实践方面，第4～第12章将探索客户成功管理实践框架，我将在其中介绍一些可下载的模板，你可以直接使用它们，也可以修改它们，以适应你自己的特定需要。

使用资产和资源

请注意，资产是你所拥有的、可以反复使用，以执行你多次遇到的某个特定任务或者某一系列任务的东西，而资源是你在创造结果的过程中会消耗的东西。以一个家具制造商为例。工厂中的车床是资产，每次制造椅子或桌子腿时，都需要反复使用。驱动车床的能源和车床上用来制造桌子腿的木头则是资源，因为它们在制造产品的过程中被消耗。正如我们理解的那样，制造椅子和桌子腿的木工需要使用正确的资产和资源，如果他们想履行自己的职责的话。

客户成功经理需要什么类型的资产和资源？事实上，答案"没有那么多"，因为最重要的资产是其自身的知识和经验。然而，就像上面例子中的车床一样，拥有正确的资产和资源，将使客户成功经理的生活变得大为轻松，并使结果对客户和他们自己的公司都显著更好。

客户成功管理系统

我们将首先讨论我认为所有客户成功经理都需要的核心资产——客户管理系统。有的客户管理系统是最明显的资产，每位客户成功经理都需要把它作为记录和查看关于客户和活动的信息的系统。客户成功经理需要这个系统来存储和审阅客户信息，组织和记录他们的工作，并且报告工作的结果。系统中可能包括关于客户公司、利益相关者、具体的互动、已售出的产品、采用过程的进展、客户成功的目标、朝着目标前进所取得的进展、客户成功经理做了哪些工作等信息。

关于客户管理系统，有三个选择。第一个选择也是最简单的选择是使用现有的软件工具，如销售部门已经使用的客户关系管理系统。这个选择的主要优点是降低了启动、运行和使用系统的成本，缩短了时间。这个选择的缺点是，你可能很难对它进行调整，以满足客户成功经理特定的需要。而且，如果客户关系管理工具包括许多客户成功经理并不需要但无论如何都得付款的特性和功能，那么从用户许可的角度或许是昂贵的。

第二个选择是使用客户成功经理专用工具，我们通常称为"健康评分系统"。在过去几年中，一些专门提供此类系统的软件供应商如雨后春笋般涌现。这个选择的主要优点是，该工具将为客户成功经理履行职责提供需要的所有功能，并且很可能使他们更加高效和有效。这个选择的缺点是，这种专用工具要么必须集成现有的系统（这可能是困难或昂贵的），要么在新系统中存储了重复的信息（创建和维护十分耗时，数据的一致性和准确性存在问题，再加上需要额外的存储空间）。

第三个选择是完全不使用软件系统，而是要求客户成功经理创建自己的手动记录，记录他们自己的活动及活动的结果，以及客户信息。这个选择的优点是，它不需要任何前期投资，并且可以立即使用。这个选择的缺点是，客户成功经理必须自己确定要存储什么信息及如何存储，然后要想办法来做到这一点，只有这样，他们才能真正履行职责。所有这些都需要时间和精力，因此降低了他们履行自身岗位职责的有效性。这个选择也会进一步引发潜在问题。客户成功经理也许不会存储他们需要的所有信息，或者也许在存储信息时犯错，从而导致后续出现一些问题。此外，团队中的各位客户成功经理之间存储的信息很可能不一致，甚至同一位客户成功经理存储的信息随着时间的推移也会出现不一致（因为他们没有遵循任何数据创建和管理的指南）。更糟糕的是，这个选择会让公司面临客户的诉讼，因为公司存储了关于他们的错误信息，而且存储这些信息时没有采取必要的安全保护措施。

不用说，我不推荐第三个选择（尽管我在不止一家公司看到过这种情况，其中一些公司拥有广为人知的品牌，所有这些公司都有可能失去良好的声誉）。在前两个选择中，拥有高质量客户关系管理工具的公司可能发现第一个选择更有效，客户关系管理工具提供了专门用于客户成功管理的功能。无论哪种情况，我对新的或相对不成熟的客户成功团队的建议是，一开始就使客户成功管理系统保持简单。复杂将导致效率低下，尤其是在刚开始时，这时候最需要的是结果，以证明客户的成功对你的公司是有价值的，而且能从客户那里获得更多的收入，以支付与新部门相关的成本。

数据输入过多的问题

不要让客户成功经理过度沉迷于数据输入和复杂的报告，特别是当他们还在了解自己的职业角色并正在这一领域获得重要的经验时。相反，应当尽可能使用最简单的系统，并选择能让你随着团队需求的增大而使之逐步变得更加复杂的系统。"一开始就保持简单"的方法的另一个优点是，随着客户成功部门的成熟，你可能发现更多关于真实数据存储和报告需求的信息。运用这种方法，你可以对系统进行调整，以满足将来的未知的需要，而不是陷入一个更昂贵的系统中，最终也许发现这个系统要么提供了你不需要的功能，要么没有提供你需要的功能。

关于这个主题的进一步讨论，参见第10章。

客户成功经理的其他资源

在讨论了核心资产——客户管理系统之后，让我们把注意力转向资源。许多工作都在重复执行相当简单的任务或职能，员工通常遵循规定的流程来创造产品或服务，如工厂里的生产线工人或仓库的拣货员与打包员。其他工作或多或少需要员工的创造性思维和/或自主决策，但用于创造产品或服务的方法仍然是固定的和规定好的。这方面的例子包括软件开发或股票交易。客户成功管理必然在"将产生什么结果"和"如何产生这些结果"等方面具有更大的变数，因此很难对职业角色进行固化。这就是刚刚找到第一份工作的人（通常是大学刚毕业，没有工作经验的年轻人）很难做好客户成功经理的原因之一，除非他们先花时间在其他规定内容更多的岗位上获得经验（尤其是面对客户的经验）。本质上，客户成功经理必须弄清楚自己要做什么和怎么做，在每次与客户互动的过程中，规则都将改变，至少需要在某种程度上回到"绘图板"，重新定义自己的职业角色。

这就是客户成功管理的本质，而且不一定是坏事，只要你招聘的人具有创造性解决问题的能力（做该做的事情所需的），并且能够保持自律（做好这些事情所需的）。然而，我们不期望看到的是，每次启动一个与新客户互动的流程时，担任客户成功经理的员工都不得不从头开始，推倒之前的一切重来。尽管在与不同的客户甚至同一客户互动的过程中，客户成功经理要做的事情都有很大的差异，但这一事实并不意味着他们必须做的每件事情都是独一无二的。事实上，有些类似任务的模式可以满足类似的需求，可将这些需求模板化，这样的话，每次遇到这样的任务时，客户成功经理就可以将这些模板作为资源加以利用。

使用预先制作的模板

什么时候应当使用模板？模板的价值在于可重复使用。当多次从事一项活动时，使用模板可使方法和质量水平保持一致，并在完成活动所需的时间和努力方面效率最大化。

调查问卷和工具略有不同（尽管经常重叠）。调查问卷用于研究任务，以发现和记录为达到特定目的所需的必要信息。使用调查问卷有助于确保提出所有正确的问题，发现并记录所有必要的信息，并且尽量不在那些非必要的信息上浪费时间。一旦完成后，调查问卷还可以作为记录信息的一种方式，提供给团队中的其他人。调查问卷可以随时查看和更新，以保证有效性和相关性。以前的调查问卷提供的信息可以作为信息分析工作和计划活动的良好起点。

使用分析信息的工具

工具主要用于分析信息。你在使用工具时可能已经掌握了这些信息，在这种情况下，不会有任何新的信息被发现。然而，工具有助于激发创造性思维和解决问题。它是一种可视化的辅助工具，以不同于简单列表的方式呈现信息。正是这种呈现信息的方式，使得这种工具如此强大，它能让客户成功经理发现模式和模式的中断，并找到相似与不同之处。简单地讲，调查问卷的优点在于信息的排列方式，而工具的优点在于信息的呈现方式。也就是说，调查问卷也能呈现信息，分析信息的工具也能排列信息，因此出现了重叠。

就资源而言，理想的情况下，客户成功经理需要的是一系列模板化的调查问卷和工具，以便他们能够在重复执行经常遇到的那些信息研究与分析任务时保持高质、高效的标准，无论是作为单个客户成功经理还是整个客户成功团队。我推荐使用的模板将在第5章进行介绍，这些模板涉及了客户成功经理在客户成功管理实践框架的每个阶段中实施的活动，可从本书网站的下载区中访问。

你将怎样安排和管理时间

时间管理是一项至关重要的技能

时间管理对于任何工作岗位都至关重要。在许多职业角色中，时间管理仅仅意味着在办公室、工厂或其他工作场所打卡上下班，然后继续完成上级分配的任务。然而，客户成功经理不能只是"完成上级分配的任务"。首先，他们必须确定要做什么以及怎么做。这反过来又要求考虑所有的选项，然后对那些期望完成的或者必须执行的活动进行优先级排序。接下来，要根据活动的优先级和需求，将执行每项活动的时间分配到客户成功经理的日程安排之中，当然，不要忘记留出足够的时间来处理那些现在还不知道，但未来不可避免地需要处理的事情。

时间管理的一般规则

下面是一些关于客户成功经理安排和管理时间的一般规则。我们也可以将这些规则视为过滤器，你可以一个接一个地运用它们。

规则1：根据公司的客户成功战略优先安排活动

规则1确保客户成功经理与公司的成功息息相关。只有当真正知道公司的客户成功战略是什么时，客户成功经理才可能遵循这条规则。如果你连公司的客户成功战略是什么都不知道，那么请将它作为你的首要任务。这条规则的运用非常简单，只要问一下这个问题："在我的职权范围内，哪些活动最有助于实现公司的客户成功战略？"一旦过滤了那些对实现公司的客户成功战略没有帮助的事情，你就可以优先考虑剩下的事情，把最有帮助的事情排在最前面。

运用规则1之后，你应当列出一个按优先顺序排列的活动列表，在其中，将对实现公司客户成功战略贡献最大的活动排在顶部，贡献最小的活动排在底部，没有任何贡献的活动则从中删除。

规则2：根据实际考虑优先安排活动

有些活动（或者这些活动产生的结果）最好在……日期之前或者必须在……日期之前完成。这个最后期限与这些活动是捆绑在一起的。最明显的例子是会见客户——你出门去见客户，不能过了两天之后才到，必须在会见预定的日期和时间到达。另一个相关的例子是你需要完成一份报告，以便在约定的期限内交给经理。如果某项活动必须在其他活动发生之前发生，那么两项活动存在相依性。例如，在初次与客户见面之前，你可能要对产品进行研究。另一个例子是在采用活动发生之前完成并批准采用路线图。如果活动有最后期限或存在相依性，在进行优先级排序时要考虑。

运用这一规则时，客户成功经理应考虑上述这些因素，重新排列活动列表的优先级，以便在必要时将必须在特定日期之前完成的活动或存在相依性的活动移到列表的前面。运用规则2之后，应根据这些额外的信息修订具有新的优先级的活动列表。

规则3：始终让客户满意

客户满意度并不是客户成功经理最关心的问题，因此我将这条规则放在第3位而不是第1位。但是，客户满意度对客户成功经理来说十分重要，就像它对于任何其他面对客户的职业角色一样，因而需要适当地考虑。客户并不关心你的公司的客户成功战略，也不关心你是否在满足他们的需求和其他客户的需求之间很好地平衡了你的时间。客户关注的是对成功购买的需求，客户成功经理要确保能在任何时候都向客户保证，正在与客户一起努力，以满足客户公司对结果的要求。这可能包括与客户的日常会议，以沟通进展和讨论下一步行动，也可能包括生成报告，以发送给关键的利益相关者，还可能包括开始某些活动，以便让客户看到进展，即使你可能计划在稍后的日期真正完成这些活动。

虽然我绝对不提倡在任何情况下对客户撒谎，但有时候，在让客户始终满意的过程中，观念和现实一样重要，现实是，只有当客户能够真正看到你已经开始了某项活动时，他们才相信你正在处理这件事。

要运用这一规则，客户成功经理应根据客户关注的问题重新排列活动列表的优先级，并在必要时将更多的活动添加到列表中，以便尽可能地满足客户的关注与需求。运用这一规则后，应根据进一步补充的信息再次修订活动列表。

规则4：确定你未事先安排的时间需求

下一个需要考虑的是，你得为计划外的活动留出多少时间。这些活动必须在其发生时进行处理，如处理来自客户、经理或同事的信息请求，承担以前不知道的新任务，参加临时安排的紧急会议，对紧急情况做出反应，以及通常情况下及时处理任何发生的事情。当然，仅仅因为有人要求你花时间做某事，并不意味着你就必须照办。例如，有人可能邀请你参加某个会议，但你也许决定不参加，因为你觉得参加这个会议并没有最好地利用你的时间。如果你想明智地管理时间，那么最重要的是辨别什么是真正的要事（基于规则1~规则3）。就我个人而言，我喜欢计算我分配给计划外活动的时间百分比。这个百分比是多少，取决于你的具体职业角色，可能高达50%或更多，也可能低至10%。如果你不确定，先选择20%~30%，然后随着时间的推移，根据你的经验进行调整。

运用了规则4后，当写日志时，你可以将一定的时间分配给计划外的活动。

规则5：确定你的日常活动需求

最后要考虑的是日常事务，包括填写费用表格、阅读和处理电子邮件、接听电话、参加每周的团队会议、记录公司系统的活动等一些平凡但基本的活动。如果你对这些事情听之任之，它们很快就会把你的日志填满了，所以你要对自己参与的活动保持谨慎，问自己这样的问题："这真的是必要的吗？""它会干扰我真正该做的事情吗？"你也许还想在这条规则中考虑职业发展活动，如培训和教练活动。例如，花点时间读一读本书，可以作为第5条规则的活动。

一旦运用了规则5，你就应当知道分配给计划好的日常任务的时间。

现在你已经运用了所有的5条规则，可以进入你的日志或日程安排系统并开始填写，从优先的规则1和规则2中包含的活动开始，然后适时地开展规则3~规则5中包含的其他活动。这个系统的秘诀在于，你必须回顾它，以了解你的日志管理在哪些方面做得很好，以及需要在哪里做出积极的改变，以解决任何问题。将活动用颜色代码来标记是个好主意，这样的话，你就有了一个非常直观的辅助工具，可以看到你每天、每周、每月或每季度有多少时间用于需要优先考虑的核心成功战略活动，保持让客户满意需要多少时间，非计划活动需要多少时间，常规活动需要多少时间。这使得你更容易回顾你的时间管理情况，并在必要的地方解决任何可能带来麻烦的时间安排问题。

客户成功管理的好消息

向你的同事解释客户成功管理

需要注意的一点是，如果客户成功在你的公司还是一个相对较新的概念，那么你也许会发现一些困惑、误解，甚至来自其他岗位的同事对你这个客户成功经理的敌意——尤其是在面向客户的岗位上的那些同事。这是意料之中的，最优秀的客户成功经理也认识到了这一点，并为此做好了准备。你或许有必要以一种心平气和的方式解释你的职业角色以及你在大局中所处的位置，这对和你谈话的人来说是有意义的。在公司内部就客户成功经理的角色和目标进行宣传，是客户成功经理需要且必须做的，在自己的同事面前练习和磨炼技能，是一种很好的准备工作，有益于将来在面对客户利益相关者时做同样的事情。

客户成功管理的任务、工具和方法

第 3 章

RAPAE 模型——一种归类客户成功管理任务的方法

快速处理重要的事情

在第2章,我们讨论了客户成功经理如何通过运用一系列规则来管理他们的时间,以使更重要的任务优先于不太重要的任务。当然,不管有多重要,所有的任务最终都需要被执行,所以,思考任务管理的另一种有益方式是将与每位客户的互动视为一个整体项目,并按类型对互动中的任务进行分类。这对客户成功经理有帮助,因为在客户成功管理中,客户成功经理很容易陷入一种或两种类型的任务之中,这些任务占据了客户成功经理的时间表,导致没有留下足够的时间进行其他可能同样重要甚至对成功互动更加关键的其他任务。

按类别归类任务

在与客户互动的过程中,客户成功经理需要完成许多不同的任务,使用RAPAE模型,可以将任务划分为5个类别。根据RAPAE模型划分的任务类别包括研究(Research)、分析(Analysis)、计划(Planning)、行动(Action)和评估(Evaluation)。通过思考如何在5个类别的任务上分配时间,客户成功经理可以计算出他们或与他们一起工作的其他人在哪些类型的任务上花费了太多或太少的时间。这种洞察使得客户成功经理能够调整各项任务的优先级,以提高互动的效率。以这种方式思考任务,并基于RAPAE模型主动调整任务的优先级,可以为作为客户成功经理的你带来巨大的效益。利用RAPAE模型进行任务分类很容易理解,如表3.1所示。

表 3.1 利用 RAPAE 模型进行任务分类

任务类别	描述
研究	找出(并在必要时验证)与客户互动相关的信息
分析	对信息进行分类和研究,以理解并将其置于相应的背景中

续表

任务类别	描述
计划	确定需要采取什么行动及以怎样的顺序和质量进行
行动	通过正确的顺序来实施计划,并且以适当的质量实施
评估	衡量结果,跟踪和报告进展,并确定进一步的需求

使用RAPAE模型的好处

模型的意义在于将现实的复杂性简化,使之易于理解和遵循,进而帮助我们做出高质量的决策——在本例中是围绕任务管理的决策。请注意,在这个模型中,"行动"一词专指计划中包含的那些活动,而不是指所有活动。

从表3.1中可以看到,基于相依性的概念,模型中的任务有一个逻辑顺序:

1. 只有在采取行动之后,才能评估活动的成功。
2. 制订计划以确保将时间花在正确的活动上,是有意义之举。
3. 必须分析情况,确定需要做什么,才能制订高质量的计划。
4. 人们不可能分析尚未知道的或尚未验证为准确的信息。

在客户互动的生命周期中迭代

尽管从研究到评估的任务有一定的逻辑顺序,但这并不意味着我们就应当用纯线性的方式来看待RAPAE模型。我们不应该把这个模型视为一个线性进程(或者一个简单的任务列表,按顺序执行一次),而应该把它视为连续的任务,客户成功经理将在任何一个与客户互动的生命周期中多次迭代。例如,通常情况下,一旦进行了充分的研究,客户成功经理将继续分析信息,并将其作为自然且合乎逻辑的任务序列。然而,对客户成功经理而言几种常见的情况是:在分析期间,他们发现自己并没有足够详尽地掌握某些他们需要掌握的信息,或者他们还需要其他一些信息以清楚地了解大局。在这些情况下,客户成功经理可能要回到研究阶段，以发现和／或验证更多的信息，然后再次进入分析阶段。

揭示在模型的前（或后）阶段要执行的更多任务的概念，对模型的所有阶段都同样有效。举例来说，客户成功经理有时可能从计划阶段过渡到行动阶段，但有时也许必须回到分析阶段，甚至再次回到研究阶段，在再次跳到计划阶段之前最终跳到行动阶段。

此外，一旦客户成功经理到达了评估阶段，评估的结果将很好地说明存在的不足之处（无论是意料之中的还是意料之外的），现在需要通过RAPAE模型的更多迭代周期来解决这些不足——或者从研究到评估的整个周期，或者直接跳到客户成功经理认为需要更多关注的那些阶段。对RAPAE模型进行迭代，使得每次迭代都更接近最终的期望结果，你就能理解迭代是多么的必要。

把时间花在最需要的地方

RAPAE模型将客户成功经理的时间划分给5个不同类别的任务。尽管这5个不同类别的任务对于客户成功经理都非常重要，但只有1个类别的任务的执行，才能实际导致客户在现实世界中改变，这个类别就是"行动"。因此，客户成功经理应当尝试将执行其他类别任务的时间减到最少，以最大化他们花在"行动"类别任务上的时间。图3.1展示了客户成功经理在执行每个类别的任务上所花费的时间，当然，实际耗费的时间会因与不同客户互动以及与客户互动的阶段不同而发生变化（有时变化很大）。

需要再次指出的是，要由客户成功经理决定需要做什么，并且相应地分配他们的时间。RAPAE模型的目的是将客户成功经理的注意力集中到最具影响力的任务（行动）上，同时帮助他们围绕研究、分析、计划和评估类别中的其他任务做出高质量的决策，以支持这些行动。为了做到这一点，客户成功经理需要主动地监测自己的活动，并确定他们在每个任务类别上花费了多少时间，然后在必要的时候进行调整。

第3章 客户成功管理的任务、工具和方法

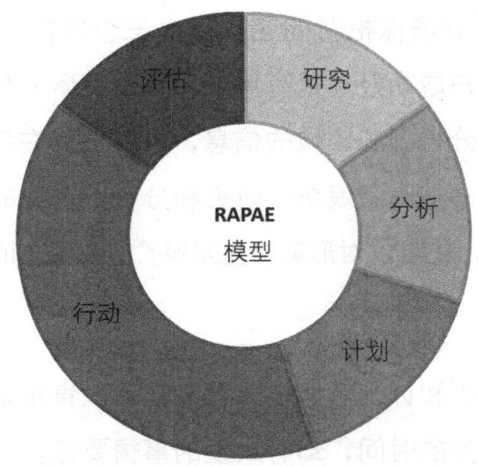

图 3.1　RAPAE 模型

研究、分析和计划是行动的使能因子

秘诀在于准备

　　研究、分析和计划是客户成功经理在持续地与客户互动的整个过程中执行的基本任务。这是因为，只有进行充分的研究、分析和计划，客户成功经理才能做好采取正确行动的准备——正确行动是指能在最短时间内为客户和客户成功经理自己的公司带来最大利益的行动。

　　下面是一条值得牢记的好格言：

　　你对客户、客户的购买计划及自己公司的解决方案的理解越深，就越能更好地发挥客户成功经理的作用。

　　加深对客户的理解，为客户成功经理提供了所需的背景，使其能帮助客户围绕如何从解决方案中获得价值而做出高质量的决策。加深对客户的购买计划的理解，使客户成功经理能帮助客户确定应将时间、精力和宝贵资源投入哪些活动，以及活动应当以什么顺序发生。加深对自己公司解决方案的理解，使客户成功经理能向客户提供他们需要的信息，围绕应如何采用和使用该解决方案做出高质量的决策。

客户成功经理要确保把时间花在以上三个方面，以获得足够的理解，让客户觉得客户成功经理是有用的。在进行研究和分析时，有时很难知道需要研究和分析哪些领域的信息，以及应当在每个领域深入到什么程度。我们很容易把时间浪费在研究和分析不重要的信息上。不研究和分析正确的信息，就难以对形势产生足够广泛和深刻的理解。

删繁就简

进行研究、分析和计划可能十分耗时，可以肯定地说，绝大多数客户成功经理没有太多的时间，却有大量的事情要做。一般而言，人们期望客户成功经理能同时处理与多个客户的互动，以至于他们承受着相当大的压力，要在要求的时间期限内完成所有的任务。除了来自组织内部的工作量的压力，他们还得认识到，从每个客户的角度来看，时间也是一种宝贵的商品。客户需要从购买解决方案的投资中获得回报，而且越早开始体验这种投资回报，经历的风险就越小，总的投资回报可能就越大。因此，客户成功经理必须在花时间进行研究、分析和计划活动与尽快采取行动以便取得结果之间谨慎地取得平衡。

研究、分析和计划是客户成功经理定期执行的关键任务，因此我们还必须在不足和太多之间取得适当的平衡。客户成功管理的一个关键概念和一般规则是：

进行足够的研究来收集你需要分析的信息……以便制订一个计划，使你能够采取你需要采取的行动……以尽快产生价值。

这是一个相当长的句子，让我们将其分解并进行分析。

这句话的第一部分表明，我们应当"进行足够的研究来收集你需要分析的信息……"，换句话说，客户成功经理不需要研究关于客户组织的所有事情，而要更有选择地利用他们宝贵的时间。在开始进行研究之前，客户成功经理应当已经十分清楚他们需要了解客户的哪些信息。

那么，我们如何知道我们需要了解哪些信息呢？它出现在句子的第二部分，"以便制订一个计划，使你能够采取你需要采取的行动……"，我们要牢记研究的目的，那就是制订高质量的行动计划。换句话说，研究和分析任务纯粹是为了支持对任务进行计划。因此，了解你打算采取什么行动，将帮助你确定你需要研究什么信息。

计划是一项任务，它使客户成功经理和其他人能够按照正确的顺序、以正确的质量、在正确的时间期限内采取正确的行动。但是，什么行动才是"正确的行动"呢？这句话的最后一部分进行了解释，"以尽快产生价值"。最后这部分描述了是什么让客户成功经理在与客户互动的过程中始终如一地专注于价值创造。要想成为一名成功的客户成功经理，了解需要做什么才能尽快产生价值是一个核心方面。

理解关键路径

什么是关键路径

如上所述，一方面，如果客户成功经理花费了太多时间进行任务的研究、分析和计划，这将使其在职业角色中表现欠佳，因为他们没能花足够的时间来执行与行动相关的任务，而只有这些任务才能改变现实世界。另一方面，如果客户成功经理在任务的研究、分析和计划等方面花费的时间太少，也会在其职业角色中表现欠佳，因为他们将不会执行与正确的行动相关的任务，至少不是以正确的方式、正确的顺序或正确的质量标准。

客户需要从解决方案中获得价值，他们希望看到这种价值尽快产生，这是可以理解的。因此，客户成功经理的职责是帮助客户在可行的情况下尽快获得价值。为了做到这一点，我们要寻找遵循创造客户价值的关键路径，其中只包括那些为了开始产生价值而需要完成的任务，不包含其他任务。

在此阶段，你的研究背后的概念是揭示你需要了解的关于客户的所有信息，成功地进行客户引导，但仅此而已。这可能包括什么？ 当然，这完全取决于你已经知道的内容。举例来讲，如果这是你第一次与这位特定的客户互动，也是你第一次参与客户购买的解决方案的采用及价值创造过程中，那么与和你认识并合作多年，而且购买了你十分熟悉的解决方案（该解决方案过去曾帮助其他客户获得了价值）的现有客户相比，你得进行更多的研究。

即使后一种情况属实，我还是建议你仍然进行研究，但你可以在更肤浅或更加概括的层面上进行研究。这是因为情况总在变化。客户的愿景、战略、计划和人员方面可能发生变化，而我们自己的解决方案也可能改变了，随着新版本或带有新的或修订的特性和功能的版本的创建与发布，旧版本被取而代之。

拓展概念

请注意，在RAPAE模型中，每个任务类型中的任务不限于只由客户成功经理承担的任务。通常情况下，客户的利益相关者或客户成功经理自己的同事也将负责一些研究、分析、计划、行动，以及之后的评估。如果客户成功经理在他们的部门中担任非正式的领导者和项目经理，那么就应当考虑与互动相关的所有任务，而不是只考虑他们自己的任务，同时要尽最大努力帮助每个人均衡地进行研究、分析与计划，以便尽快采取有效的行动。

引入客户成功管理实践框架

一个逐步的、可迭代的流程

在第2章，我们讨论了客户成功经理如何通过应用一系列规则来思考和管理时间，这些规则使他们能够优先考虑更重要的活动而不是不太重要的活动。在本章的第一节中，我们介绍了RAPAE模型，它为客户成功经理提供了一种机制，使其能在与客户的互动中尽可能迅速地关注行动，从而改变现实世界。现在，希望你已经掌握了一些有益的规则和概念，可以运用它们来管理和优先安排你自己和他人的时间，所以在本书的其余部分，客户成功经理应专注于理解和执行任务本身。

在本节中，我将概述客户成功管理实践框架，在后面的章节中会详细讨论框架中包含的每个阶段的任务。可以把客户成功管理实践框架作为一个完整的结构，在其中能够找到与客户互动相关的所有活动。使用这个框架的优势在于，所有有关需要执行哪些任务、如何执行任务以及以何种顺序执行任务的工作都已经完成。这么做有几个明显的好处。首先，提高了效率，因为客户成功经理现在可以继续执行任务，而无须进行上述任何思考和工作。其次，提高了质量，因为可以确保在任何时候都遵循最佳实践。最后，无论是从与单个客户互动的角度，还是从与多个客户互动的角度，抑或是从团队中的多位客户成功经理的角度，都增加了一致性。通过使用客户成功管理实践框架，你可以更快地开始工作，同时确保在以正确的方式做正确的事情，获得可能的最佳结果。

实用的指导

客户成功管理实践框架的目的是在典型的与客户互动的生命周期中为客户成功经理提供实践指导。典型的与客户互动的过程遵循可预测的模式或旅程，首先是发现和验证相关的活动信息，转而进入决策和计划，接下来按原定计划采取行动，最后是评估和报告结果（见图3.2）。

图 3.2　与客户互动的旅程

客户成功管理实践框架只是采用了这个典型的旅程，并对其进行了扩展，以执行更复杂的客户成功管理方法，从而产生更高质量的结果。

图3.3显示了客户成功管理实践框架。该框架包含7个阶段,从准备开始,到互动评估结束。在本书中,每个阶段都有相对应的章节。每个阶段包含一系列需要完成的任务,该阶段对应的章节将描述每项任务,并解释如何执行它。

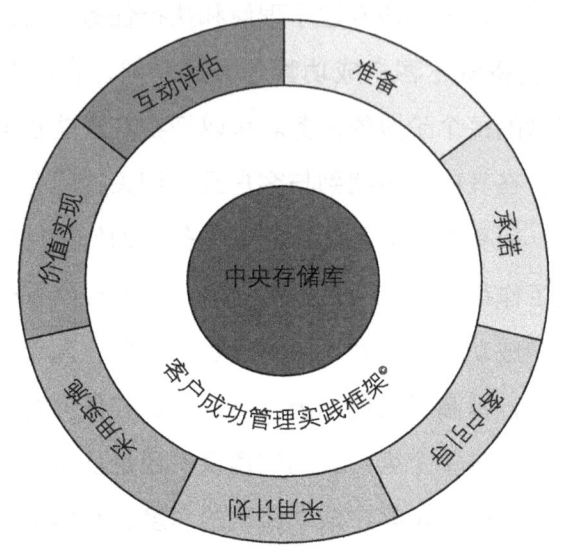

图 3.3 客户成功管理实践框架

客户成功管理实践框架的组成部分

首先,我描述了客户成功管理实践框架的每个组成部分并解释了其用途。表3.2将客户成功管理实践框架分解为各个典型的实施阶段,并提供了每个阶段的概述和该阶段中包含的每项任务的具体描述,此外,它还解释了一个被称为中央存储库的附加组成部分。

表 3.2 客户成功管理实践框架的组成部分

阶 段	描 述
初始阶段:互动的初始阶段是准备——首先让客户成功经理自己在客户需求的背景下变得有用和重要,同时了解客户的关键利益相关者,并就客户成功经理能够帮助客户获得价值的方式类型与客户达成一致	

续表

阶 段	描 述
准备	在与客户会面之前，甚至在开展任何与新客户互动相关的活动之前，客户成功经理应做好一些基本的准备工作，使互动准备就绪，并确保这些互动对客户有用。准备阶段提出了客户成功经理在这个初始阶段应该做什么
承诺	至关重要的是，客户成功经理和客户对需要做些什么要达成共识，以便客户获得他们从购买计划中看到的价值，客户成功经理明确在帮助客户获得价值的过程中扮演什么角色。对于客户成功经理来说，与关键的客户利益相关者会面并着手与之发展有意义和信任的关系也很重要。此外，验证在准备过程中了解到的一些信息（假设而不是已知的事实），并就互动的时间和步调与客户达成一致，以适合客户的需求，也是有益之举

客户引导阶段：客户成功经理帮助客户的第一项工作是确保客户理解他们购买了什么，为什么购买以及如何使用。在某些情况下，这可能是一项非常直接和简单的任务。在其他（特别是多用户）的环境中，这也许更加复杂，需要仔细计划，对客户及产品/服务加深了解

阶 段	描 述
客户引导	客户引导是指让客户开始使用新产品、服务或解决方案的过程，旨在帮助客户尽快从这次购买中获得可衡量的价值，并避免客户因缺乏信息和/或支持而产生挫败感。客户引导阶段解释了客户成功经理需要做什么来尽可能有效地管理客户引导过程

采用阶段：客户成功经理的主要精力通常在于帮助客户从他们购买的产品、服务或解决方案中获得最大的价值。这里有两个关键方面，从客户成功经理的角度来看，第一个也是最需要付出大量精力的方面是采用。采用是指将产品、解决方案或服务投入使用，以便为客户创造价值的过程

阶 段	描 述
采用计划	这是研究和分析与"谁将使用解决方案"及"他们会如何使用解决方案"相关的客户信息的过程。这个阶段解释了如何绘制由采购方的高级领导者签字同意的采用路线图，以及在采用实施阶段要遵循的详细采用项目计划
采用实施	采用实施阶段解释了客户成功经理在帮助客户以平稳有序的方式实施计划中的采用方面所扮演的角色

持续阶段：客户从他们购买的产品、服务或解决方案中获得最大价值的最后一个方面是实现价值。一旦采用完成，就进入了持续阶段，这涉及确保产生最大的价值，并且只要客户继续使用产品/服务，就会持续衡量和报告，一直到未来。在这个阶段的某个时刻，客户成功经理还需要对互动情况进行评估，并确定哪些方面进展顺利，哪些方面可以做得更好，以及为未来的互动吸取了哪些教训

续表

阶段	描述
价值实现	在采用阶段完成之后，就进入了价值实现阶段。一旦客户使用了提供给他们的新功能，需要对产生的价值进行衡量和追踪，并且可能需要不时地进行调整，确保朝着结果的方向继续取得进展
互动评估	每次与客户互动时，客户成功经理都会获得经验。这种经验以及为客户创造的任何资源，都需要进行评估和记录，以便模板化，并在未来与客户互动的过程中重新使用。客户成功经理可以从每个项目中吸取经验教训，以便将来做得更好

存储：将所有内容存储在一个地方非常方便，这样可以更容易地管理它们，并确保它们在需要时可用

中央存储库	中央存储库背后的理念是提供一个地方存储来自每个阶段的所有信息，以便人人都能访问，只要他们需要互动的任何阶段的信息。最终，在这个中央存储库中创建和存储的新内容也可以形成模板，以便在未来的活动中重复使用

应当如何使用客户成功管理实践框架

客户成功管理实践框架和迭代的周期

我将客户成功管理实践框架描述为一个轮子或周期，而不是一个线性的发展过程。这样做是为了说明周期性工作的概念，尽管事实上大多数与客户互动的过程都既有线性模式，又有周期性模式。在典型的与客户互动的过程中，从最初的会见客户到报告最终结果，其实是一个线性过程，正如本章前面所描述的那样。这是一个相当明显的线性过程，因为大多数事情都有开头、中间和结尾。然而，除了从开始到结束的这种进展，重要的是客户成功经理要认识到，其进展的实际情况可能比这更加复杂。通常，客户成功经理将不得不重新审视之前的阶段和/或跳到未来的阶段，以便完成工作。有时候这是由于外部压力，如时间期限或预算限制；有时候这只是在工作中学习的结果，发现有新的需求或要求需要处理，但在一开始并不知道。因此，客户成功管理周期说明了客户成功经理需要在方法上保持灵活，并愿意在必要时在各个阶段向前和向后跳跃，同时始

终保持整体进展，确保实现互动的预期结果。

任务、模板和产出

然而，从广义上讲，从准备阶段开始，然后依次通过每个阶段向前推进，只是一种简单的情形。在客户成功管理实践框架的每个阶段中，客户成功经理将遇到如表3.3所示的任务、模板和产出。

表3.3　客户成功管理实践框架的组成部分

项　目	描　述
任务	任务是客户成功经理（或他们委托的人）需要完成的活动。任务按逻辑顺序显示，以便客户成功经理可以按照框架中显示的顺序完成它们。不过，有时客户成功经理可能有必要先跳过某项任务，待完成后面的任务后再回到之前的任务，或者跳到后面的任务，或者先完成某项任务的一部分并打算在后面的阶段完成它，如当进一步的信息变得可用时
模板	模板是客户成功经理在执行设计任务时可以使用的辅助工具。使用模板，客户成功经理能够更快、更容易地完成任务，同时确保任务以适当的质量完成，并且覆盖到适当的深度。并非所有的任务都有与之关联的模板。模板有两种类型：调查问卷提供了研究和记录信息的方法，工具则提供了分析和理解信息的方法。在本书中，凡是有模板的地方，都会提供模板的名称并描述如何使用它。登录本书网站，可以下载模板。究竟是使用模板执行任务，还是以其他方式执行任务，完全取决于客户成功经理个人
产出	产出只是执行任务所获得的结果。有时这可能仅仅是在方框中打勾，表示任务已完成；有时这也许意味着一个已完成的模板。产出的其他例子包括特定利益相关者的承诺或特定会议的记录。产出应存储在中央存储库中，以便客户成功经理和其他需要访问的人随时可以参考

客户成功经理应当完成框架内的各个阶段的工作，同样的道理，他们也应当完成各个阶段内的任务，如有必要，还需在任务之间循环地向前和向后移动，但要始终牢记，只有完成了所有任务，才算完成了一个客户成功管理周期。请注意，由于实际情况，他们完全可以决定暂时跳过某个阶段中的一项或多项任务，转到下一个阶段，在稍后的某个阶段再返回，以完成之前跳过的任务。有时，跳过某项特定的任务可能是最好的——因为客户成功经理正在进行的特定互动并不需要它。当然，客户成功经理也可能在任何一个阶段发现其他需要完成的任务——因为这

个框架只包含了所有常见的任务或者至少大部分的活动，但并不是说其他工作不需要完成。

这个框架仅仅作为指南。客户成功经理仍然负责准确地确定需要完成哪些任务、应当如何完成、应按什么顺序开展、需要达到什么质量，以及需要多长时间。这个框架是客户成功经理旅程的参考和起点，但它只是一个框架，其中的细节还有待客户成功经理补充。

积累经验，获得更大的自主权

随着时间的推移，客户成功经理应当发现他们对这个框架以及他们的工作性质更加熟悉了，也拥有了更多经验。客户成功经理从框架开始或通过使用框架，逐渐积累了经验。久而久之，经验丰富的客户成功经理可能决定对现有通用的客户成功管理实践框架进行修改，以更好地适应其特定环境和需要，这是很好的做法。我鼓励客户成功经理继续前进，尽可能多地或者尽可能少地调整框架，使之尽可能有用并与他们的职责相关。

同样，客户成功经理也可能发现需要定制一个或多个通用模板，以满足其特定的需要，因此，我再次建议，如果客户成功经理决定这样做，就应该继续这样做下去。关于框架本身及其中的模板的可调整性有一个附带条件，这与团队工作有关。如果客户成功经理自己工作，就没有问题。然而，如果客户成功经理在团队中工作，那么开发一种所有团队成员都遵循的统一的工作方法可能是有意义的。倘若是这种情况，建议在团队层面上对框架和模板进行调整，并将其分发给所有团队成员使用，而不是让团队中的单个客户成功经理自己进行调整。

与高管和客户利益相关者见面

与高管会面的必要性

与所有面向客户的角色一样，客户成功经理需要在客户的关键利益相关者面前亮相，与他们沟通，通常包括高管（如部门主管），甚至最高层的高管。这是因为这些人从战略角度理解客户的业务，而且他们的出资和参与将大大有助于确保客户成功经理支持的任何特定的客户购买计划取得成功。

客户成功经理面临的问题与他们的售前同事（如客户经理和其他售前顾问）之前面临的问题是一样的：在没有和这些高管建立关系的情况下，如何与他们见面？在我为面向客户的专业人员开设的几乎每一门课程中，都会有人问我这个问题：

我怎样才能见到更多客户的高级业务经理和/或最高层高管？

我的答案总是一样的，我把它总结在下面，因为我认为这是一个很好的问题，值得花一点时间来回答。

你真正想要会见的是谁

在我20岁出头，刚刚开始我的职业生涯时，一位"大老板"从总部下来，和我们所有人进行了一次谈话。他毫不含糊地告诉我们，我们没有想方设法与足够多的高管见面，这就是我们的销售数字太低的原因。他非常兴奋地敲着桌子，勉励我们"走出去，拿起电话，开始把自己带到客户的最高层高管面前"。

当时我还很年轻，经验不足，但这番鼓励对我产生了深远的影响。所以，一回到办公桌前，我就完全按他的要求做了。我拿起电话，打给我的一个客户（一家中等规模的公司），要求与该公司CEO通话。电话立刻就接通了，我甚至连眼皮都没眨一下，因为我对这一切十分陌生，所以完全没有意识到，这种事情在平常是不会"发生"的。尽管那些比我年长的更聪明的同事已经多次告诫过我了，但我还是拨通了这个电话。我向CEO解释了我是谁（我们以前从未见过面），并询问我是否可以见他。他答应了。我们商定了会见的日期和时间。要再次强调的是，根据我从同事那里获得的所有智慧,这种事情是不会"发生"的,但对我来说,显然已经发生了——就是这么简单的事实!为什么要大惊小怪?我非常高兴地告诉了我的直接主管这次即将到来的工作会见,她也很高兴,因为这是我第一次与这样一位高级别的利益相关者见面。直接主管提出和我一起去,我欣然同意了。

我们到达那里时,一切都很顺利。前台员工欢迎了我们,等待片刻之后,我们被领进了该公司CEO的办公室,他非常热情地欢迎我们并让我们坐下。然后,他扭头转向我,问了我一个问题。这是一个非常简单的问题,而且十分合理——事后看来,我本应对这个问题有所准备,但遗憾的是,我没有。"好的,"他用愉快的语气问道,"咱们这次会见的目的是什么?"

如今,每每回想起这次会见,我总是微微一笑,虽然当时我和我的直接主管都很尴尬,时间持续了10分钟左右,我们俩红着脸,喃喃自语(她同样也没有准备,因为她误以为我知道我在做什么),想解释我们所做的事情和我们能够提供的价值,诸如此类。总之,我们说出了人们在完全没有准备好说出任何"真话"时可能会说出的各种话。

尽管这是一次简短而毫无成效的会见,但它确实让我学到了两个非常宝贵的教训,我永远也不会忘记。第一个教训是,尽管传言有许多,但我们确实有可能见到最高层的高管和客户组织的其他高级经理——我从未暗示人们总能像我那样,只打一通电话,就能轻易见到客户公司的CEO。

第二个教训当然是,除非你绝对清楚会见的价值,否则永远不要去见客户的最高领导者——无论是对你自己而言,还是对你会见的人而言。在我的整个职业生涯中,我总是把这些经验教训应用到我遇到的情景中去,我相信它们是我取得成功的一个很小但很重要的部分。

确定你要会见的合适的客户利益相关者

现在,我们来看看如何将上述内容应用到实际工作中去,在本章的

第3章 客户成功管理的任务、工具和方法

这一部分，我们将考虑谁才是真正的客户利益相关者。让我们通过运用我学到的第二个教训来做到这一点。刚刚说过，我的第二个教训是：除非你绝对清楚会见的价值，否则永远不要去见客户的最高领导者。

这里的关键词当然是"价值"。为了获得价值，我建议运用一些规则。

规则1：在安排任何会见之前，问问你自己："我想通过这次会见达到什么目的？"或者你可以将这个问题表述为："我需要从这次会见中获得什么样的结果？"

规则1的重点当然是把我们的思考集中在会见的最终结果上而不是会见本身。写下你想要的是什么当然是个好主意，可以用一两句话来写，如果你想实现多个目标，甚至可以用项目符号列表的形式。不管怎样，把事情写下来都是有益之举。首先，在考虑你所写的内容时，你可能发现你并没有涵盖所有的角度，需要从会见中实现更多的目标，当然，你可以将这些目标添加到你已经写好的对结果的要求列表中。其次，这提供了规则2所需的信息。

规则2：仅仅根据你对结果的要求，需要谁参加会见才能实现结果？

规则2的重点也是让我们把注意力集中在会见的最终结果上，而不是会见本身，但这一次是决定谁该参加会见。这种"结果第一，参加者第二"的方法是合理的，它帮助我们进行逻辑思考，谁需要参加会见，谁不需要参加会见。这将我们引向第3条规则。

规则3：对于每位参加者，你已经决定邀请他们参加会见，他们会从中获得什么成果或结果？

第3条规则考虑的不仅仅是我们自己的需求和渴望。当我们邀请高管参加会见时，这一点可能尤为重要。提前考虑他人的需求和会见的目标，不仅有助于让会见对其他人更有价值，而且你能长期受益于与他人建立的更牢固的共情纽带。

规则4：永远不要去见那些你不需要会见的人（尤其是高管）。

规则4非常重要。我们经常被"会见高管"的渴望所束缚，事实上，我们中的许多人发现自己承受着来自经理的一定压力，于是顺从于他们，导致可能忘记这条重要的规则。你总是尝试从与你会见的高管的视角来考虑你们的会见：他们会如何看待这次会见？你和你所代表的公司会在他们心中留下怎样的印象？他们对与你的会见是感到不满，还是充其量只能保持中立，抑或认为这是他们的良好投资，能从中获得一个或多个结果？简而言之，你和他们会见的原因是真实的吗？你真的从现有联系人那里得到了同样的信息了吗？或者，你真的需要这些信息吗？

在我上面概述的确定你要会见的合适的客户利益相关者的过程结束之时，你应该清楚谁需要参加你的会见，以及会见将使所有参加者（包括你和他们）获得什么结果。你还应该明白你确实需要会见你想见的人，因此，你应当信心十足地进入这一小节的第二部分，我们将讨论如何让高管同意与你见面。

让高管同意与你见面

对于大多数人（销售人员、解决方案架构师、客户成功经理、服务经理和其他专业人员）来说，他们通常的任务是组织与客户利益相关者的会见，他们面临的主要问题不是邀请谁，而是如何邀请他们。或者换句话讲：我如何才能与一位目前和我并未建立任何关系的高管见面？

这当然是我在自己的职业生涯中多次遇到的问题。正因为如此，我研究了很多高管的行为，尤其是与销售会见相关的行为。这是我当时研究的重点。我所了解到的是，如果销售人员是通过电话、信件、电子邮件提出建议的，那么高管很少会同意与之见面。事实上，他们很可能根本接收不到这些信息，而是由秘书代表他们来处理销售人员与他们的通信和沟通。

然而，有一种方法的成功概率要高得多——事实上，根据我自己的经验以及与我分享过这些知识的人的经验,它的成功概率大约是75%。这种方法很简单:让客户组织中你能见到的人为你安排与你想见的人见面。

这其实很简单。这就从一个你不能解决的问题(因为你没有办法影响你想要会见的高管的想法)转变成一个你可以解决的问题(因为你有能力来影响你能见到的人的想法)。

现在你要做的就是说服那些你能见到的人,让他们相信,安排一次你想要的会见符合他们的利益。如何做到这一点?简单地说,要这样做:在和你能够见到的人交谈时,使用你想要会见的人的语言。

这意味着你将讨论你想要会见的人面临的问题和挑战,即使你是在和现有联系人交谈,或者和那些可能与这些问题及挑战不太相关的人交谈。当你这么做时,你就向现有联系人表明了你了解高管的职业角色,同时表明高管与你目前参与的项目或购买计划是相关的。更重要的是,你还在向现有联系人保证,如果确实见到了那位高管,你会很自如地与高管交谈,谈论他感兴趣和关心的事情。换句话讲,在高级别的利益相关者面前,你可以很好地代表你自己和现有联系人表达观点,不会浪费高管的时间。这很重要。

在真实场景中工作

让我们举个例子。假设你的公司向客户销售了一个高科技的IT解决方案,你是指定的客户成功经理,目的是帮助该客户实现购买价值。你在销售团队中的同事已经与客户的IT团队建立了良好的关系,并将你介绍给了这个团队,而且你已经开始与他们建立良好的工作关系。你知道客户组织中的销售与营销副总裁(管理欧洲、中东和非洲地区业务)是一位极具影响力的后起之秀,对于如何在未来几年发展公司和扩大收入有着宏伟的抱负。你还知道客户最近宣布了一个雄心勃勃的目标,即在三年内将欧洲、中东和非洲地区的收入翻一番。你相当确信,只要能见到这位销售与营销副总裁，你就能真正帮助他。问题是你从未见过他，而且到目前为止，你与IT团队的对话本质上是技术性的，而不是面向业务的，并且只与IT部门相关，与销售及市场营销部门不太相关。简单地讲，你不确定现有的IT团队的联系人会不会理解为什么你应该和销售与市场营销副总裁见面，IT团队的联系人对你将要做的事情没有信心，生怕在你真的见到了销售与营销副总裁之后出洋相。

上面的场景恰当地演示了许多客户成功经理发现自己一次又一次面对的一种非常常见的情况。在培训客户成功经理和其他面向客户的专业人员时，无论是初学者还是经验丰富的老员工，他们总是向我提出这个问题。

所以，你要做的是，请求与你现有的某位联系人见面交谈（或者举行一系列的会见），你认为他最适合安排你和你想见的人举行会见。你要利用这次（或者这一系列）会见来影响他们，最终获得他们的承诺，让他们着手安排真正的会见，也就是说，安排你和你真正想见的高管举行会见。

在与现有联系人的初次会见中，你要使用你想见的高管或最高层高管的语言进行交谈，并确保现有联系人清楚地了解高管的问题和挑战。你的目的是帮助现有联系人理解你与高管会见的重要性和价值。理想的情况下，你要明确地表示你需要与高管举行会见，以便现有联系人最终建议你和高管举行会见。这在我身上发生过，当然，它发生的时候很好，但这都不重要，对你来说重要的是确保他们"懂你"，"理解"你与高管会见的目的。假设你已经按照上面列出的规则进行了之前的工作，特别是规则3，重点关注参加会见的人将获得什么结果，所以在考虑这条规则时，你要了解现有联系人和最高层高管以及你自己将从这次会见中获得什么价值。现在，你可以与现有联系人讨论有关结果的信息，以增加会见的价值。

第3章 客户成功管理的任务、工具和方法

让我们回到上面的例子。在前面的场景中，我们说与IT团队建立了良好的关系，所以我们现在要利用这种关系。我们将安排与技术总监举行会见，我们与他建立了非常良好的关系（尽管到目前为止我们之间的关系一直侧重于技术）。在会见中，我们提到了客户最近宣布的一个雄心勃勃的目标，即三年内在欧洲、中东和非洲地区实现收入翻一番，并询问我们的联系人，IT团队将如何支持这一计划以及这将对他们的IT业务产生什么影响。请注意，你现在已经将对话从通用技术转移到你的"目标"高管——欧洲、中东和非洲地区的销售与市场营销副总裁感兴趣的领域。也许技术总监对这个问题的看法非常有趣和值得倾听，但不管怎样，到了会见的某个阶段，你要提出进一步的问题，比如："欧洲、中东和非洲地区的销售组织依靠你的团队交付什么来为他们提供这种收入增长的支持？""欧洲、中东和非洲地区的销售与市场营销副总裁对技术创新有什么计划？""技术将如何成为收入增长的推动力？""销售和市场营销部门中谁会受到变革的影响，影响的方式是什么？"如果可以的话，试着问一些定量的和定性的问题，比如："这个目标相当于每位销售人员多销售多少产品？""为了达到此目标，销售团队的生产率增长需达到什么程度？"这类问题通常是未知的，或者很难从特定的部门或组织之外猜测出来。答案一般是"我不知道"，但我们当然知道谁知道（或者谁应该知道），对吧？没错，欧洲、中东和非洲地区的销售与市场营销副总裁应该知道。这是提问的重点。我们想要确定这一点，这样一来，你与高管举行会见的要求就显得顺理成章了。

这些当然只是问题的例子，可能需要问的问题还很多，而且，这些问题也许不会在一次会见中就全部得到解决。随着时间的推移，当你不再关注技术本身，而是关注与你希望见到的高管所面临的问题和挑战相关的技术时，你需要做三件事：首先，你要表明你与高管会见的重要性；其次，你要表现出你应对这种会见的能力，确保不会让自己或（更

重要的是）现有联系人出丑；最后，你想要向现有联系人证明，有必要与高管会见，而你绝对是会见的合适人选。

此时此刻，你当然需要提出你真正想要做什么。例如，你可以这样说："考虑到这将对我们正在进行的关于实施和采用技术的讨论产生重大影响，我是否可以建议您安排我与贵公司欧洲、中东和非洲地区的销售与市场营销副总裁举行一次会见，以便我们可以确切地询问他对于实现收入增长的计划是什么，以及他希望您的IT团队如何支持这一计划？"一旦你觉得自己已经证明了会见的价值，并在利益相关者面前展现了自己的能力，就不要再等了——是时候要求会见了。

你现在已经要求现有联系人代表你（实际上也代表他们自己）安排与你希望会见的人举行会见。事情就是这样。这不同于其他方式（如打陌生电话，成功的机会很小），当一位同事请求高管与销售人员会见时，高管75%的情况下都会同意。

总结

这种方法有效吗？的确。我自己已经用过几百次了，其他人也一样。这种方法是什么？

1. 只尝试与那些你知道确实需要与你会见的高管见面，因为你已经知道会见的结果对你和他都有什么好处。使用我在上面解释的关于会见的规则来解决这个问题。

2. 与其直接联系你想会见的人，不如先和你能够见到的人（也就是你的现有联系人）见面。

3. 在会见中，你要使用你希望会见的人的语言和你可以见到的人交谈，以便向他们表明，安排你和你的目标高管举行一次会见，既实用又有益。这可能需要不止一次见面或谈话，取决于你与现有联系人的关系，以及你与目标高管见面的明显需求程度。

4. 与其依赖你的现有联系人提出建议,不如在你认为合适的时候大胆尝试,主动要求你的现有联系人在你和你想要会见的高管之间安排一次会见。

如果这种方法第一次没有起到作用,别放弃。这仅仅意味着你过早地提出了请求,而且没有在正在进行的会见中展示出足够的价值。继续巧妙地与你的现有联系人打交道,当你认为时机成熟时,再试一次。

客户成功管理实践框架
第1阶段：准备

第4章

第4章 客户成功管理实践框架第1阶段：准备

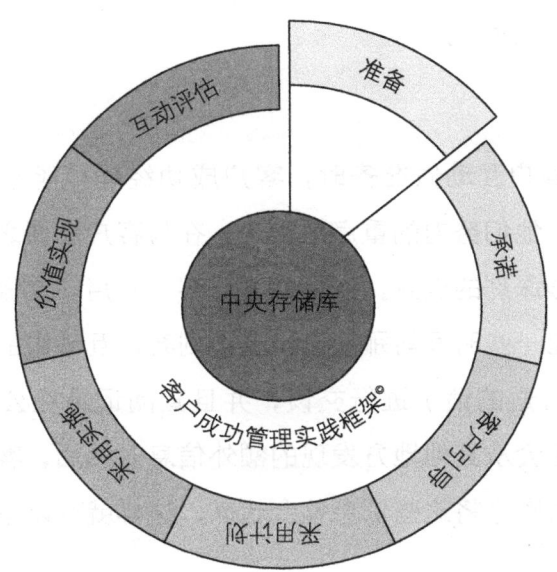

客户成功管理实践框架第 1 阶段：准备

准备概述

准备的目的

在本章中，我们将深入地了解客户成功经理需要做些什么来为新的客户互动做准备。当然，客户成功经理与每位客户之间的互动都会有所不同。虽然客户及与客户的互动的细节各不相同，但每次互动的过程很可能相同或相似。正因为如此，我们可以事先很好地定义和记录怎样为互动做准备。

确切地说，良好的准备会对从互动中获得结果的质量、获得结果的时间及其他资源的有效利用产生很大影响。从这个意义上说，客户互动与任何其他具有一定复杂性的项目并无不同。无论你是在重新装修客厅，推出新产品，做心脏手术，还是帮助客户从他们在你那里购买的产品、服务和解决方案中获得价值，成功的秘诀都在于做好准备。我认为，你花在高质量准备活动上的每小时，都可以为你自己和你的客户节省3~5小时的工作时间。

准备的类型

当为新的客户互动做准备时，客户成功经理可能希望完成哪些类型的准备活动？他们努力的重点应该是，在与客户会面之前，对将要发生的事情有足够深刻的理解，以便立即对客户有用。要做到这一点，客户成功经理得花一些时间与那些已经参与到客户互动中的同事（以及合作伙伴，如果合适的话）进行交谈，并且查阅记录在公司系统中的信息，以及可能还会从其他地方发现的额外信息。然后，客户成功经理需要按照某种逻辑顺序将这些信息整合起来，这样就可以审核并理解这些信息了。

最后，客户成功经理需要根据自己对互动水平的理解制订一个行动计划。

关于管理时间的提醒

需要强调的一点是，客户成功经理要牢记RAPAE模型的概念。他们要做的是准备好尽快与客户互动，这样就可以立即开始增加价值。同样重要的是，确保客户已经做好准备开启他们的采用旅程，要在客户准备就绪之时，以客户满意的速度向前推进。这种"准备就绪"的概念在合作的早期阶段尤为重要，在该阶段，客户通常非常热衷于采用他们新购买的产品和服务，并尽快从中获得价值。因此，从客户体验的角度看，在产品和服务准备好供客户公司使用后，做好准备来帮助客户立即采用这些产品和服务的客户成功经理，很可能得到客户利益相关者以更加积极的态度看待。我的建议始终是，客户成功经理需谨慎行事，既要做好足够的准备，使自己变得有用，又要确保自己能够尽快开始提供帮助。准备充分，但不要太多。记住，最优秀的客户成功经理采用迭代方法进行研究、分析和计划工作。一旦有了充分的理解，并制订了足够好的行动计划，客户成功经理就该开始行动了。进一步的研究、分析和计划，仍可在必要时与此行动同时进行。

定义互动

定义"互动"术语

此刻，一个合理的问题可能是"我们到底在准备什么"，或者，换句话讲，"我们所说的'与客户互动'是什么意思"。在某种意义上来说，这个问题的答案可以追溯到我们之前关于客户体验的讨论。

让我们从客户的角度来看一下整个端到端的流程。从客户的角度来看，他们与供应商（或其他技术销售商）的互动始于售前选择潜在的供应商，进行初步的讨论并确定他们的需求范围。然后，进行需求分析和解决方案制订，进入提案阶段。在这一阶段，形成提案并围绕提案讨论，可能还要进行试用，最后达成最终合同。随后合同进入交付阶段，产品和服务根据需要进行配置和/或定制，并交付、安装、集成和以其他方式准备付诸使用。现在，客户要么拥有产品，要么能够使用服务，并且需要在内部进行调整，以革新业务流程，同时培训他们的工作人员，使之为即将发生的任何变革做好准备。再接下来，客户可以开始使用新产品和/或服务，支持他们的员工，同时采取措施，以便按照预想的情景来创造价值，并在必要时做出调整，以保证事情向前发展。

客户的角度

图4.1显示了与客户互动的完整的端到端的各个阶段。请注意，在不同行业、供应商和客户之间，这种互动可能会有一些微小的变化，但概念是相同的。从客户的角度来看，他们必须做出正确的购买决策，然后让选定的解决方案运行起来，最后必须通过使用它来创造价值。对客户

而言，第1～第5步纯粹是达到目的的手段，而目的就是第6步（因此用一个星号标记），因为这是创造所有价值的地方。我们可以这样来思考：第6步才是真正对客户唯一重要的步骤。如果他们能够在没有中间步骤（第1～第5步）的情况下达到令人满意的第6步，他们当然会非常高兴地这么做。

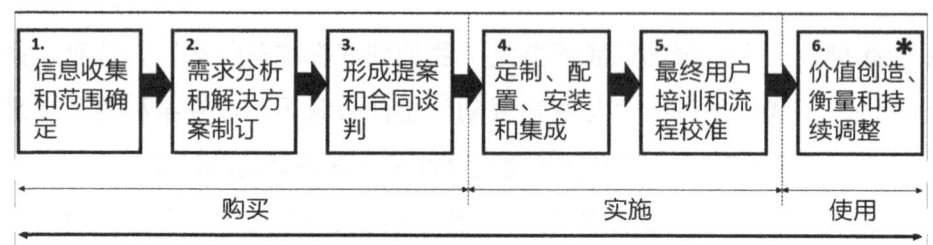

图4.1 整体互动中的步骤

销售人员的角度

然而，从销售人员的角度来看，客户互动的传统方式（也就是并非将产品或服务的销售当成一种服务）会看起来有所不同。对于销售人员而言，第1～第3步是达到目的的手段，在第3步结束时完成销售，并在第4步"交付货物"，销售就此结束。所有在第5步和第6步中采用和使用的东西都无关紧要，因为对销售人员而言，他们的工作已经完成，现在可以继续去帮助下一位客户了。当然，这并不是真正发生的事情，也不是销售人员的想法，但这可能是客户在第4步结束时的感觉，他们感到供应商（或者其他的销售公司）的精力和兴趣在明显下降。

售前与客户互动的价值

当然，这正是客户成功管理团队越发受人欢迎的原因。团队通常在第5步开始时就参与进来，并与客户的利益相关者紧密合作，以确保该步骤圆满完成。然后，团队与客户在第6步中保持联系，只是联系不那么频繁，在此期间，团队帮助衡量、报告和做出任何必要的改变，使客户保持在价值创造的正确轨道上。第1～第5步通常在几周或几个月的时间内完成。第6步常常跨越更长的时期——几个月或几年。在此期间，客户使用新产品和服务以创造产出，随着时间的推移，这些产出将结合在一起，以产生所需的最终结果。

平滑过渡的重要性

从客户的角度来看，他们想要的是在步骤之间实现平滑过渡，以最大限度地提高最终结果的质量，并减少实现目标需要付出的努力。他们不希望不同的团队之间缺乏沟通，也不希望在步骤之间"移交客户"时团队之间存在摩擦，更不希望在供应商或其他销售公司齐心协力为下一阶段提供相关人员和资源时，在没有任何支持的情况下束手无策，浪费宝贵的时间和金钱。客户希望在各个步骤之间有一个平滑的过渡，这样的话，他们就不会因为不必要的等待而感到沮丧，或者发现自己不得不向一些新人解释自身的需求，才能获得这些新人的帮助。

客户成功经理要意识到这一点，并且应尽最大努力确保了解当前所处的第4步中的任何客户互动，同时，当客户过渡到第5步时，客户成功经理要与客户进行互动。如果客户成功经理知道哪些客户处在第4步，就可以利用客户在这一步骤中的时间，为在第5步中与客户的互动做好准备。通过这种方式，当第5步最终发生时，客户成功经理已经做好了充分的准备并且能够开始工作。这样的话，对于所有相关方来讲，既没有浪费时间，又降低了客户的沮丧程度，提高了他们的满意度，并且对所有人来说更快地实现了价值。图4.2着重于客户成功经理涉及的整体客户互动的部分，并显示了客户成功管理实践框架中的各个阶段如何与该互动的各个步骤相匹配。

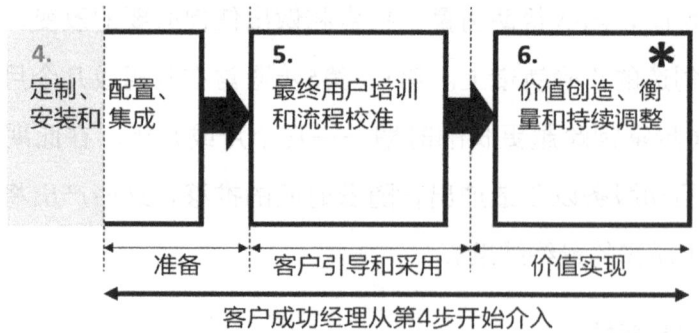

图 4.2 整体互动中的客户成功管理实践框架的阶段

互动的节奏

正如我们前面所说的，从客户的角度来看，他们理想的需求是在步骤之间实现平滑过渡。此外，当从售前决策转向售后实施和采用时，客户可能非常清楚地知道自己希望互动以怎样的速度向前推进。一些客户也许急于实现价值，但另一些客户可能有关于时间的各种实际考虑，如劳动力生产率、关键利益相关者是否有时间参加、现金流、并行项目的需求、对一个或多个额外计划的完成的依赖，以及其他可能导致客户需要在任何时候更快或更慢地考虑该购买计划的问题。虽然客户成功经理可以做出一个普遍的假设，即价值实现越快，对所有利益相关者来说就越好，但重要的是知道，这只是一个假设。因此，客户成功经理要与客户讨论互动的时间，以便了解客户需要以什么样的速度进行互动，并且从面对面、电话或虚拟会见哪种方式将最适合他们的需求的角度来探讨互动的节奏。

你踏上了一段漫长的旅程

不要忘记，在大多数情况下，这将是一段漫长的旅程。客户在你的产品和/或服务上的投资可能需要很多年（至少也需要几个月）才能达到收支平衡，更不用说实现他们希望看到的总体投资回报了。作为客户成功经理，你将陪同他们踏上这段旅程。更为重要的是，目的地很可能随着你的接近而移动得更远，因为随着时间的推移，客户也许根据之前不知道的额外信息来调整他们对结果的要求，以适应新的情景的需要。

访问信息

到哪里去寻找信息

在为客户互动做准备的早期阶段，你可能还没有机会与高级项目领导或其他客户利益相关者见面并介绍自己，解释客户成功管理在帮助他们的购买计划实现结果方面所发挥的作用。但情况并非总是如此——例如，有时你可能已经非常了解利益相关者，因为你们参与了与同一客户的其他互动。有时，客户经理或许邀请你在售前会议上向客户利益相关者介绍过你自己。顺便说一句，如果是后面这种情况，那么你拥有一位具有前瞻性的客户经理，和他保持联系，你终会获得回报。不过，通常情况下，你要为你的第一次客户会见而努力，事实上，你正在开展的研究的部分目的是确保当第一次会见举行时，你已经做好了充分的准备。

目前，我们假设你在进行初步研究之前不会与客户利益相关者见面。如果我们不向他们询问我们想要的信息，到哪里去寻找呢？答案：公司负责客户采用前的准备工作的团队（最重要的是客户经理）、公司的数据系统（最重要的是客户关系管理系统）及互联网。下面我们更详细地研究其中的每一个。

公司负责客户采用前的准备工作的团队

大多数客户成功经理在寻找关于客户、购买计划、已购买的解决方案及迄今为止取得的进展等方面的信息时，首先要访问的应该是已经参与互动的同事。这包括但不限于那些参与销售过程的同事。除了销售过程中包含的人员，还可能包含参与设计、定制开发、安装、集成、配置，以及提供专业和托管服务的人员。

客户经理显然是与负责客户采用前的准备工作的团队交谈的首要对象。这是因为，特定客户的客户经理通常很容易识别，而他们的岗位要求对业务的所有方面有着良好的全面了解。因此，他们往往既可以向客户成功经理提供关于客户互动的大多数方面的详细介绍，也可以作为客户成功经理收集可能需要的任何额外信息的极好来源。

无论何时你遇到什么人，重要的是意识到他们确实是人，而不是机器。这意味着他们带着情绪和感觉，带着先入为主的观点和判断。例如，他们可能正在承受着特别沉重的工作负担，身心俱疲，或者正在努力实现直接影响其薪酬的、基于工作岗位的重要目标。此外，他们也许不了解客户成功经理的角色，或者没有认识到客户成功管理可以带给客户和他们自己的价值。事实上，对于你的一些同事来说，他们甚至也许将客户成功经理视为对自己成功的威胁。

许多客户经理、销售专家、设计架构师、服务经理、顾问和其他负责客户采用前的准备工作的团队的成员或许都受过良好的教育，了解客户成功管理带来的价值，并非常乐意和客户成功经理在客户互动中密切协作。然而，你要意识到组织中的潜在问题，如同事也许不理解客户成功管理的目的和价值，甚至可能将其视为对自己个人成功的威胁。在确实存在问题的地方，你不一定能够解决这些问题——当然，也不是一夜之间就能解决的——但是通过让自己意识到这些问题，你便可以利用必要的资源来尽可能地做好解决这些问题的计划。

有时可能是缺乏关于客户成功管理的教育导致了这些问题；有时也许只是因为同事没有时间或不愿意分享信息。不管怎样，客户成功经理需要考虑如何向客户和那些尚不熟悉这些信息的同事展示自己的职业角色，以及可能为客户、公司带来的好处，这样他们就会明白客户成功管理对他们和客户都有价值，而且不会威胁到他们的地位。最重要的是，你要确保向该岗位人员显示与客户成功经理密切合作的价值。在客户关系不好的地方，尽量让他们轻松地做你想让他们做的事。如果这意味着你要与他们见面，或者你要在他们刚好有空的时候安排一次尴尬的会见，那就这么安排吧。记住，在这一步，是你想从他们那里得到什么，而不是反过来。当然，随着你的客户成功组织日渐成熟，成为公司整体结构中的重要组成部分，你的其他部门的同事将开始看到客户成功的真实面貌，并且相应地善待这项工作。因此，如果你确实遇到了这个问题，请将其视为一个暂时的问题——它只会在最初的"嵌入"过程中出现，这也许是与客户成功经理新角色相伴随的不可避免的因素。

关于这个重要话题的最后思考

对人员进行管理是所有客户成功经理都必须具备的一项关键技能。我们经常认为，人员管理（或利益相关者管理）就是管理我们与客户的关系，但管理与公司内部其他人的关系同样重要，甚至更重要，因为我们将来可能需要在许多不同的客户互动中与这些人并肩战斗。

公司的数据系统

你需要的很多信息也许存储在公司的数据系统中。这可能包括存储客户记录的系统，如客户关系管理系统，还可能包括存储和管理公司产品与服务数据的信息系统，如客户支持系统。如果是软件即服务组织，也许还包括托管产品和服务并可供客户登录和使用的系统。

互联网

另一个能找到信息的显而易见的地方是互联网。互联网拥有大量的信息，但并不是所有信息都是准确的或最新的。对于客户成功经理来说，这是一个很好的信息源——尤其是那些公众关注的客户，如品牌组织、政府控股的实体和上市公司。对于这类组织，通常会有大量的数据供客户成功经理查询。当然，一个好的搜索起点往往是客户公司的网站，但其他网站也可能包含同样有趣的信息，如与客户行业相关的网站、与金融行业相关的网站、新闻媒体的网站和相关政府机构的网站。

试着从多个来源获取信息通常是个好主意，因为从多个渠道收集的信息常常比从一个渠道收集的信息能更全面、更深刻地介绍客户的情况。记住，即使特定的信息是可信的，它们仍然可能存在偏见，和现实情况相比，描绘出的关于客户公司的画面可能不那么立体和全面。除了检查通过互联网发现的任何信息来源的质量，你还要确保信息是最新的。有时，有些信息可以在很长一段时间内保持相关，但另一些信息很快就会过时。在对从互联网收集的信息进行研究时，要注意这一点。

验证信息

关于客户引导过程准备的研究，最后一点涉及验证。验证是检查信息以确保其准确性和完整性的行为。拥有信息是一回事，但知道拥有的信息是准确和完整的则是另一回事。无论何时，在研究与客户成功经理角色相关的信息时，你都要注意获取的信息的来源的可信度。这适用于所有来源的所有信息，无论是来自公司内部的信息，还是来自客户利益相关者的信息，或者来自互联网的信息。我将在本书后面的章节中更多地讨论形成和验证假设的概念。

内部交接

交接的类型

客户成功经理为即将到来的客户互动做好准备的一个很好的起点是，从已经与这位客户互动的同事那里获得某种形式的交接。这种交接通常来自客户经理或其他积极领导销售过程的销售主管，但其他人员，如解决方案架构师、服务经理和实施/配置工程师，也可以是你与之交谈以了解客户情况的重要对象。这真的完全取决于你的公司销售什么及谁参与了客户采用前的准备工作。如果你是公司的新员工，那么在参与客户成功管理之前，你肯定要找到常常参与客户互动的人。你还应当了解公司是否存在现成的交接过程或方法，如果存在，弄清楚交接到底是怎么进行的。

与同事合作

请记住，如果客户成功管理的概念对公司来说是新的或相对较新的，那么你将要与之交接的人可能对客户成功管理或客户成功经理是什么知之甚少，甚至一无所知。如果是这种情况，你要先进行一些内部宣讲，如之前讨论的那样，帮助他们理解你的职业角色，并助推他们轻松地与你合作和共享信息。

没有必要更加复杂地描述客户成功经理的职业角色。一开始用一两句话进行"电梯游说"或许是个很好的起点，可以让对方了解这个岗位的基本情况。接下来，你可以回答一些具体的问题。"电梯游说"可以这样进行：

客户成功经理的理念是将销售人员在售前阶段提供的对客户的支持与协助持续到售后阶段。这种支持与协助侧重于运用客户引导、采用和价值实现的过程来帮助客户。对客户来说，益处在于可以更快、更有效地实现更高水平的价值；对我们来说，益处在于与客户建立更深的关系，提高合同的续签率，以及争取更多的追加销售和交叉销售机会。

有时候，感觉最不舒服的人是客户经理（或者类似的人），这往往是因为他们担心难以保护"自己的"客户不受负面干扰。这是可以理解的，因为销售人员的"存亡"取决于他们的销售业绩，所以，他们当然希望确保自己多年来与现有的客户建立的信任关系不会因其他人的加入而被破坏，以保护自己的生计，并避免自己在客户面前出洋相。这是一个很自然的问题，客户成功经理应当意识到这一点，并做好应对的准备。

就像我们作为客户成功经理一样，其他部门的同事也很忙，所以不要等到最后一分钟才安排交接，尽可能为他们提供帮助，让他们也愿意对你伸出援手。你最好提前通知他们，并在自己和他们的日程安排中提前安排好一些事情。这样的话，如果必须重新安排会见，那么你还有时间来重新安排，并且不会错过最后期限，同时，一旦客户准备好开始进入第5步，你也准备好了与他们一起开始工作。

进行交接

如果公司已经有了正式的交接流程或方法，那么请确保在会见之前熟悉它。假如没有正式的交接流程或方法，那么你就要更多地考虑如何进行交接。从交接中获得尽可能多的信息是非常重要的，所以你要确保你已经阐明了你需要知道的一切。这可能包括表4.1所列主题的信息。

表4.1 交接的主题

主 题	描 述
客户信息	基本的客户信息，包括客户的姓名、联系方式、做什么工作、在哪里工作以及如何工作、客户的客户是谁、与客户的关系是什么类型等
解决方案与合同信息	与任何定制、配置或其他专业服务一同出售的产品和服务的描述，以及任何重要的合同条款，包括最后期限、质量、合同有效期等
客户对结果的要求	由客户指定或由我们假设的解决方案所要求的或预期的结果，以及由我们做出的任何结果承诺的细节信息。关于任何协商确定的衡量、里程碑和最后期限的信息
客户成功经理对结果的要求	对交易价值的理解，包括即时价值和整个生命周期的预测价值。了解任何其他预期的或期望的结果，如合同规模的增大、额外的销售和/或宣传
利益相关者信息	双方（我们和客户）已在互动、正在互动和将要互动的人员的细节信息
第三方	有关参与项目的任何第三方的信息及它们参与情况的总结
现状	当前情况的总结，以及今后任何协商确定的活动和期限。了解到目前为止项目进展如何和存在的问题

续表

主　题	描　述
重要供应商的合同信息	与客户购买的解决方案中包含的每件产品和每项服务（包括来自第三方的产品和服务）相关的重要联系人的列表
现有的会见与报告的安排	了解与客户见面的频率、风格和形式。了解已经向客户报告了哪些信息，以及如何总体安排和呈现信息
用来解决问题的流程	了解怎样提供技术支持和问题解决的服务、相关的联系方式和授权信息

表4.1中内容显示的顺序是在交接期间讨论项目的推荐顺序，因为在某些情况下，早期主题的信息可以作为背景，有了它们，就更容易理解后期主题的信息。然而，在现实中，最重要的是获得一份尽可能好的简报，以便你总是可以再次回顾信息。考虑到这一点，客户成功经理应制订一个计划，在讨论这些项目的顺序上保持灵活，因为有时候某些信息可能是不完整的或未知的，也许需要稍后重新讨论。

下面我将更详细地讨论其中一些主题，并特别关注为什么和如何获取每个主题的信息，以及要获取哪些信息。

客户信息

了解客户

可以说，将客户作为一个整体来了解，与在交接中包含的、针对所有推荐主题的、已经售出的特定解决方案是最不直接相关的。不过，深入了解客户的情况为客户成功经理提供了一个强大的背景，从这里开始，客户成功经理可以更好地理解其他信息，如对结果的要求。正因为如此，我将客户信息放在主题列表的首要位置，也正因为如此，我坚定地认为，将了解客户当成一项整体任务来完成，对于希望与客户进行协商工作并为客户创造真正的商业价值的客户成功经理来说，实际上非常重要。将客户作为一个整体来了解，有助于客户成功经理了解确定结果背后的原因、围绕解决方案细节做出的决策，以及在采用解决方案时可能面临的各种类型的挑战。

研究客户信息

有关客户的信息应当很容易获得。客户经理也许能为你提供充分、全面的简要介绍，涉及客户是谁、做什么工作，以及客户组织之间存在什么类型的关系。然而，你也许得花一点时间来解释为什么需要这些信息，并且通过一些精心选择的问题来提示客户经理，以帮助他们理解你需要从他们那里获得哪些信息。通常情况下，你可以通过参考自己公司的客户关系管理系统或在互联网上进行更广泛的搜索来发现任何信息缺口，尽管互联网不可能告诉你关于你的公司与客户关系的太多信息。如果让客户经理或其他同事与你进行交接存在困难，或者他们已经表明没有太多时间向你做简单介绍，那么你在进行交接之前做好研究可能是值得的，这样就能减轻他们的负担。不过，只要有可能，从你的同事那里了解到一些梗概总是值得的，因为里面会包括观点和事实，因而使你能更丰富、更立体地了解客户的情况，而不仅仅是了解一些事实。

对于客户组织，特别是更大或更复杂的组织，人们可以做的研究是没有止境的。客户成功经理需要牢记RAPAE模型，并为达到自己的目的而收集足够的信息。如前所述，这也可能意味着采用迭代方法，了解足够多的信息，以启动与客户的互动，到后来在需要时再填充更多细节。这种方法可以节省一些时间，如果客户成功经理很少或没有事先通知互动，并且客户正在等待他们启动互动，那么这种方法尤其重要。当然，在理想的情况下，客户成功经理一定要告知客户，从而有足够的时间在互动开始之前进行任何必要的研究。

要研究的客户信息的类型

客户成功经理一定要了解客户的基本信息——名称、位置、行业、规模等，对客户在行业中的地位（如是不是行业领导者，销售的产品是非常专业的还是十分普通的，等等）、客户销售的产品和客户的客户是谁有一个基本的了解。从客户设置了哪些部门或组织单元（如查看公司的组织结构图）及其之间有着怎样的相互关系、客户如何生产产品或提供服务，以及如何接触其客户和销售产品等角度来了解客户的商业模式。我将在后面的章节中更深入地讨论商业模式的概念，就目前而言，只要基本了解公司结构和关键合作伙伴或供应商就足够了。

此外，了解当前业务状况、公司愿景和核心战略也很重要。这使得客户成功经理了解客户公司现状，以及客户希望在中长期内达到的目标。这些信息至少可帮助客户成功经理了解客户前进的大致方向。

如果客户成功经理不熟悉客户所在行业，花点儿时间来熟悉是有回报的，因为这是客户业务的背景——好比你想了解在大海中畅游的鱼，就要先熟悉大海的情况。市场规模和成熟度、关键参与者，以及当前的机遇和挑战等信息都十分有益，因为这有助于客户成功经理在与客户利益相关者交谈时能够始终谈在点子上。此外，了解哪些关键绩效指标对客户所在的行业至关重要也非常有益。这类信息在互联网上很容易获得，即使并不是所有行业都这样。例如，假设客户是在南美洲拥有分支机构的零售银行，客户成功经理可以在搜索引擎中输入"南美洲零售银行的机会和挑战"。沿着这些方向进行探索，客户成功经理就可以发现各种重要的背景信息。当然，如果客户是一个更大的组织，拥有自己的品牌，那么使用品牌名称进行类似的、更具体的搜索，可能也会获得重要信息，但你也许无法从客户组织内部得到这些信息。

解决方案与合同信息

客户购买了什么

也许最需要发现的信息是关于已售出解决方案的信息。客户成功经理确保透彻理解这个主题当然是值得做的事情，因为他们将负责帮助客户了解所购买的解决方案，并开始行动起来，为客户创造价值。首先可以制作一份材料清单或类似的清单，详细地说明客户购买了什么。然而，有时材料清单是相当有技术性的，可能需要客户经理或解决方案架构师进行解释和阐述，后者负责将清单综合起来。不管是哪种情况，这只会使你基本地了解解决方案的情况，因为这些信息只解释了客户购买了什么，没有说明为什么或者如何购买。

除了材料清单（根据需要进行解释和阐述），假设解决方案是一个包含多个组成部分的复杂方案，客户成功经理应当询问解决方案的架构。我所说的架构是指解决方案的不同组成部分如何组合在一起，为客户交付特定的产出或结果。换句话讲，除了了解每个组件是什么，了解特定组件在整个解决方案中扮演怎样的角色同样重要。这将使客户成功经理更全面（或者从架构上）地了解已出售的产品，以及它们如何组合在一起产生价值。当然，解决方案工程师在确定解决方案组件时可能做出了许多高度技术性的决策，这些决策将超出客户成功经理的技术理解范畴。这很好，因为无论对技术的理解水平如何，客户成功经理主要关注的是业务结果，而不是技术结果。客户成功经理需要对技术足够了解，才能理解相关概念并跟进对话，但客户成功经理的角色并不是取代工程师，而是与客户密切合作，以获得交付的价值。请记住，不要期望或要求客户成功经理永远是房间里的"聪明人"，也不要指望客户成功经理对所问的每个问题都无所不知。客户成功经理的作用是为他人提供与其大致相当的专业知识。

附加组件

除了解决方案，还可能有些专业服务项目与解决方案一并出售，以提高其有效性。这可能包括围绕需求、定制或一件（多件）产品或服务、安装和配置服务，以及持续的管理与维护合同的咨询。当然，可能会有某种技术支持合同，也许还有用户支持合同。所有这些都需要客户成功经理去发现和理解。

营业收入信息

最后，客户成功经理应当确保他们知道交易将产生多少营业收入，特别是需要了解任何可续签的服务合同，以及对这些合同的生命周期的期望。客户成功经理的一项重要职责是尽可能确保客户续签合同。当然，并非每个合同在每个时期（月、季或年）都将继续执行，因为有些服务也许是被故意安排为临时性的，因此必须了解对可续签合同的生命周期的期望。了解交易的总收入（即时的和计划的）也很有益，因为它为确定客户成功经理该为与这位客户的互动分配多少时间和精力提供了基础。

客户对结果的要求

了解客户的购买计划

要研究的客户互动的另一个方面是客户决定购买解决方案背后的原因——客户的购买计划。一定要知道你支持的购买计划的名称和目的，也就是说，客户之所以购买，是为了达到什么目的。了解该计划如何适应和支持客户业务的更广泛愿景、使命和公司战略，也很有用。

当然，了解客户购买计划的最重要信息是他们对结果的要求，因为这些结果将是你与他们合作以帮助他们实现的目标。不过，了解实现对客户也很重要的结果的过程中的任何重要里程碑同样意义重大。此外，可能还有其他值得客户成功经理了解的关于购买计划的考虑事项，如技术挑战或业务挑战，安装、配置或定制工作、安全问题和业务连续性影响。客户成功经理应当理解并记录所有这类信息，这样一来，当他们与客户会见时，就可以充分地了解客户购买计划的情况，从而帮助客户的利益相关者制订有意义的采用和使用方案。

结果

现在让我们更深入地讨论结果。客户需要从解决方案的购买中获得结果。这是合情合理的，因为他们已经投入了时间和其他资源，当然，他们已经（并将继续）在商业论证和购买上投入资金。眼下他们要努力工作，在时间、金钱和精力上为股东、所有者和/或客户争取适当的回报。这种价值的产生是客户成功经理工作的核心，因此，对客户成功经理而言，确保尽可能全面和详细地了解客户对结果的要求是至关重要的。

能力、投入、产出和结果

为了理解结果是如何获得的，掌握结果、投入、产出和能力之间的关系十分重要。"能力"一词的意思是"执行一项功能或任务的能力"，包括执行该任务所需的人、流程和工具，以及该任务的投入和产出（见图4.3）。投入是指来自某人或上一项任务的原材料或数据，产出是指执行任务或功能的最终结果，如生产出来的产品或处理信息后生成的报告。能力的基本概念很简单：具备能力的人遵循流程并使用工具，将投入转化为产出。因此，产出可以定义为在每种能力范围内采取的行动的直接结果。所有相关能力的所有产出将随着时间的推移结合起来，以创造一个或多个客户已定义为其目的或目标的结果。因此，结果描述了在一段时间内通过执行所有相关能力最终获得的成果。

通常将业务能力分为最宏观到最详细三个层次。高级业务能力的一个例子是"销售"，可将其定义为与客户互动、就合同进行谈判并赢得新业务的能力。中级业务能力的一个例子是"获得新订单"，可将其定义为从客户那里获得产品或服务的新订单的能力。这并不是整体销售能力中唯一会发生的事情，但无疑是其中重要的一部分。详细级业务能力的一个例子是"为产品X获得新订单",这当然是从客户那里获得特定产品的新订单的能力。获得某产品的订单可能与获得其他产品的订单有很大的不同。例如,客户也许有一系列的选项可供选择,要进行一系列的融资或付款选择,要记录定制的产品,协商产品交付的日期,等等。

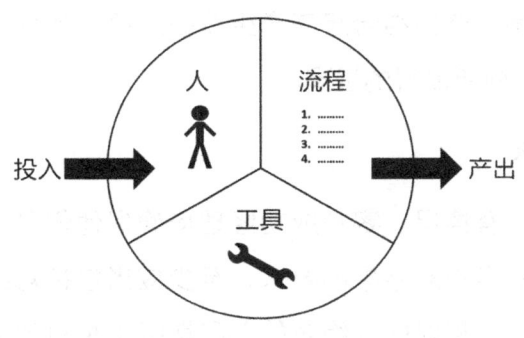

图4.3 能力

技术和业务咨询领域常常使用能力的概念将一个实体(如公司)分解为若干组成部分,以便查看这些部分如何组合在一起。从这里开始,还可以做出一些决策,包括哪些(能力)不再需要、哪些可以保持原样、哪些需要改进、哪些是必要的但目前并不存在。这就是能力分析,它当然能提高能力,为公司带来更好的结果。

能力的概念非常强大,其定义了业务内所有级别员工需要执行的所有操作,因此可以作为公司、部门甚至特定职能的简化模型。一旦知道业务能力是什么以及它们如何运行,顾问和高级决策者就很容易决定需要改变什么,以及需要公司做出什么级别的改变,使得业务成功地适应变化,无论这种变化是由于新的客户需求或更新的法规等外部驱动因素而引起的,还是由于生产率低或成本高等内部驱动因素而导致的。

在本书后面的章节中阐述采用研究和计划时,将讨论客户成功经理如何运用他们对客户业务能力的理解。因为能力包括了人、流程和工具,眼下重要的是要知晓解决方案提升了哪些能力,还要知道哪些人可能受到影响,哪些流程可能发生变化,哪些工具可能会被替换、调整或以不同方式使用。

最后，理解客户的能力将如何改变，有助于客户成功经理了解现有能力与采用解决方案后新的能力之间的产出差异。客户成功经理可以从这些信息中确定如何衡量产出，以便计算和报告创造的价值，以及（由于随着时间的推移，产出结合起来产生业务结果）如何跟踪和证明朝着客户结果实现的方向所取得的进展。

记录对结果的要求

考虑到上述所有情况，客户成功经理应确保他们已经尽可能详细地记录了所有已知的客户对结果的要求，至少应当包括对结果的描述，以及实现结果的数量（相对的或绝对的）和期限（相对的或绝对的）。理想情况下，如果知道结果的衡量方式，也应纳入其中。表4.2给出了使用这些信息记录的结果示例。

表 4.2　结果示例

描述	数量	期限	衡量方式
客户购买我们的产品后体验到的服务质量	增长15%	从现在开始两年内	年度客户调查
减少X产品生产过程中的原材料损耗	减少20%	到2020年12月底	使用的原材料除以生产的产品数量
加快Y软件新版本的上市速度	两次发布相隔最多6个月	立即	软件Y升级的发布日期

希望你能从中看到，围绕与客户互动的目标，这些信息给客户管理（通常也是给客户）带来的清晰程度，因此，客户成功经理需要确保发生什么，以（尽可能）保证客户续签服务合同和/或进一步购买和/或向其他潜在客户做一些营销宣传。

验证客户对结果的要求

有时候客户对结果的要求是已知的（通常因为客户已经在销售过程中陈述了），但有时候，要么是结果本身不确定，要么是与结果相关的一些数据（如数量、期限或衡量方法）不确定，但已被假设或估计。重要的是，客户成功经理要清楚客户对结果的要求是什么，需要与客户确认的假设的对结果的要求是什么。

主要的结果和次要的结果

关于客户结果的最后一点思考。有时一个或多个结果对客户而言是最重要的，而仅仅获得这些结果，也许就是购买决策背后的驱动力。换句话讲，如果实现了这些结果，那么客户至少会对他们的投资感到满意。然而，在交付这些结果的过程中也可能实现其他结果，后者不一定是客户购买的原因，但对客户来说仍有价值。基于以上讨论，可以把结果分为主要的结果和次要的结果。例如，主要的（要求的）结果是制造部门生产力的提高，而用于支持该主要结果的购买计划的次要结果，可能是由于订购和接收产品之间的等待时间缩短，从而提高了客户满意度。因此，客户成功经理在研究客户对结果的要求时，要问自己："这个购买计划还会对客户产生什么影响？"

客户成功经理对结果的要求

内部结果

除了客户对结果的要求，客户成功经理的公司将（或者应当）围绕客户互动制定自己的目标，这些目标可被定义为"内部结果"。目标或许很简单，如"尽可能确保客户每年续签合同"，但有时候可能比较复杂，如当公司第一次将特定解决方案出售给客户时。如果是这种情况，假设一切进展顺利,那么市场营销部门的同事可能格外热衷于利用客户互动作为案例研究,并从高管那里获得可用作市场营销宣传资料的证明书。也许这是客户第一次从公司购买解决方案,抑或是销售部门已经为赢得该客户的业务努力了很长时间。如果进展顺利,客户可能承诺在近期或中期进行更多高价值的购买活动,因此,此次客户互动的成功将带来更多收益,而不仅仅是一次购买的价值。或者,也许公司解决方案中的产品是全新的,公司的研发团队非常渴望从用户那里获得关于产品可用性、质量或功能的真实反馈。也许和其他客户互动相比,这次客户互动对公司来说并不是十分重要,而你的团队经理已提出要求,让你不要花太多的时间与该客户互动,而要将精力集中在另一些你正在努力寻求的更重要的客户互动之中。

以上是一些例子,但无论哪种情况,都是客户成功经理需要了解的有价值的信息,因为它们很可能影响你在优先考虑是在该客户身上还是其他客户身上投入更多时间和其他资源等方面的决策,甚至可能影响你在与客户互动中做些什么以及怎么做等细节。其中一些信息(例如,这是不是首次从公司购买产品的重要新客户),客户经理或其他已经参与了客户互动的同事可能已经知晓。不过,他们或许不知道其他方面(例如,你的主管认为与该客户的互动是否比与其他客户互动更重要或更不重要),因此可能需要进一步跟进,并且与你所在部门或组织的其他员工讨论。

利益相关者信息

了解利益相关者的重要性

利益相关者管理是客户成功管理的一个非常重要的方面,因此,对客户成功经理来说,至关重要的是获得有关与客户互动的任何人员的详细介绍。

关键利益相关者

从客户成功经理的角度来看,关键利益相关者是在出资、计划和/或实施必要的变革管理活动中扮演重要角色的人,这些活动将使采用新的解决方案成为可能。关键利益相关者应当包括(但不一定限于)那些参与了客户购买计划相关决策的所有人,特别是预算负责人或决策负责人,还可能包括那些为决策者提供建议和受决策影响的人(见表4.3)。应将那些负责管理或监督解决方案采用与使用的人视为关键利益相关者,特别是高级项目领导,他们将是你在客户组织中的主要联系人,因此,与他们建立良好的工作关系十分重要。另一些可能被视为关键利益相关者的人是团队或部门的经理,他们的员工将显著影响购买计划,因为要让员工参与培训和其他活动,必需征得经理的同意,而且他们也可能部分负责管理流程。最后需要考虑的关键利益相关者是那些可能参与变革管理过程的人,如负责确定职业角色变更并与员工沟通的人力资源人员、负责确定流程变革的运营人员、负责培训活动的培训人员,以及最终负责采用/变革管理的专家(如果有的话)。

表 4.3 关键利益相关者

关键利益相关者	描　述
高级决策者	参与购买计划总体战略决策的预算部门负责人和其他高级主管部门负责人
管理者和监督者	高级项目领导和任何其他在管理或监督采用过程中发挥作用的人
部门/团队经理	职业角色将受购买计划影响的员工的经理
变革经理	参与购买计划的运营人员、人力资源人员、培训人员和采用/变革管理专家

其他利益相关者

除了关键利益相关者,还包括其他利益相关者——虽然不是关键利益相关者,但仍会受到因购买计划而发生的任何变革影响的人。这无疑会包括那些职业角色直接受到变革影响的员工，因为他们至少需要客户成功经理与之沟通，以便意识到这种变革，并且可能还需要参加额外的活动，如培训，甚至需要获得操作新设备的专业资格。直接受影响的利益相关者的活动和产出也可能需要衡量，以帮助确定向客户期望的结果的进展。

被直接和间接影响的利益相关者

在更复杂的情况下，客户成功经理也许还得考虑那些受到间接影响的人。这些人可能包括不使用新解决方案的那些工作人员，但他们会与使用新解决方案的人一同工作，并以某种方式进行协作。例如，他们可能从那些直接受影响的员工那里获得不同的产出，而这些产出反过来又成为他们所参与工作的投入。你也可以认为，客户组织以外的人，如客户/顾客或供应商等，也许受到间接影响，因为他们可能获得不同水平或质量的服务、不同的产品，或者对材料或其他供应品的新请求。了解哪些人是受间接影响的利益相关者可能很重要，因为这些人也许还需要客户成功经理以某种方式与之沟通，让他们提前意识到变革，同时因为可能需要对他们的工作成果进行衡量，以帮助构建一个完整的朝着结果进展的画面。例如，如果客户想要的结果是提高其客户满意度水平，那么可能需要在变革之前或之后对客户的客户进行调查，以衡量变革对满意度水平的影响（见表4.4）。

表4.4 被直接和间接影响的利益相关者

利益相关者	描述
被直接影响的利益相关者	因购买计划受到影响的人，可能是通过改变工具和/或他们在职业角色中遵循和/或使用的流程而受到影响
被间接影响的利益相关者	职业角色不变，但仍可能受到某种程度影响的人，如接受不同的产出或体验不同的服务质量的人

研究利益相关者的信息

理想情况下，客户成功经理需要了解每位利益相关者的信息，包括姓名、职业、部门、他们的上级和下属、他们分管的工作、他们在购买计划中的角色、他们在购买计划中的具体需求或要求、他们对购买计划表示的任何关切，以及他们对计划的总体支持情况等。试着了解包括管理团队或决策团队在内的利益相关者在哪些问题上达成了一致，在哪些问题上可能存在需要解决的分歧，以及每位利益相关者表达了对客户成功经理公司怎样的支持，也是一个好主意。除了了解一些"硬事实"，最好也了解一下利益相关者的个性，以及与他们的关系管理相关的任何特定问题或挑战，这是有益于客户成功经理的很好的做法。假如利益相关者是关键决策者，那么客户经理也可以向你简要介绍他们的决策风格，以及谁影响了他们的思维过程与决策。

管理你的时间

就像将客户的公司视为一个整体一样，客户成功经理花时间了解的利益相关者的信息量是没有限制的。重要的是获得足够的信息，能够开始有效地与客户进行互动，很可能只需要部分利益相关者的信息，客户成功经理就可以启动活动，但他们需要知道高级项目领导是谁，以便可以联系到那个人。此外，客户成功经理在进行研究、分析和计划活动时，必须切合实际地安排时间，并牢记RAPAE模型。

第三方和现状

还涉及什么人

除了客户组织和利益相关者，客户成功经理还需要了解以任何方式参与购买计划的任何其他组织。例如，这可能包括其他供应商、经销商或系统集成商，它们提供的产品和服务除了支持客户成功经理公司的产品和服务，还支持客户的购买计划；也可能包括任何参与变革管理过程的第三方，如第三方培训公司和变革管理专家；还可能包括与高级决策者（如管理顾问）合作的任何第三方。无论是哪种情况，客户成功经理都需要确保他们了解第三方扮演的角色，以及第三方对决策的任何方面具有何种程度的影响力。了解客户成功经理的公司与第三方之间是否存在竞争，也是一个不错的主意，因为这可能影响与之沟通的策略。

已经取得了哪些进展

客户成功经理在早期准备阶段要收集的另一些非常重要的信息是关于当前状态的信息。对于客户成功经理来说，重要的是要知道客户在整个计划中走了多远。这可能包含几个不同方面，例如，客户成功经理也许需要知道，定制工作现在已经完成，安装与配置已经完成，但新服务与现有IT系统之间的集成还存在问题，所有问题都将在××日之前得到解决。或者，也许一切正常，但客户的法务部门对合同中的某个条款不满意，所以在两个法律团队就条款进行谈判以便签署合同之时，一切都被搁置了。客户成功经理需要了解现状对其工作的影响。在第一个例子中，客户成功经理主动采取行动可能更好。在第二个例子中，客户成功经理也许必须在问题解决和合同签署之前先不采取行动。客户成功经理收集的现状信息应包括上面描述的事实，还应包括利益相关者的情绪。例如，利益相关者是否对他们认为由客户成功经理公司的无能造成的不必要的拖延感到沮丧和愤怒？或者，他们是不是热切地渴望开始，并觉得目前客户体验很好？知道这些总是好的，因为这可能影响客户成功经理何时以及如何与这些利益相关者进行沟通。

管理信息缺口

什么是信息缺口

一旦完成了信息收集的过程，你很可能会发现信息缺口的存在。信息缺口就是你需要的但尚未拥有的信息。出现信息缺口，可能有各种各样的原因。例如，也许知道你需要的信息的人还没有给你机会和他们交谈；或者本该知道这些信息的人实际上并不知道；又或者这些信息甚至还没有生成，你必须等待报告归档或数据发布。以上只是一些常见的例子，但还有很多原因导致客户成功经理可能无法一口气完成他们的研究。

计划中的和计划外的信息缺口

当然，除此之外，还有一个问题，即对于目前缺少的信息的需求程度，我们已经在前面讨论过关键路径的概念，以及只进行足够数量的研究、分析和计划，以便能够采取要求的行动。因此，除了现在确实需要填补的信息缺口，还可能存在你打算以后才填补的信息缺口。重要的是，你可以轻松地分辨出这些不同信息缺口之间的差异。处理这个问题的一个建议是，根据缺口是计划中的（如用绿色表示）还是计划外的（如用红色表示），用不同颜色对其进行编码。

分辨信息缺口

如果你使用我为你提供的工具，分辨一个或多个信息缺口是个非常简单的过程，因为这个工具将所有研究信息整理在一个清单中。要分辨信息缺口，你只需检查这个清单就可以了，可以按照上面建议的那样用不同颜色对信息缺口进行编码。如果你使用不同的系统，或者如果你的信息存储在不同的地方，那么可能需要做更多的工作来计算和记录所有信息缺口，但不管怎样，这是一项重要的任务，客户成功经理必须确保他们已全面完成。

对信息缺口采取符合现实的措施

归根结底，只要涉及信息缺口，客户成功经理几乎肯定会体验到所谓的收益递减法则。一些未知的但必要的信息相对容易找到，而其他信息要么不重要，要么不容易辨别，或者两者兼有。在这种情况下，客户成功经理也许决定不去填补这些特殊的信息缺口——至少不是现阶段去填补。与大多数事情一样，这取决于客户成功经理的判断：哪些信息是必要的，值得投入更多的时间和精力去发现，哪些信息可以暂时或甚至完全忽略。

填补信息缺口

一旦确定了哪些信息是未知但需要发现的，客户成功经理就要继续前进，通过发现未知的信息来填补信息缺口。要做到这一点，可能需要一些努力——甚至允许对清单进行一定程度的缩减，只包含在此阶段对客户互动进行研究至关重要的信息。

处理未知的未知

到目前为止，我们讨论的是将"已知的未知"（我们知道我们需要知道但我们尚不知道的信息）转化为"已知的已知"（我们知道我们需要知道而且我们也确实知道了的信息）的过程。然而，世界上还有第三类信息，即"未知的未知"（我们确实需要知道但我们不知道自己需要知道的信息）。

在与客户互动时，你会在理解客户的业务、客户参与的购买计划、自己公司的解决方案，以及如何帮助客户实现其既定目标等方面取得进展。在这么做的过程中，你可能发现一些"未知的未知"，也就是那些你没有意识到你需要研究的新信息，但你现在发觉有必要去探索和学习。这是自然而然的，也是可以预料的。通过采用最佳实践技术（如使用本书附带的工具），意外冒出的信息的数量将减少，但仍不时冒出，这是不可避免的。请不要对此感到惊慌，相反，只需将它们添加到清单中，并像研究其他信息一样研究它们。

随着你自己和客户成功团队中同事的客户成功管理实践日趋完善，你对客户和解决方案的理解也会日渐成熟。与客户进行了多次类似的互动后，你将完善和改进最初的通用工具和模板（如本书附带的工具和模板），这些工具和模板可以高效且有效地处理你在职业角色中遇到的各种类型的互动。因此，随着时间的推移，你也许会比一开始遇到更少的"未知的未知"，尽管它们不太可能完全消失。

制定互动策略和路线图

什么是互动策略？为什么需要它

本小节的内容与客户引导的话题无关，因为它将讨论互动策略的概念和使用，以及如何制定互动策略和路线图。互动策略是客户成功经理为自己制订的一个高层次的行动计划，帮助其在特定的客户互动中管理活动，并且从互动中获得客户成功经理及其公司（及客户）希望的结果。互动策略是客户成功经理领导角色的一部分，因为它不仅帮助客户成功经理设定方向，还为将与客户成功经理合作的其他人设定方向，以获得他们的支持，实现共同的目标。

对于非常简单的和低优先级的客户互动，没有太多不同的任务需要考虑，也不会在任何延长的时间段内发生，互动策略可以保留一个极简版的待办事项清单，或者根本不用创建这样的清单。但是，具有重要性、复杂性和/或持续时间超过一周左右的客户互动，制定互动策略是很好的做法。这意味着客户成功经理可以遵循自己的策略，如果有必要（例如，如果你生病了或离开了，或者被借调到一个重要的项目了，需要剥离自己的一些其他工作），你的同事也可以更轻松地随时接替你的工作，因为互动策略已经用白纸黑字记录下来了，并且路线图可供他们审查最新的进展，以便了解下一步需要做什么。

互动策略的组成部分

互动策略应当源于迄今为止对客户互动的理解（从交接和其他研究

活动中收集）和对公司客户成功战略的理解（详细描述了公司客户成功团队的愿景和目标），这两者同样重要。互动策略通常不会与客户利益相关者共享，但可能会在公司内部与客户成功团队内外的其他同事共享。

客户成功经理最不需要的就是更多的书面工作（无论是虚拟的还是实际的），或者更多的行政事务，这些工作和事务将客户成功经理的时间和注意力从他们需要花时间去做的最重要的面向客户的活动中分散开来。考虑到这一点，我建议使互动策略保持简单和公式化，这样就可以很容易地通过模板进行制定。

使用客户成功管理实践框架来指导互动中的各阶段，可以使事情变得简单。假设遵循这条路线，客户成功经理的互动策略可能包括表4.5所示的内容。

表 4.5 互动策略的组成部分

组成部分	描述
优先级	从 1 到 5 进行评分。了解该客户互动的优先级与其他客户互动的优先级，可以帮助客户成功经理适当地分配时间
复杂性	从 1 到 5 进行评分。了解客户互动的复杂性，将使客户成功经理大概了解互动可能需要的时间
客户成熟度	从 1 到 5 进行评分。了解客户在采用你公司提供的解决方案的类别方面的经验和能力，将使客户成功经理大概了解互动可能需要的时间
客户的结果	客户对结果的要求，每项都有描述、数量和截止日期
我们的结果	公司对结果的要求，每项都有描述、数量和截止日期
重要里程碑和衡量指标	注意任何由客户声明或同意的重要里程碑（或者确实是自己的组织需要的）。提供每项的描述、数量和截止日期
准备活动	简要概述准备的需求和估计的时间要求
客户引导活动	简要概述客户引导的需求和估计的时间要求

续表

组成部分	描述
采用发现活动	简要概述采用发现的需求和估计的时间要求
采用计划活动	简要概述采用计划的需求和估计的时间要求
采用实施活动	简要概述采用实施的需求和估计的时间要求
价值实现活动	简要概述价值实现的需求和估计的时间要求
互动评估活动	简要概述互动评估的需求和估计的时间要求

路线图的组成部分

路线图只是一个高级时间表,它可以让作为客户成功经理的你和与你共享路线图的其他人更容易追踪互动的进度和重要里程碑的完成情况。路线图使客户成功经理能够将整个旅程分解为一系列更短、更易于管理的部分或阶段。这使得整个旅程的管理更加容易,因为在任何时候,客户成功经理只需关注当前阶段活动的开展和下一阶段活动的准备。

对于客户互动策略路线图的每个阶段,应当确立它的启动标准、活动、方法、完成标准、产出和外部影响因素(见表4.6)。

表4.6 客户互动路线图的组成部分

项目	描述
启动标准	启动标准通常和完成前一个阶段一样简单,然而,有时它可能包括合同签字、高级项目领导批准、客户付款或完成这一阶段所依赖的其他工作
活动	活动是那些必须完成,以便能够说明阶段已经以令人满意的标准完成了的任务。如果本阶段将进行一项或多项活动但尚未完成,则应为此提供说明,并在可能的情况下解释确定在本阶段取得了足够进展的标准
方法	除了定义活动本身,客户成功经理还应解释开展活动的方法。这并不需要很详细,但足以提醒自己(或向他人解释)活动将如何开展
完成标准	一般来说,当某个阶段内的所有活动都已完成时,这个阶段就结束了,但如前所述,有时一项活动可能在某个阶段开始,然后一直持续到其他阶段。客户成功经理应当简单地记录阶段完成的标准,足以提醒自己或向他人解释

续表

项目	描述
产出	应提供产出清单。有时可能没有任何产出,在这种情况下,产出可以简单地描述为阶段中所有活动圆满完成。产出可能像高级项目领导批准某个任务已经完成一样简单,但也可能涉及对活动进行的衡量或评估。它还可以包括实物产出,如完成的报告、召开的会议或做出的决定
外部影响因素	包括项目或计划本身之外的任何可能对计划的运行产生影响的因素,因此需要在路线图中进行管理。例如,在假期期间可能不允许网络更改,这或许导致在夏季的几个月项目活动停止数周

制定路线图

重申一下,路线图的目的不是让客户成功经理承受更多的管理和计划负担,而是简化项目管理的任务。建议不要编入大量的信息,而是让路线图尽可能简短和简单,同时确保提供足够的信息,使之有意义。如果客户互动非常简单(例如,如果客户成功经理正在为客户做的所有工作是一种相对直接、简单的服务的客户引导,而且这种互动并不存在采用或持续的价值创造),那么客户成功经理可以做出选择,不必麻烦地制定路线图,因为它可能不是必需的。客户成功经理可以确定是否真的需要一个路线图,还可以决定花多少时间来制定。

在为更复杂或更长期的客户互动制定路线图时,一种很好的方法是先搭建整个旅程的骨架,但只需要专注于充实即将到来的阶段的细节——也许只是接下来的一两个阶段,并且在继续前进的过程中反复迭代,以完成未来阶段的更多细节。这在一开始就减少了管理和计划负担,并且适用于在工作的后期阶段并非所有信息都在一开始就知道的情况。

好消息是,客户成功经理几乎肯定会发现客户互动之间的强大模式,就活动而言,要记录在互动的每个阶段。这意味着一旦创建了第一个客户互动策略路线图,客户成功经理就可以将其中创建的大部分信息复制并粘贴到其他路线图中,以供未来参考。

使用路线图

一旦路线图准备就绪，客户成功经理就可以使用它指导当前和即将到来的活动，也可以既与同事分享，以共同探讨需要完成的工作，又与自己的直接上级分享，以显示进展并就任何关于应当完成和/或优先安排的即将到来的工作达成一致。

与客户互动策略本身一样，客户成功经理在与客户利益相关者分享路线图之前应当仔细考虑，因为路线图可能包含与他们自己公司的结果相关的活动或标准（例如，获得宣传，或者让客户更加自力更生，或者只是确保续签合同）以及客户的结果。当然，如果这看起来是个好主意的话，没有什么可以阻止客户成功经理创建一个"客户友好"版本来与客户利益相关者共享。

客户成功管理实践框架第 1 阶段的工具

准备的风格

帮助你完成与新客户互动的初步准备的方法有很多。从非常简短的和非正式的，如与客户经理的随意交谈，以及关于客户已经购买的东西的记录，到非常详细和正式的公司交接过程，然后，客户成功经理进行进一步的研究，以验证从交接中收集到的信息，并进一步扩展这些信息。作为一名客户成功经理，你在准备与客户的互动时实际上做了什么，将在很大程度上取决于你对这种互动的复杂性和重要性的要求，以及你（和你的同事）所拥有的可用时间。也许在某种程度上，你个人的工作风格也会影响你的准备工作。无论如何，作为客户成功经理，你必须确保自己为即将到来的活动做好充分准备。

获取研究的信息

为了协助你进行准备工作，我创建了一个名为"客户研究清单"

（Customer Research Checklist）的Excel工作簿，其中包含前面各章节中描述的每个研究领域的单独清单。你可以从本书网站下载此工作簿，要么按原样使用它，要么按照你希望的任何方式修改它，以使它更适合你自己的客户成功管理的需要。这可能包括添加你需要研究的更多信息或删除你不需要的信息，或者修改名称，以符合你自己公司的命名惯例。

每个工作表都列出了交接过程中需要收集的重要信息，并提供了空间来记录你的发现。当然，工作表的格式有其局限性，因此在组织和记录收集的信息的方式上，有时可能需要一点创造性。你或许还会发现，在收集这些重要信息的过程中，你还找到了其他一些有用的信息。我的建议是创建带有适当标题的附加行，并将这些信息与必要的信息一同记录下来，这样所有信息就都存储在一个地方了。

工作簿中的工作表已经按照我认为最符合逻辑的交接顺序放置，但你可以自由地以适合你或其他获取信息的人的任何顺序来研究这些信息。此外，你可能发现，在讨论某个特定主题的过程中，我们还探讨了来自互动的其他方面的信息，如果发生这种情况，客户成功经理当然应该简单地在工作簿之间切换，以便在正确的位置记录相关信息。

关于使用工作簿的另一个要点是，有时你正在研究的信息是数字格式的或者其他一些格式，这使得很难将其包含在工作簿中（如客户报告结构的流程图）。在这些情况下，你要么总结工作簿中的信息并引用现有信息，要么在总结并不现实的情况下直接引用现有信息。引用可能指向另一个系统上的某个位置，如客户成功健康评分系统或销售客户关系系统工具，或者文件名和位置。

制定客户互动策略

我再次使用Excel创建了一个简单的模板来帮助客户成功经理制定互动策略。模板以工作簿为形式，被命名为"客户互动策略"（Customer

Engagement Strategy），和之前一样，你也可以从本书网站下载此工作簿并直接使用它；或者以你希望的任何方式修改，使它更适合你自己的客户成功管理的需要。这可能包括添加你需要研究的更多信息或删除你不需要的信息，或者修改名称，以符合你自己公司的命名惯例。工作簿中的第一个工作表可用于记录互动策略的细节。

制定客户互动策略路线图

要制定路线图，请使用用于制定互动策略的客户互动策略工作簿中的其他工作表。客户成功管理实践框架的每个阶段都有一个工作表供你使用。如上所述，你几乎肯定会发现客户互动之间的强大模式，就活动而言，要记录在互动的每个阶段。这意味着一旦创建了第一个客户互动策略路线图，客户成功经理就可以将其中创建的许多信息复制并粘贴到其他路线图中，以供将来参考。

你将看到，对于每个阶段中的每项活动，都留有空白用于描述和注释。使用"描述"区域来说明活动本身及其所需的任何资源。使用"注释"区域来提醒自己和其他人，你或他们需要了解的活动的任何特殊问题或注意事项，并记下将开展这项活动的人的名字（如果不是你的话）。

记住，当这些细节映入你的眼帘时，通过为即将到来的阶段添加更多的细节来保持路线图是最新的。同时不要忘记，在继续制定路线图的过程中把每项活动和阶段都标记为完成。

中央存储库

一旦开始处理工作簿，请确保将其（或副本）保存到中央存储库中。中央存储库只是公司一个存储位置，适合保存与客户相关的信息，任何需要访问这些信息的人在必要时都可以获得这些信息。客户成功经理创建的其他文档也可以添加到中央存储库，以便与工作簿一同使用。

如何组织中央存储库以及使用什么（如果有的话）数据管理工具，完全取决于客户成功经理自己。

客户成功经理应仔细考虑谁需要访问中央存储库。当然，客户成功经理和他们的同事及客户成功团队中的经理都需要访问中央存储库。考虑将访问权限全部或有限地扩展到客户成功经理自己组织中的其他人是有益之举，如销售部门、服务交付部门、研究与发展部门、市场营销部门及其他的部门的同事，他们也许会发现中央存储库包含的一些信息的用途；还可以将访问权限扩展到第三方、服务或产品供应商等合作伙伴。客户利益相关者也可能需要访问中央存储库中包含的一些信息。然而，客户和合作伙伴的访问权限确实需要小心地加以限制，仅限于访问他们需要的相关信息。

从本质上讲，客户成功团队需要围绕信息管理和信息共享制定适当的策略，针对此进行详尽的讨论将超出本书的范围。请注意，客户成功经理当然应确保他们了解所在地区关于存储公司或个人数据的任何法律和公司要求，并一定要遵守这些要求。如有必要，向直属经理和/或法律团队咨询。

客户成功管理实践框架第 1 阶段的活动与产出

客户成功管理实践框架第1阶段的活动

客户成功管理实践框架第1阶段的活动包括：
1. 确保你意识到即将到来的客户互动，并提前为这些互动安排好交接。
2. 检查"客户研究清单"（或者在交接中使用的其他工具），并确定在交接会议之前需要讨论什么。
3. 完成同事之间的交接。
4. 必要时对公司系统进行进一步的研究。

5. 如有必要，在互联网上进行更广泛的研究。

6. 完成"客户研究清单"（或其他用来记录研究成果的工具）在这个阶段需要完成的工作。

7. 查看"客户研究清单"和其他地方记录的信息，了解客户互动的要求。

8. 使用"客户互动策略"工作簿，制定客户互动策略。

9. 使用"客户互动策略"工作簿，制定客户互动策略路线图。

10. 将"客户研究清单"和"客户互动策略"与任何其他已在中央存储库中创建的文档一起保存。

客户成功管理实践框架第1阶段的产出

客户成功管理实践框架第1阶段的产出是已完成或部分完成的互动调查问卷，以及客户成功经理创建的任何其他文件。在准备工作结束时，客户成功经理必须确保拥有足够的信息进入客户成功管理实践框架第2阶段。

客户成功管理实践框架
第2阶段:承诺

第 5 章

第5章 客户成功管理实践框架第2阶段：承诺

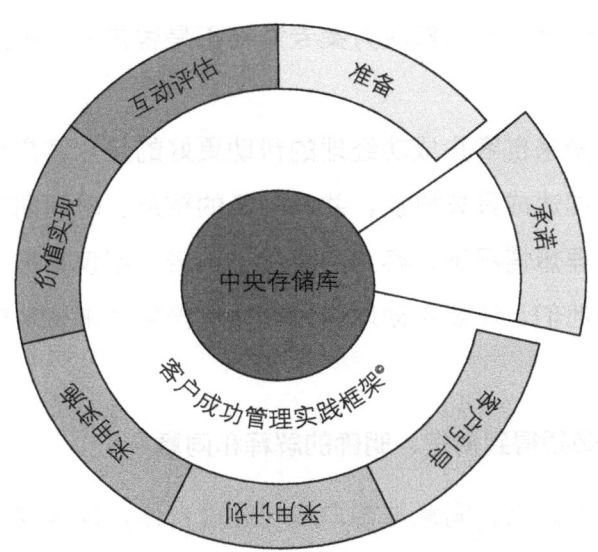

客户成功管理实践框架第 2 阶段：承诺

什么是承诺

不可能帮助不需要帮助的客户

当第一次与客户互动时，客户成功经理最初的任务是获得客户的同意，允许他们在客户引导、客户采用并最终实现价值的过程中提供帮助。对于大多数客户来说，这可能非常简单——毕竟，客户成功经理提供的服务（一般来说）不需要任何额外的费用，所以大多数客户可以不经过太多考虑就同意使用客户成功管理服务。在其他时候，客户成功经理可能需要更多的努力来打破可能存在的任何障碍，也许是客户利益相关者对客户成功管理的内容存在误解，或者对客户成功经理所在公司提供此服务的动机存疑。

客户公司也可能拥有一个角色或一项职能，甚至一个完整的团队，致力于实现与客户成功经理相同的目标（解决方案的采用和客户引导，以及解决方案价值的实现与衡量）。如果是这种情况，那么客户成功经理或许需要解释他们作为解决方案专家而不是客户公司中的专家所带来的特定价值。

比普遍接受来自客户成功经理的帮助更好的是，客户就帮助的形式与客户成功经理达成具体协议，并对涉及的结果、时间期限和重要里程碑达成一致。理想情况下，客户需要做出承诺，不仅要被动地允许客户成功经理帮助他们，还要主动地通过合作伙伴关系来协助客户成功经理这样做。

所给予的帮助必须得到清楚、明确的解释和同意

即使客户很高兴，同意与客户成功经理合作，确保客户成功经理和客户都理解双方实际达成一致的内容也很重要。如果从一开始就不清楚这一点，那么当客户成功经理努力帮助客户时，问题就会迅速出现，要么错误地逾越了客户认为的任何舒适区边界，要么未能达到客户对客户成功经理将给予的帮助的期望。

因此，客户成功经理一定要让他们的客户了解什么类型的帮助是可用的，以及为什么它们可能有用。在此基础上，客户成功经理和客户必须就一些基本原则达成一致，包括客户成功经理将为客户提供什么帮助、帮助的时间表和结果，以及双方将如何沟通。

客户承诺流程

承诺什么

在询问客户是否愿意使用公司的客户成功管理服务之前，客户成功经理如果清楚地知道他们所提供的是什么，以及他们将如何向客户解释，会大有帮助。假如你在一个成熟的客户成功团队中工作，那么很可能你的客户成功方案已被正式化和文档化，包括可以与客户共享以向他们解释所提供服务的文档。如果不是这种情况，那么我强烈建议任何客户成功经理团队都要走一些必要的流程，以明确什么是客户成功管理服务，并为它们编制文档，供内部和外部使用。如果你没有机会在正式的客户成功管理团队中工作，那么创建这类文档供自己使用，也是一个好主意。

面向客户的文档可能包括留给客户的一本简单的数字化或纸质的小册子，向他们解释客户成功管理服务，并提供如何直接联系客户成功团队或任何指定的客户成功经理等详细信息。它还可能包括对公司的客户成功管理服务的简要介绍，这些服务可由客户成功经理自己和／或客户经理在销售过程中介绍，通过展示售后客户服务水平来帮助区别于竞争对手。

另一种能够与客户共享的文档是一个或多个案例研究，它们作为客户的成功故事，让人们了解了客户成功管理服务在以前类似的活动中已经为参与其中的客户实现了多少可衡量的和可证明的价值。（当然，这些案例研究必须是匿名的，或者由客户进行必要的授权，以便在案例中使用真实的名字。）

最后一种非常强大的文档是案例研究或其他客户的证明，表明其他客户通过使用客户成功管理服务而获得了潜在的价值。这可能是一份传单，也可能是一段视频，或者任何其他有助于清晰而简洁地传达信息的形式。这种文档可以存储在中央存储库中，供所有客户成功经理使用，当然也需要不时地进行审查和更新——或许是每年一次，或者在提供的服务发生重大变化时进行更新。

客户成功管理的内容、原因和方法

请记住，并不是所有的客户都必须理解客户成功经理的角色，因此客户成功经理必须准备好解释其角色及工作方式。拥有文档可以极大地帮助客户成功经理做到这一点。解释不需要很长，也不需要十分专业，只需把"人""内容""原因""方法""时间"的概念放在一起就行了（见表5.1）。

表 5.1 解释客户成功经理的角色

项目	描述
人	解释谁能从使用客户成功管理服务中获益。这应当可以解释客户成功经理往往与哪些利益相关者互动,以及这些利益相关者从这种互动中获得了什么价值
内容	解释什么是客户成功管理。这应当简要描述服务的整体及其每个主要组成部分。描述应是非技术性的,并且使用商业语言
原因	解释客户成功管理能为客户创造的价值。这应当包括客户在使用服务后获得的财务收益和其他方面的好处
方法	解释客户成功管理的工作原理。这应当(再次简要地)解释典型的客户成功经理在互动中涉及的流程和可能的时间期限
时间	解释什么时候应当进行客户成功管理活动。这应当概述提供客户成功管理协助的时间,包括客户引导、采用和价值实现

明确提供帮助和协助

除了关于"什么是客户成功管理""为什么它有用""它如何运行"等重要且必要的一般性描述和解释,客户成功经理还应该准备以易于理解的术语准确解释他们为客户提供了什么帮助和协助。客户成功经理应当回顾他们在客户成功管理实践框架第1阶段制定的互动策略和路线图等文档,提醒自己记得客户对结果的要求(正如客户成功经理在真正会见客户之前于这个阶段所理解的那样),以及自己公司对与客户互动的结果的要求。这些信息应当帮助客户成功经理确定该客户可能需要什么类型的帮助与协助,以及他们能为该客户投入多少时间和精力。

客户成功建议书

客户成功经理可能决定提供纯粹的非正式客户服务,但客户成功管理最佳实践包括撰写一份书面的客户成功建议书,记录所提供的客户成功管理服务的总体目的,并明确列出将提供的帮助类型,以及关于角色和职责(客户成功经理和客户)、时间表、里程碑、结果、衡量、沟通机制和进度报告的信息。这是完全合适的,这份客户成功建议书首先要与客户进行讨论和协商，然后记录结果并发送给他们进行验证和批准。获得批准的客户成功建议书的副本可以存储在中央存储库中，以供将来参考——例如，在季度进度审查会议上。不用说，最好的做法是通过法律和财务渠道确保客户成功建议书的准确性和符合任何行政要求，特别是如果其中包括任何付费的专业服务的话。

客户成功建议书这份文档的目的是为双方提供持续的参考。它阐明了要做什么、如何做、谁来做、需要多长时间，以及应当有什么样的结果。将这些细节记录在文档中，能让双方更清楚地了解取得的进展和实现的价值，当然，这也能够在最后展示并证明由这些记录所带来的整体成功水平。我在本书网站上提供了一个可供下载的名为"客户成功建议书"（Customer Success Proposal）的模板。

与客户沟通

会见是取得客户成功管理结果的使能因素

毫无疑问，客户成功经理需要与许多人沟通。他们当然首先必须成功地与客户利益相关者特别是高级项目领导，以及其他参与购买计划和决策的关键利益相关者进行互动，还必须与部门和团队领导者进行互动，因为团队将受到变革的影响，不论这些变革是什么。此外，客户成功经理当然需要与同事沟通，包括客户的客户经理、参与售前流程的其他销售人员、解决方案架构师等其他专业人员，以及可以向客户成功经理提供有用信息的服务经理（可能之前与客户会面并与之合作）。

与各种各样的人保持良好的互动并与他们建立高质量的工作关系，是客户成功经理必须具备和培养的一项极其重要的技能。虽然客户成功经理的目标是使每位客户从购买的产品和服务中获得最大的价值，但他们不能孤立地履行这个岗位的职责。客户成功经理要依靠自己的同事和来自客户组织内部的利益相关者,以及来自第三方组织的潜在的利益相关者来帮助实现这一目标。

与他人的沟通可以是实时的(如电话、实时聊天设施和面对面的会见或虚拟会议),也可以是非实时的[主要通过电子邮件,但也可能包含社交媒体,如领英(LinkedIn)]。重要的是要理解,客户成功经理与他人的每一次沟通,都将有助于这个人对客户成功经理个人及其职业特征的理解和信任。我认为,可以这样说,对客户成功经理的评判不仅要看他们沟通的方式,还要看他们取得的结果。因此,他们应当尽其所能确保所有通过任何媒介进行的沟通都礼貌、友好和专业。

使会见的价值最大化

会见当然是最明显的互动形式之一,无论是与客户利益相关者还是与他人。会见可以采取多种形式,运用各种媒介。客户成功经理有可能安排与客户会见(借助电话、网络或面对面),然后直接进入主题,并期待最好的结果。这当然是完成工作的一种方法,但这种方法不太可能为客户或客户成功经理自己的公司创造最佳价值。在可能的情况下,每次与客户的互动都应提前安排好,当然,最重要的会见(肯定包括初次会见)要在开始之前仔细考虑,可能还要做一些具体的准备工作。有时可能需要在没有任何事先通知的情况下直接举行计划外的客户会见,因而没有任何计划或准备,但没关系——规则通常是被用来打破的。

记住这条简单的规则,在会见之前了解哪些类型的计划和准备是值得一做的。获得关于如何举行会见的一些指导,或许是有益的。最后,考虑一下是否应当在会见结束后做一些事情,客户成功经理应确保客户知道这些事情,这可能也很重要。

客户会见(或任何其他重要的会见)的步骤如表5.2所示。

表 5.2 客户会见的步骤

步骤	标题	描述
1	结果	客户成功经理一定要明确互动的预期结果是什么。结果定义得越清楚，就越容易引导互动成功地实现它们 长期（战略）和短期（战术）的结果都应被考虑。例如，战术的或者说短期的结果可能是在即将到来的流程中就接下来的步骤达成一致，战略的或者说长期的结果可能是开始与一位你以前没有见过的特定客户利益相关者建立信任关系 所有参与者的结果也应当在相关的地方定义（例如，客户从这次会见中获得了什么价值）。考虑所需的（必须达到）和期望的（如果可能的话最好达到）结果也是合理的，因为这可能增加从互动中获得的价值，并且使时间管理具有一定的灵活性
2	参与者	一旦确定了结果，客户成功经理就可以决定互动过程中需要哪些参与者，以便为实现这些结果做出贡献。必须首先定义结果，因为应当由对结果的要求决定谁将参加会见 任何对结果的达成没有贡献的人都不应参加会见。如果你发现对达成你所定义的任何结果都没有帮助的参与者，这就告诉你，你要回过头去重新定义结果，也许包括额外的结果
3	议程	第 3 步是制定议程，应当包括活动和时间安排。活动不仅是一个讨论话题，还应当定义讨论的内容和讨论将如何进行。例如，它可能只是一次简单的对话，但也可能是对预先提出的问题进行更有条理性的调查，或许只是一次白板练习，或者是在观看一则简短的视频之后举行圆桌讨论，等等 时间安排（包括较长时间的休息）也很重要。必须给予足够的时间，以实现所有的结果。与此同时，要求人们参加不必要的冗长会议是在浪费他们的时间，这不是专业的做法。将一些不重要的结果放在议程的最后，可以在时间上提供一些灵活性。这在很难计算一项或多项活动需要多少完成时间的情况下格外有用
4	资产与资源	应当考虑互动可能需要的任何资产和资源。这可能包括基本资产，如房间、投影仪和屏幕、麦克风和扬声器（用于更大的房间）等；还可能包括在到达时或休息时提供茶点，如果合适的话，还可以为参与者提供笔、便签本和名片。这也可能包括更具体的资产，如在幻灯片上准备的案例研究报告 资产和资源还包括人，也就是主题专家，他们不是参与者，但受邀提供专业知识，以供参与者采纳和考虑；也许还包括帮助你引导互动的人，如帮助你监督参与者、管理时间或记录结果的其他人

续表

步骤	标题	描述
5	产出、衡量指标和接下来的步骤	应考虑互动产出。互动产出是互动的结果。对于某些互动，可能只需要参与者口头确认已达成共识即可。然而，对于大多数互动，有必要创建讨论和协议的书面文件，甚至记录整个互动过程以供将来参考 此外，还应考虑如何报告这次互动以及谁应当收到这份报告。也许有必要撰写会议纪要，以便向所有参与者发布和／或汇总报告取得的成果，发送给一个或多个特定的利益相关者，或者简单地存储在中央存储库中，供客户成功经理自己参考 最后要考虑的可能是衡量或者以其他方式评估会见的相对成功程度，并通过衡量或评估来帮助确定接下来的步骤 对会见成功程度的衡量或评估通常基于互动结果实现的程度

所有的会见真的有必要吗

上述步骤必将有助于客户成功经理的会见取得成果。当然，不同的会见需要采用不同的方法和进行不同程度的准备。在这里，我无意给客户成功经理增加不必要的任务负担，因为这些任务不会在结果方面带来太多回报。应当就客户成功经理完成任何特定的互动活动的适当流程和程度做出决定，这应基于互动活动的重要性和复杂性。这个决定当然由客户成功经理来做出，如有必要，可以与同事协商。

语言沟通——咨询式提问

本书的主要目的并不是提高客户成功经理的沟通技巧，但这些技巧对于客户成功经理来说非常重要，所以简短地进行一番讨论或许是值得的。咨询式提问是通过使用高质量的问题来帮助客户获得必要的理解的过程。高质量的问题非常简单，通过这些问题，利益相关者能够理解客户成功经理想要知道什么，以便给出答案。听起来十分简单，但想要擅长咨询式提问必须经过练习和不断积累经验，还需建立适当的信任关系，这样的话，被问到的人就能轻松地给出答案。表5.3列出了咨询式提问的一般规则，作为客户成功经理，遵循这些规则可以帮助你改进和提高咨询式提问的技巧。

表 5.3 咨询式提问的一般规则

规　则	描　述
知道你对结果的要求	当提前知道你将主持一次需要从一人或多人那里获得信息的会见时，你应确保自己清楚对这次会见的结果的要求是什么，这应该包括你需要收集的所有信息
计划和记录你的问题	不要指望你能记住所有需要询问的内容，或者幻想你能够想出一种方法来寻求你需要的信息，而要提前计划好你的问题，并将其记录下来，这样的话，在会见中你就可以把问题提出来
提前向参与者简要说明	这有助于参与者提前知道你需要从他们那里得到什么信息。这样做的话，参与者就能够准备他们的答复，并且收集他们可能希望附带在答复中参考的任何资料。这样做还可避免提出一些参与者并不知道答案从而让他们感到难堪的问题
提供合适的环境	在你的能力范围内，请试着为参与者提供一个适合会见的环境。应当消除对舒适度、噪音和其他干扰因素的担忧，特别是如果会见要讨论敏感信息时。如果会见的时间很长，可以考虑适当休息并提供茶点，使参与者精力充沛
首先建立信任	即使你已经了解利益相关者并且和他们关系良好，也不要在会见一开始就询问敏感的问题或讨论艰难的话题，而要以一种舒适的方式开始会见，在触及敏感话题之前，先建立融洽的关系
多次询问相同的问题	不要总认为你收到的答案是完整的或者包含了你需要知道的一切。试着多次询问相同的或相似的问题（如"还有什么……"），以帮助利益相关者更深入地思考这个问题，并提供关于它的进一步信息
将复杂的问题分解	使用"分块"的概念，将任何复杂的问题分解成一系列更小、更容易理解的问题，使其更容易逐个讨论和处理
使用开放式问题来探索话题	当需要进一步探索某个话题时，可以使用开放式问题来进行探索。开放式问题是需要用一两句话甚至一两个段落来回答的问题（如"你觉得……怎么样"），必要时使用多个开放式问题来继续探索
使用封闭式问题来达成共识或获得承诺	当需要达成共识（如来自多个利益相关者），或者获得来自一个或多个利益相关者的承诺时，请使用封闭式问题。封闭式问题只需一个简短而明确的回答（如"我们是否都同意……"）

续表

规则	描述
使用积极的倾听技巧	当想要确认你已经理解了一些事情,或者让利益相关者相信你理解了他们所说的话时,你应当积极倾听。这需要向利益相关者解释他们刚刚告诉你的内容,并请他们验证你的解释的准确性(如"所以,你要说的是……")
确保所有利益相关者都有发言权	如果会见中有多个利益相关者,你可能发现,有的利益相关者在对话中占主导地位,而其他的利益相关者则不愿分享他们的观点或知识。试着提供一个支持的环境,使所有利益相关者都能够自在地发表意见和建议,如果你能做到这一点而不至于让他们感到不自在的话,主动地请求尚未发表意见和建议的利益相关者发言
在进行过程中总结你的进展	不要等到最后才确定所有的问题都已经讨论并达成一致(如果有必要的话)。相反,应当将对话分解成一个个的部分,并且在每个部分的末尾总结对话的进展情况。试着从利益相关者那里获得共识,即在继续之前已对该部分进行了充分讨论
注意任何缺失的信息	即使你可能提出所有正确的问题,也并不意味着利益相关者将知道所有的答案。你可能发现一些领域需要进一步研究,以确定所需的信息。如果出现这种情况,请注意遗漏了哪些信息、谁将负责研究这些信息、研究何时完成,以及一旦发现这些信息他们将如何处理
制定议程并管理时间	与任何会议一样,重要的是管理好会见,以便尽可能留出足够的时间讨论、辩论所有的主题,并就其进行谈判和达成共识。为会见制定议程可以有效地帮助管理会见,并使之顺利进行下去
记录会见的结果	确保以任何必要的格式充分记录从会见中获得的信息。如有必要,请确保将此信息传递给参与者和/或其他利益相关者
跟进	如果在会见期间商定了进一步的活动(如进一步研究,以发现缺失的信息),你需要确保这些活动实际发生,并将结果记录下来。应当在每次会见后考虑下一步的步骤,而你应再次确保继续取得进展

与客户的初次会见

初次会见的重要性

"你永远不会有第二次机会创造第一印象",尽管这句话有点儿老生常谈，但始终正确。当与客户初次会见时，客户成功经理希望确保客户的利益相关者能从积极的角度看待他们和客户成功管理的作用。初次会见很可能是一段长期关系的开始——几周、几个月，甚至是几年——所以，花点儿时间去做一些能确保会见顺利进行的事情是值得的。

对于任何面向客户的会见，所有需要在会见前考虑的事项都应在会见开始前由客户成功经理妥善处理。（如果你不确定会见前需要考虑什么，请阅读本章5.3节关于与客户沟通的主题。）有些会见可能不那么重要，因此需要较少的时间和精力来计划与准备，不过，与客户的利益相关者的初次会见非常重要，所以我建议花更多的时间和精力来尽最大可能确保会见顺利进行。

对于初次与客户会见，让客户的出资人或者客户的代表在场，可能对于确立互动的重要性和总体期望是重要的。

连续性的概念

从客户的角度来看，不管客户的利益相关者在和什么公司打交道，也不管客户成功经理现在与客户利益相关者怎样打交道，保持互动的风格和方法的连续性是很有必要的。重要的是，客户不要把从客户经理的售前销售关系转移到客户成功经理的售后客户成功管理视为一件负面的事情。

在销售周期结束后，如果客户觉得自己被交给了一个次要的、不那么重要的人，他们有时会表达不满或愤怒。客户经理只要确保预先解释客户成功经理的角色，并将其作为一个平等的、他们认为对客户而言具有极大潜在价值的人介绍给客户，就可以很容易地处理这一问题。

如果客户觉得他们必须"重新开始"，重新了解"新人"、理解"新人"的业务及其独特的需要与挑战，他们也会生气。应当注意的是，要尽早向客户的利益相关者证明，客户成功经理完全了解客户的情况，并已做好充分的准备投入工作之中，而不需要花大量的时间和精力去培训，才能对客户有益。

时机的概念

客户需要与客户成功经理的公司及时沟通。对于那些希望能提前计划和分配自己资源的客户来说，如果到最后一刻才介绍客户成功经理的角色并开始客户引导、客户采用和价值实现的话，他们可能会感到厌烦。客户也不希望产生这样的感觉：为了满足客户成功经理公司对结果的要求而不是客户自己对结果的要求，被人以超出他们能够舒服接受的速度向前推进。要在恰当的时机介绍客户成功经理——最好是在客户引导、客户采用和价值实现活动开始之前，并且从那时起，与客户成功相关的互动的步调和风格，应当由客户而不是客户成功经理决定。

与客户经理划界和联络的概念

当然，客户成功经理现在已经开始与客户接触，这并不妨碍客户经理继续与客户保持联系和进行与销售相关的对话。事实上，更应将客户成功经理看成推动者和增强者，因为他们承担了本应由客户经理承担的售后的客户引导、客户采用和价值实现的重担，这使他们能够更有效地专注于围绕他们想要和需要的机会与解决方案的对话类型。

在与客户会见之前，客户成功经理应当与客户经理联系，就最佳的方法达成一致。即使你已经和该客户的客户经理合作过很多次（但如果你们没有见过面的话），在首次会见客户之前与客户经理见面，一起讨论客户，并就如何与该客户合作达成一致意见，也是值得做的。与客户经理达成一致，应包括围绕谁将负责继续进行这种类型的对话、涉及什么话题，以及双方将如何交流，以便彼此通报进展或其他必要的客户信息。这并不是一项非常繁重的任务，大多数时候可以只进行非正式的交谈和友好的协商。

在初次会见之前见面

客户成功经理与客户利益相关者建立直接关系的最佳方式是让后者掌控初次会见,即使其他与现有客户利益相关者存在关系的人(如客户经理)在场。这有助于客户利益相关者建立并嵌入自己的权威,使得他们能够以适合自己风格和特点的方式进行会见。不过,在初次会见之前,与重要的客户利益相关者见面也是十分重要的,以便双方都留下第一印象,并稍稍打破一点社交"坚冰",使各方至少产生了某种程度的熟悉感。

一种好方法是让客户成功经理询问客户经理是否邀请他们参加客户经理自己的客户会见。客户成功经理可以作为被动见证人参加(基于希望熟悉客户和主要利益相关者),但如果客户经理愿意,或许也可以花5~10分钟介绍自己,并且非常基本地介绍客户成功管理的作用。这为客户成功经理的存在提供了一个合理的理由,也为他们在接下来正式的初次会见中建立关系奠定了良好的基础。

初次会见讨论的主题

我对初次会见的看法是,最好保持简短和简单。可讨论的主题有很多,可分享的信息也很多,可供讨论的内容也很多,但一次做太多事情可能适得其反。把精力集中在做好几件事上,好过一次把所有事都做完然后每件事都失败了,而且还可以安排后续的会见。

同样,使参与者数量尽可能少可能是件好事,这有助于建立更牢固、更有意义的关系,因为它为在场的参与者提供了更多的交流时间。这还有助于时间管理,使初次会见时间更短,而不会错过重要的讨论。

初次会见的议程示例如表5.4所示。

表 5.4　初次会见的议程示例

持续时间（分钟）	主　题	发起人
5	致欢迎辞和进行一般性介绍	客户经理
2	介绍并移交给客户成功经理	客户经理
3	个人情况和背景的介绍	客户成功经理
5	演示：XYZ 公司客户成功管理的概述	客户成功经理
30～40	围绕新客户引导、客户采用和价值实现的需求及客户成功经理可以怎样提供帮助进行一般性讨论	客户成功经理
20～30	提出客户成功管理未来的发展方向，就其如何工作进行讨论并达成共识	客户成功经理
5	概述接下来的步骤并感谢参与者	客户成功经理
70～90	总体议程（取决于需求的复杂程度）	客户成功经理

必须谨慎地确定初次会见需要取得哪些结果。除了开始与主要客户利益相关者建立信任关系并假设客户对使用客户成功经理提供的服务感兴趣，下面两个结果尤其需要实现，即使不是从初次会见就开始实现，也肯定要在初次会见之后尽快实现。

- 需要就在客户引导、客户采用、价值实现及客户成功经理的角色类型和互动等方面做些什么达成高层协议。
- 客户成功经理和客户组织之间沟通的协议，包括沟通的类型和频率、报告的格式及客户成功经理主要与哪些利益相关者保持联系。

验证客户的旅程

上面显示的两个结果中的第一个，即关于需要就在客户引导、客户采用和价值实现等方面做些什么达成高层协议，可以看作一次验证练习。在与客户见面并获得这些信息之前，客户成功经理已经进行了大量的背景研究和分析，这些研究和分析与客户组织的总体情况有关，特别是与客户的具体购买计划有关。

现在，客户成功经理要确保他们之前在客户成功管理实践框架第1阶段收集的信息完全准确，并且在可能的情况下填补该阶段未知信息造成的任何空白。验证应包括数据本身，也包括客户已经在采用和价值实现的旅程中走了多远（如果开始走了的话）。

从个人角度了解利益相关者

关于初次会见，需要考虑的最后一点是，在理想的情况下，客户成功经理要与尽可能多的利益相关者会见并建立高质量的关系。和其他的会见一样，初次会见是实现这一目标的机会。在初次会见或其他的会见中，有一种方法可以进一步实现这一目标，我的一位好朋友将该方法描述为"一次一个人在一群人中工作"。该方法的理念是，尽可能地与每位利益相关者进行几分钟的一对一交流。这是宝贵的时间，可以用来更好地了解利益相关者，了解他们的好恶和优缺点。通过这样做，客户成功经理可以更深入地了解每位利益相关者是什么人，对他们来说什么是重要的。同样，它为客户成功经理提供了机会来帮助每位利益相关者理解客户成功经理将参与的互动对他们自己有何影响。通过这样做，客户成功经理可以更主动地"指挥"团队成员，帮助他们补充技能，并助推他们更有效地解决问题。

告知更广泛的用户群体

同样重要的是，客户需要确保用户群体知道这一新的产品或服务，特别是当它要取代用户群体已经习惯使用的现有解决方案时。在前期和整个互动过程中，广泛的用户群体支持非常重要。建议客户成功经理在初次会见时或者在可行的情况下尽快向客户提出告知广大用户群体的问题。

制定利益相关者管理策略

为什么要制定利益相关者管理策略

管理利益相关者既是一项技能，也是一门艺术。这当然需要投入大量的精力，有时还需要很高的情商和极大的耐心。拥有或能够发展强大的利益相关者管理技能的客户成功经理肯定会比那些在这方面苦苦挣扎的客户成功经理有很大的优势。

一般来讲，用来管理利益相关者的时间很少，而需要管理的利益相关者众多，两者不成比例。因此，客户成功经理要谨慎地关注如何利用自己的时间来完成这项任务，因为它完全有可能占用他们太多宝贵的时间，从而对其他重要职责产生负面影响，或者致使他们在巨大的困难面前干脆放弃。为了避免这两种极端情况，建议客户成功经理将整个利益相关者群体进行分类，并且为每个类别制定不同的利益相关者管理策略，以满足各类别中利益相关者的需要，同时明智而紧凑地管理好自己的时间。

使用RACI矩阵来了解利益相关者的参与

在管理利益相关者时，客户成功经理会发现RACI矩阵是一种有用的工具——特别是在相当复杂的情况下。这一工具的目的是了解哪些利益相关者参与到与项目或计划相关的每项具体任务中，以及在执行每项任务的过程中每位利益相关者扮演什么角色。

这一工具通过使用矩阵提供了识别利益相关者角色的简单格式，在该矩阵中，行表示项目或计划中的任务，列表示利益相关者。然后，可以使用每项任务和每位利益相关者之间的交集来确定各位利益相关者在该任务中的特定角色（如果有的话）。

RACI代表责任人（Responsible）、负责人（Accountable）、咨询对象（Consulted）和告知对象（Informed），如表5.5所示。典型的RACI矩阵用于为项目或计划中的每项任务确定每个角色的权限。

表 5.5　RACI 矩阵定义

术　语	定　义
责任人	实际执行任务的人。这个人或这一群人通常（尽管不总是）由负责人指定
负责人	最终负责确保任务按照质量、时间等适当标准执行的人（应该只有一个人）
咨询对象	这些人是额外的人员，他们的意见、专业知识或其他输入是负责人或执行任务过程中的人员寻求的
告知对象	这些人既不参与任务的执行，也不监督任务，但他们需要知道任务何时完成（例如，为了知道何时开始他们负责的另一项任务）

图5.1显示了客户成功经理如何在客户成功互动中使用RACI矩阵，以了解客户利益相关者在整个互动的不同步骤中扮演的不同角色，该工具的模板名为"利益相关者RACI矩阵"（Stakeholder_RACI_Matrix），可在本书网站下载。

利益相关者管理矩阵

并不是每位利益相关者都需要（甚至希望）客户成功经理给予同等的时间和关注。客户成功经理可以使用工具来将利益相关者分类，然后为每位利益相关者类别制定相关的策略，这个工具就是利益相关者管理矩阵（Stakeholder Management Matrix），如图5.2所示。该工具通常用于销售、项目管理和其他需要管理多个利益相关者复杂需求的地方。它易于理解，使用便捷，是客户成功经理进行利益相关者分类的理想工具。

利益相关者管理矩阵好比将一块画布划分为四部分，客户成功经理可以根据两个因子X（在水平轴上）和Y（在垂直轴上）的相对强弱，在画布上为每位单独的利益相关者或利益相关者群体绘制位置。

	购买者	EMEA采购部主任	EMEA项目经理（信息项目主任）	采购部IT技术顾问/采购部事业经理	EMEA生产部主任	EMEA研究发展部主任	EMEA配送部主任	质量管理	EMEA IT系统主任
R=责任人 A=负责人 C=咨询对象 I=告知对象									
确定购买计划的范围	I	R	R	A	C	C	C	C	C
进行商业论证	I	-	R	A	C	C	C	C	C
融资批准	R/A	R	-	-	-	-	-	-	-
提供关于对销售人员影响的信息	-	-	R/A	-	-	-	-	-	-
提供关于对市场营销人员影响的信息	-	-	R/A	-	C	-	-	-	-
提供关于对生产人员影响的信息	-	-	R/A	-	-	C	-	-	-
提供关于对研究与发展人员影响的信息	-	-	R/A	-	-	-	C	-	-
提供关于对配送人员影响的信息	-	-	R/A	-	-	-	-	-	-
确定整体的利益相关者的影响	-	-	R	A	C	C	C	C	C
制订客户引导计划	R/A	-	-	-	-	-	-	-	-
批准客户引导计划	-	R	R	A	C	C	C	C	C
实施客户引导计划	-	-	-	-	-	-	-	-	-
制订采用计划	R/A	-	R	A	C	C	C	C	C
批准采用计划	-	-	-	-	-	-	-	-	-
实施采用计划	-	R	R	A	-	-	-	-	-
测试和报告（关键绩效指标和里程碑）	-	-	R	A	-	-	-	-	-
评估成功并批准接下来的阶段	I	R/A	C	C	-	-	-	-	-

图 5.1　RACI 矩阵示例

第5章 客户成功管理实践框架第2阶段：承诺

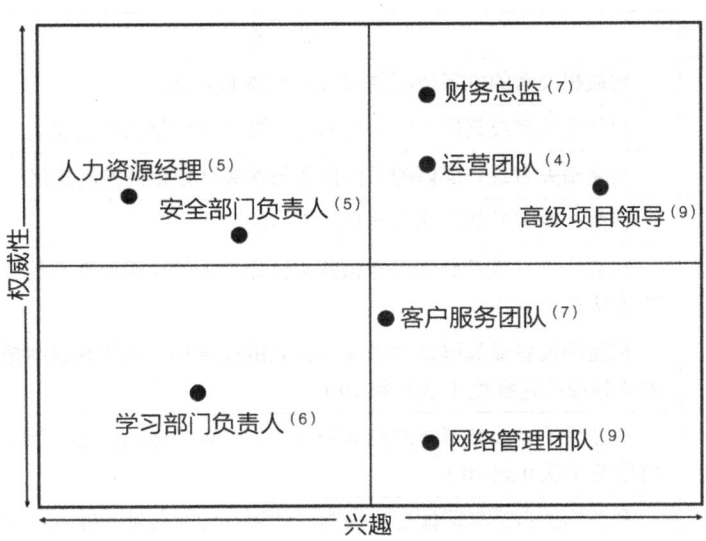

图 5.2 利益相关者管理矩阵

关于如何使用这个矩阵，将在下面的"管理利益相关者的推荐步骤"中进行描述，本书网站提供了名为"利益相关者管理矩阵"的工具模板，可供下载。

利益相关者管理计划

在制定利益相关者管理策略时，客户成功经理的另一项有用的"资产"是利益相关者策略计划，这也是一个对利益相关者进行分类的工具。该计划并不需要特别详细或复杂，事实上，有时候最简单的计划就是最好的计划，因为简单的计划付诸行动的可能性更大。

该计划要做的是告诉客户成功经理怎么去记录已经确定的利益相关者（或者利益相关者群体）的管理策略。我发现，使用基本电子表格表示利益相关者或利益相关者群体对我来说效果很好。我可以为计划中包含的每条信息添加列，从而包含与利益相关者或利益相关者群体相关的数据。利益相关者管理策略信息如表5.6所示。

表 5.6 利益相关者管理策略信息

数据	描述
姓名	利益相关者的姓名或利益相关者群体的头衔
职业角色	利益相关者或其群体的职位名称或其他与角色相关的描述
相关性	利益相关者或其群体的工作角色与购买计划相关性的描述
资历	利益相关者或其群体在客户组织中的资历
权威性	利益相关者或其群体对与该购买计划相关的决策所具有的权威性或影响（从 0 到 10）
兴趣	利益相关者或其群体对该购买计划的成果和／或实现这些成果的策略的兴趣或关注程度（从 0 到 10）
支持	利益相关者或其群体对高级项目领导和客户成功经理在计划方面的支持程度（从 0 到 10）
主要愿望	利益相关者或其群体想要该购买计划包含或交付的最重要的愿望
主要关切	利益相关者或其群体对该购买计划最重要的关切（担忧）
注意事项	需要注意的关于利益相关者或其群体的任何其他信息
类别	利益相关者或其群体归属的类别
当前状况	利益相关者当前意见及与该购买计划相关的活动的总结
期望的状况	客户成功经理预期的利益相关者的意见和与该购买计划相关的活动的总结
特定的策略	将在利益相关者或其群体身上发生的任何特定活动或互动的简要说明
分配对象	负责实施这一策略的人员的名字
最后期限	这一策略的某些部分必须完成的具体日期（如果相关的话）
衡量指标	对如何衡量策略成功的描述（如果相关的话）

当然，客户成功经理不可能知晓关于利益相关者的所有数据，也不会在项目的早期阶段形成管理利益相关者和利益相关者群体的完整策略。无论如何，利益相关者的主要愿望和关切、权威性、兴趣和支持程度，往往随着购买计划的当前阶段及迄今为止活动的结果而波动。因此，建议定期审查并在必要时更新利益相关者策略计划——如可能每月一次——加上每当发生重大变更（如分配给项目新的人员或需求变更）时更新。我使用Excel工作簿为每个月创建一个单独的工作表，而不是

覆盖上个月的原始计划，我只是简单地从上个月复制工作表，然后在必要时进行修改。这样一来，就可以追踪和回顾随着时间的推移我取得了哪些进展。这个工具的模板名叫"利益相关者管理计划"（Stakeholder Management Plan）。

管理利益相关者的推荐步骤

第1步：确定谁是利益相关者

这一步应当已经在客户成功管理实践框架第1阶段部分完成，在该阶段，客户成功经理从客户经理和/或其他同事那里获得移交，并进行了额外研究。客户成功经理可以查看他们在中央存储库中存储的文档中发现的东西，并在必要时将相关细节复制到利益相关者管理计划中，从而刷新他们对这些研究的记忆。

在这一步，客户成功经理可能已经从他们在最初会见客户时的对话中了解了一些关于利益相关者的额外信息，当然，这些信息也应记录在研究文档和策略计划中。他们还可以使用RACI矩阵来进一步分析和调查哪些利益相关者参与了计划中的哪项任务，以及他们扮演了什么角色。

第2步：创建利益相关者矩阵

创建利益相关者矩阵的方法是将利益相关者/利益相关者群体绘制在矩阵网格的X轴和Y轴上，参考他们的权威性和兴趣水平，从0到10依次显示，并将他们的支持程度从0到10显示为图中括号里的数值。

我有时发现，到了这一步，由于我现在是从整体上看待所有利益相关者，而不是一个一个地考虑他们（正如到目前为止我所做的那样），因此在围绕利益相关者/利益相关者群体的权威性、兴趣和/或支持等的某些假设上，我犯了一些错误，这些数据需要调整。如果你也发现了这种情况，只需修改策略计划中的数值并根据新位置移动矩阵中的标记。

第 3 步：将利益相关者归入适当类别

如果你只有少量的利益相关者／利益相关者群体，并且可以为单个利益相关者／利益相关者群体制定单独的利益相关者管理策略，那么你可以选择跳过这一步。如果你有许多不同的利益相关者／利益相关者群体，他们对购买计划持相似的立场，那么将所有相似的利益相关者／利益相关者群体归入一个类别中是明智的做法，你可以给这个类别起一个相关的名字。然后，你可以将整个类别作为一个实体来制定利益相关者管理策略。图5.3提供了示例。

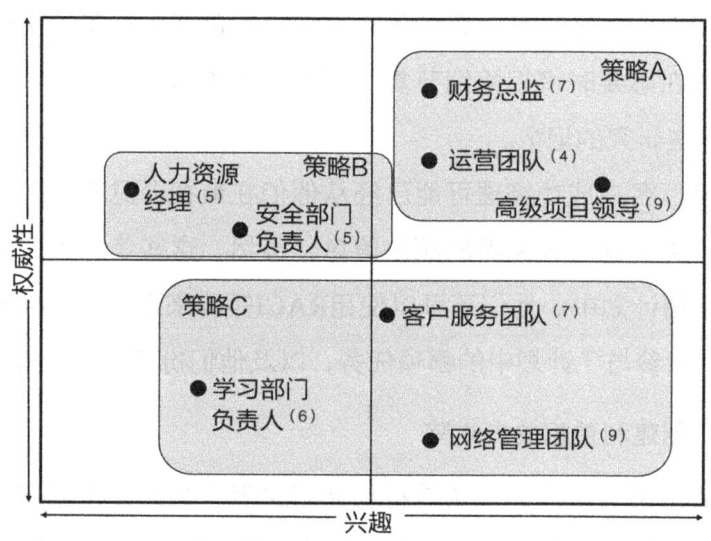

图 5.3　利益相关者归类

第 4 步：为单个利益相关者／利益相关者群体和／或类别确定你的管理策略

现在，你可以为单个利益相关者或利益相关者群体制定策略，也可以为其归入的类别制定策略（如果你愿意，还可以同时为两者制定）。确保你指定了一个人负责制定策略，并提供任何其他相关信息，如截止日期和衡量指标。在大部分时间里，都是由客户成功经理负责实施这一策略，但有时也可能交给其他人，包括客户经理，甚至客户利益相关者（如高级项目领导），他们可能比客户成功经理更有能力与他们的同事谈判或者影响某位同事。

第 5 步：着手实施计划

一旦完成了策略的制定，你就可以开始真正地实施这些策略了。记住，如果你没有亲自开展所有的活动，就要与他人围绕活动的要求进行沟通，并且定期与之联系，以确保他们实际开展了你希望他们进行的活动。

第 6 步：定期审查计划

利益相关者管理计划需要定期更新，以保持有用和相关。之所以会发生一些变化，要么是因为工作计划中的活动发生变更，要么是因为一些外部因素发生改变，如新入职人员、战略方向的变化等。建议每月定期记录计划的审查情况。每月做一份新的计划副本，保留旧的计划作为参考，并在新版本中对利益相关者信息和管理他们的策略进行必要的修改。

客户成功管理实践框架第 2 阶段的工具

- 客户成功建议书。
- 利益相关者管理矩阵。
- 利益相关者管理计划。

制订初次会见计划的工具

为了帮助初次会见制订计划，回顾你在客户成功管理实践框架第1阶段研究的信息可能是个好主意。在该阶段创建的"客户研究清单"应包含需要的信息。如果在初次会见之前存在可以有效填补的信息空白，那么现在就着手填补。假如清单中包含了需要客户验证的信息和／或只有客户才能提供的关键信息缺口，那就在会见期间记下你需要提出的问题。

回顾你在第1阶段中制定的"客户互动策略"，以刷新你对互动的预期结果的记忆，可能也是有益之举。

使用"客户成功建议书"模板是个好主意，它有助于你向客户提供帮助和援助，以便在客户引导、客户采用和价值实现时清晰地阐明你希望向客户提出什么样的建议。

从初次会见中获得结果并制定客户成功建议书

在与客户见面后，向他们介绍客户成功管理的角色，并确保他们承诺与你合作，使用"客户成功建议书"模板制定客户成功建议书，发送给高级项目领导，让他们验证、签字并返还给你。

一定要调整你在第1阶段中创建的"客户研究清单"，以反映你现在收集到的任何新的信息或你已经与客户验证过的假设。

管理利益相关者

使用RACI矩阵来帮助确定哪些利益相关者参与了购买计划，以及他们在执行购买计划中的每项任务时都扮演了什么角色。使用"利益相关者管理矩阵"来分析和归类客户利益相关者，并使用"利益相关者管理计划"开始制定并记录客户互动的利益相关者管理策略。在早期阶段，你可能发现，在确定完整的利益相关者管理策略之前，需要更多关于更广泛的关键利益相关者的信息。在此阶段通过记录你所知道的内容来启动利益相关者管理之旅是一种很好的做法。当知道更多信息时，你可以随时返回这些文档，并在稍后的阶段添加更多细节。

修订客户互动策略和路线图

你在客户成功管理实践框架第1阶段创建的客户互动策略和路线图，

可能需要根据在与客户的关键利益相关者对话中发现的新信息进行调整，特别是现在，你已经与客户围绕你在帮助进行客户引导、客户采用和持续的价值实现方面的角色进行了协商并达成了一致。一定要返回你在第1阶段创建的"客户互动策略"工作簿，以适当地修改和更新策略和路线图。

记住，当这些细节映入你的眼帘时，你要为即将到来的阶段添加更多的细节，以保持路线图是最新的。同时还要记住，在向前推进的过程中，你把每个活动和阶段都标记为完成，以逐一检查活动和阶段。

中央存储库

与第1阶段一样，一定要将产出（或其副本）保存到中央存储库。需要提醒的是，中央存储库是公司的一个存储位置，适合保存与客户相关的信息，任何需要访问这些信息的人都可以在必要时获得这些信息。你创建的其他文档也可以添加到中央存储库，以便可以与工作簿一起使用。如何组织中央存储库以及使用什么数据管理工具（如果有的话），当然完全取决于你自己。

请注意，正如第4章所述，客户成功经理一定要清楚地了解自己所在地区关于存储公司或个人数据的任何法律规定和公司要求，并且确保遵守这些规定和要求。如有必要，向你的直属经理和／或法律团队咨询。

客户成功管理实践框架第2阶段的活动与产出

客户成功管理实践框架第2阶段的活动

客户成功管理实践框架第2阶段的活动包括：

1. 审查你在客户成功管理实践框架第1阶段为该客户创建的、已经填写完成的"客户研究清单"（或者你在移交时使用的其他工具）。

2. 如果存在任何需要填补的信息缺口或需要验证的假设，将它们记录下来，并且为该客户准备一些问题。

3. 检查已完成的"客户互动策略"，以及已在中央存储库中为该客户创建的任何其他文档，确保你已更新了客户互动的最新要求。

4. 为初次会见制订计划，包括地点、形式与风格、对结果的要求、议程、持续时间、参与者及任何附加要求，如演示或案例研究。

5. 安排初次会见，并在必要时与内部同事（如客户经理）进行会见前的对话，获得他们的支持和承诺，以便在会见中根据需要发挥他们的作用。

6. 如有必要，练习介绍你自己的角色和客户成功管理的作用，以及你可以为客户提供的帮助类型等，这样你在会见时就会显得自信和准备充分。

7. 尽可能多地了解那些将参加会见但以前没有见过的关键客户利益相关者，以便集中精力满足他们的需求，并成功地管理好会见。

8. 举行初次会见，向高级项目领导和其他客户利益相关者介绍你提供的帮助和协助，包括客户引导、客户采用和价值实现。在初次会见中，讨论你将提供的帮助，并协商确定如何提供帮助，以及你和客户将如何沟通。

9. 会见结束后，根据需要更新"客户互动策略"和"客户研究清单"，并根据与客户达成的协议提出"客户互动建议书"，并使用"客户互动建议书"的模板。

10. 利用RACI矩阵、利益相关者管理矩阵和利益相关者管理计划，根据你目前所了解的关键利益相关者的信息制定利益相关者管理策略，并做好记录。

11. 将填写完整的"客户互动建议书"发送给高级项目领导进行验证和签字，并将其与在中央存储库中创建的其他文档一起存储。

客户成功管理实践框架第2阶段的产出

客户成功管理实践框架第2阶段的产出包括已经填写完成并签字的"客户互动建议书",外加更新的"客户研究清单"和"客户互动策略",还有RACI矩阵、利益相关者管理矩阵和利益相关者管理计划(你可能还没有填写完成,但有望能在这个阶段开始填写),以及创建的其他任何文档。等到准备工作结束时,你必须确保拥有足够的信息来进入客户成功管理实践框架第3阶段。

客户成功管理实践框架
第3阶段：客户引导

第 6 章

第6章 客户成功管理实践框架第3阶段：客户引导

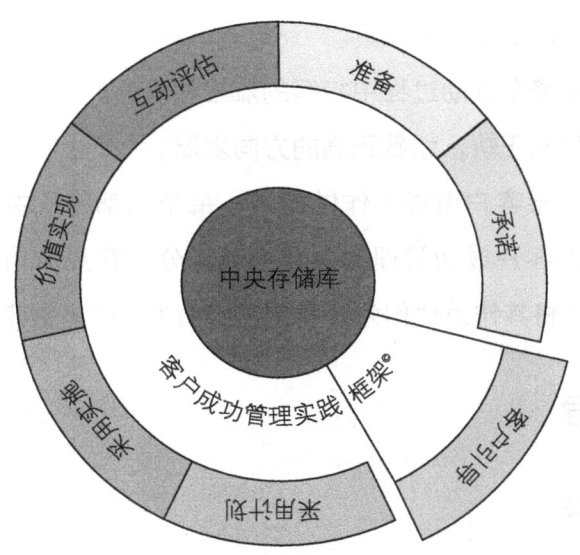

客户成功管理实践框架第 3 阶段：客户引导

什么是客户引导

在本章中，我们将着眼于客户成功管理实践框架第3阶段：客户引导——换句话讲，就是让客户在购买产品和服务后的几天或几周内行动起来，使用它们。本章将解释"客户引导"的含义，并审查已付费的（作为专业服务有偿提供）和未付费的（作为增值服务免费提供）两种客户引导管理方法的差异和优点。

无论采用哪种方法，客户引导培训的目的都是让客户尽可能高效地启动和运行，同时减少意外，提高生产力，本章就将解释如何实现这样的目标。本章首先从客户的角度回顾了客户引导培训，并描述了客户对及时有效的沟通的需要；其次考虑了客户自给自足的好处，以及如何鼓励和推广这一点。本章还解释了通用的和定制的客户引导培训方法之间的差异，并讨论了付费的专业客户引导培训服务的潜力。以我的经验来看，客户引导培训是互动最为关键的阶段，因为：

- 为谁对谁做了什么、什么时候做、怎么做以及为什么做等确立期望、明确职业角色和职责。
- 构建将在整个互动过程中持续的流程和程序。
- 使互动步入正轨,朝着正确的方向发展。

实际上,如果客户引导工作做得好,每个人都将从中获益。本章将客户引导定位为客户成功管理的重要组成部分。客户成功经理应认真对待客户引导,并将其作为他们为公司创造价值的一个方面来衡量。

理解客户引导

什么是客户引导

你可能还记得我在第3章中对客户成功管理实践框架7个阶段的概述,我将客户引导定义为:客户引导是指让客户开始使用新产品、服务或解决方案的过程,其理念是帮助客户从他们购买的产品、服务或解决方案中尽快(尽可能快,但要根据客户自己的时间表)获得可衡量的价值并避免使客户在早期阶段因缺乏信息和/或支持而感到沮丧。

因此,客户引导只包括客户成功经理与客户之间持久关系的最初阶段,而这种关系最终将随着双方的互动而持续数月或数年之久。随着时间的推移,客户利用他们所购买的解决方案,从其投资中产生并实现投资回报。这是客户成功经理交付给客户的第一件事,对客户成功经理来说,也是一个介绍他们自己及他们的服务,并且开始与高级项目领导和其他关键客户利益相关者建立关系的机会。

客户引导为什么很重要

对于大多数(如果不是所有的话)商业客户来说,时间就是金钱,因此浪费时间相当于花钱或没赚到钱,或者两者兼而有之。如果你仔细想想,这是有道理的,因为客户的几乎每一次行动,最终都归结为要么增加收入,要么减少支出,以实现利润最大化(即使你的组织不以获取利润为目的，也要为客户实现价值最大化）。投入金钱、时间和精力到计划中与开始看到购买计划产生积极产出，这两者之间相隔的时间越长，根据投资对公司的影响程度（通常用达到投资收支平衡所需的时间来衡量，也称投资回收期，以年和月为单位计算），回报可能越少。为了缩短客户的投资回收期，我们不仅要尽可能地提高投资回报，而且要尽可能提前获得利润。从财务的角度来看，缩短投资回收期几乎肯定会缩短价值实现的时间，这是实现投资价值（如客户定义的购买计划的财务结果目标）所需要的时间长度。因此，优质的客户引导服务是成功实现客户目标的重要因素。

尽管它可能不像一些与采用和变革管理相关的更深层次和更复杂的主题那样吸引人，但客户成功经理的公司内负责制定整体客户成功策略和目标的高级决策者，或者客户成功经理在履行其客户成功角色时，都不应忽视这一让客户成功步入正轨的最早可能时机。在我看来，客户成功经理进行的客户引导活动十分重要，应当对其进行追踪和记录。通过在售后阶段开始时提供有关客户购买的完整、准确和可理解的信息，缩短完成客户引导过程所耗费的时间，减少客户的挫败感，应该是衡量客户成功团队工作的方法之一。在对客户进行整体体验调查时，也可以将关于客户引导体验的问题有效地包括在内。

通用的和定制的客户引导

选择通用的或定制的客户引导

创建并交付给客户的客户引导方法有两种，一种是通用的，另一种是定制的。完成客户引导的简单方法是向客户提供一系列高度模板化的客户引导文档。其中，与客户购买的通用产品和服务相关的信息十分丰富，但与客户及其需求和要求相关的信息则比较贫乏。在下列情况下，

我建议采用通用的客户引导:

- 产品和服务在本质上是通用的,除了基本的设置要求,很少甚至没有定制、配置、集成或其他操作,而这些设置要求对于每个用例都是相同的。
- 产品和服务的创收价值很低,为每个客户提供定制的客户引导在财务上不可行。

通用的客户引导还有另一种可能的用途,作为由两部分组成的客户引导流程的第一部分。这对于那些对客户引导有比较复杂的要求,但又面临尽快让客户上线运行的压力和／或为向客户提供免费的客户引导的资金有限的公司来说是十分有用的。在这些情况下,可以创建简单的或通用的客户引导包,并将其作为一种不收费的服务交付给客户,让客户开始使用这些服务。如果需要,还可以与客户协商确定更详细和收费的客户引导服务。

通用的客户引导

如果选择了简单方法,那么客户成功经理可能会参与到为适用该方法的每个产品或服务创建客户引导"包"或"工具包"的前期流程中。一旦创建了通用的客户引导包,客户成功经理就可以将其存储在中央存储库中,并在每次客户购买这些产品和服务时重新利用它们而无须进行编辑,或者只需进行极少的编辑。

即使是通用的客户引导包,也可能需要对每个用例进行一些简单的定制。但是,这些信息通常是高度模板化的,因此客户成功经理可能只需在标准表单中填写一些空白信息,如客户姓名、客户成功经理联系信息、已售许可证数量、续签合同的日期、客户支持开始日期等,然后可以对表单进行更新和更改,以生成对特定客户来说唯一的包。在流程的最后,将创建一个面向高级项目领导和／或其他主要利益相关者的客户引导包,该包提供了他们需要的所有基本信息,以了解他们购买了什么，以及如何访问服务和使用产品。接下来将由客户利益相关者于必要时在他们的组织中把信息传播给将受到购买计划影响的不同利益相关者群体。

客户成功经理在模板创建的前期活动中投入的时间，对于定期出售的且简单的产品和服务来说是值得的，因为这减少了他们为每个单独的客户做好引导准备所需的时间。作用是双重的，因为更快地完成客户引导不仅使客户成功经理的时间更有效率，而且提供了更好的客户体验，减少了客户在等待他们需要的信息时出现挫败感的机会。

虽然通用客户引导包的创建是一次性的任务，但确保这些包保持更新是很重要的，因此我建议创建一个流程，在产品、服务或解决方案更新时激活客户引导包更新活动。

定制的客户引导

另一种方法是定制的客户引导。定制的客户引导的目的是提供一种独特的客户引导体验，以满足每位客户特定的引导需求。当然，首先需要理解这些需求，而这反过来可能需要花时间与客户利益相关者进行咨询，以获得相关信息。

定制的客户引导涵盖很广，从基本的和简单的到更加复杂的和详细的，这实际上取决于每家公司希望提供何种级别的服务。在更简单的层面上，定制可能包括客户的自有品牌和客户购买的产品与服务的任何特定配置或定制。在更复杂的层面上，定制可能包括关于如何使用不同产品的客户特定信息（例如，在哪些流程中和／或由哪些用户和／或生成什么产出）。

最复杂的情况是为客户生成一系列客户引导包，每个包旨在提供被确定为受购买计划影响的每个利益相关者群体需要的特定信息。每个包只描述与特定利益相关者群体相关的解决方案，并且以客户的语言进行标识和编写。包中的信息每次都是定制的，以提供需要传递给特定利益相关者群体的信息。

对于更复杂的客户引导定制,客户成功经理需要与高级项目领导合作,以了解哪些利益相关者群体对此有需要,并就这种体验应当是什么达成一致。然后,在交付给目标受众之前,可以创建客户引导资产,并且(如有必要)由高级项目领导或其他指定的客户利益相关者批准。这些包不包含购买了什么东西的信息,而是将重点放在用户发生了什么变化上。除了关于新流程是什么以及怎样使用新产品和服务等实用信息(如登录URL、支持电话号码以及类似的信息),也可能进行更广泛的背景沟通,涉及为什么会发生这些变化,以及高层管理人员的期望是什么,这些类型的信息可由客户组织精心设计,并且发送给客户成功经理,以便将其包含在包中。

与已经创建的任何资产一样,我的建议是,应当将它们存储在中央存储库中,并且应当将相关的内容模板化,以便将来更容易地为其他有类似需求的客户创建定制的客户引导包。

结合两种客户引导方法

针对客户使用这两种方法是完全有可能的。客户成功经理也许可以首先为高级项目领导提供一个基本的、通用的客户引导包,然后高级项目领导可能要求为每个用户群体开发定制的客户引导体验。当多个最终用户群体将受到购买计划的重大影响时,这很可能是一项要求。

将客户引导变成一项专业服务

客户引导的收费

虽然简单的或通用的客户引导包通常是作为购买解决方案的服务的一部分而免费提供的,但将为每个用户群体创建定制的客户引导体验视

第6章 客户成功管理实践框架第3阶段：客户引导

为收费的专业服务活动的情况并不少见。

确定有多少信息和/或定制是免费提供的、在什么阶段开始收取客户引导服务费用、收费多少以及谁将参与进来，当然是每个组织需要做出的决定。确定客户引导工作作为专业服务的收费标准可能包括所需的总工作量，以及为满足客户独特情景需求而进行特定定制工作的百分比。尤其是，如果客户不仅需要高级项目领导的总体信息，而且需要为每个受影响的用户群体定制，那么在大多数情况下收费似乎是合理的。

除了客户成功经理执行工作任务，很可能还需要其他人参与其中，包括具有产品知识的专家，市场营销专家，负责文案、美工、编辑的人员和具有培训技能的人员。在这种情况下，客户成功经理承担项目经理和客户联络人的角色，在外部与客户合作，就内容、时间期限和成本达成一致；在内部与项目团队合作，以便在要求的时间期限和预算内完成工作任务。在决定是否收取专业服务费及应收取多少时，所有由客户成功经理公司的人完成的工作都需要被考虑。

发现客户引导收费服务的机会和与客户谈判，可能是在售前阶段与客户一起完成的事情。也有可能在此之前还没有讨论过关于客户引导的选择，以及这些选择与客户组织的需求之间的关系。在这种情况下，客户成功经理很可能会带头讨论和协商与高级项目领导合作的方式。如果是这种情况，那么赢得专业服务的互动可能被视为客户成功经理职业角色的正式组成部分，也被视为客户成功经理的目标，甚至可能因此而获得报酬。尽管有一种强烈的观点认为，为了让客户成功经理在客户眼中保持中立，不应对新业务直接给予报酬。一个更好的选择也许是将客户引导服务视为团队的目标，既可以单独实现，也可以与其他目标一起实现，从而提供整体的团队奖励。

当客户引导变成采用时

正如你可能看到的那样,由于开始涉及最终用户,更复杂的和定制的客户引导将有效地为解决方案的采用而服务。定制的客户引导是一种可由客户成功经理的公司提供给客户的服务(免费或收取约定的专业服务费)。在此服务中,客户成功经理的公司根据客户的指定要求开展客户引导包的创建活动。当然,这样的话,客户可以使用在他们交付给用户的更广泛的采用服务中创建的资产(如培训和客户支持)。

客户引导与采用之间始终存在的一个核心区别是,客户引导的重点是在开始阶段,而客户采用比它更进一步,在实现价值的整个过程中为客户提供支持。不过,公平地讲,即使两者之间有一条界线,这条界线也是模糊的,甚至可以认为是纯语义上的界线。重要的是,客户成功经理要与高级项目领导合作,确定客户引导和采用的需求,然后商定一种方式,以高效和有效的方式交付适当的服务,以满足这些需求。和大多数事情一样,围绕这些需求进行坦率而开放的对话和交流,是在早期阶段满足这些需求的最佳方式,往往也是向前发展的最佳方式。

客户引导的信息

确定对客户引导的要求

对客户引导的要求将基于对每个解决方案组件的一般复杂性的理解、该客户所需的独特定制工作、客户采用和使用解决方案的需求(特别是涉及多个最终用户或最终用户群体的情况下),最后是客户采用和使用解决方案时的成熟度和准备程度,如图6.1所示。与当购买计划的一个或多个方面被评为中或低时相比,如果购买计划的一个或多个方面被评为中或高,那么可能需要花费更多的精力来进行客户引导。

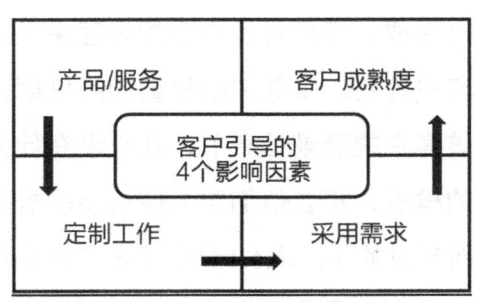

图 6.1　客户引导的 4 个影响因素

通用的客户引导还是定制的客户引导

通用的客户引导：通用的客户引导相对简单和直接，是（或者应该是）预先模板化的，主要基于标准产品和服务本身，而与不同用户或用户群体的特定需求的任何定制信息无关。

定制的客户引导：定制信息根据客户的特定需求定制——通常是由于以下两种原因之一而具有复杂的客户引导需求。

1. 在客户引导过程中，需要使用不同的客户引导信息和／或以不同的方式与范围广泛的用户和用户群体进行沟通。

2. 由于产品／服务的非标准性质，在解决方案中包含一个或多个高度定制的产品或服务，需要采用定制的方法来进行客户引导。

有些公司根据其销售的产品和销售对象的性质，可能发现公司的全部或绝大部分销售都属于通用类别。另一些公司可能情况完全相反，需要为每个客户定制客户引导体验。还有一些公司也许根据销售的产品或服务和／或客户使用它们的复杂程度，需要综合这两种不同的方法。

通用的客户引导的信息

由于通用的客户引导相对简单和直接，并且是（或应该是）预先模板化的，主要基于产品和服务本身，而不涉及任何与特定客户相关的定制信息，因此，对于通用的客户引导的研究应该相当简单。艰苦的工作将在创建模板时已经完成，而且对客户成功经理来说，除了添加一些简单的客户信息（如客户姓名、服务开始和续约的日期，以及任何URL或已创建的专门针对该客户的登录信息），几乎没有什么要做的了。如果创建了一个高质量的模板，那么他们要为使用该模板的每个实例收集哪些信息就应该是显而易见的了。表6.1显示了客户成功经理为在互动中进行更加通用的客户引导可能需要收集的信息类型。在第一次完成信息收集并进行模板化后，确保在未来的实例中，与解决方案相关的信息都已经准备就绪了，客户成功经理只需收集客户互动的特定信息。

表 6.1　通用的客户引导的信息

信　息	描　述
基本的客户信息	谁是客户、谁是高级项目领导，以及他们的联系方式等信息
销售的产品、服务和解决方案	已出售给客户的每个解决方案和每个解决方案组件及每个项目的数量。客户需要的任何序列号、合同号或其他标识信息（或登录信息和访问该信息的URL）
许可和消费模式	对于出售的每件东西，它是通过直接购买还是服务出售的，许可的数量，以及是否存在客户需要知道的许可问题，如向特定用户配发许可证
配置和/或包含的定制	交易中是否包含以各种方式增强或修改产品和服务的配置或定制，特别是关于终端用户培训要求的
支持服务	已购买或包含在交易中的支持服务，或者客户需要的其他支持服务，以及任何特定的访问信息（如合同号、登录信息、电话号码、电子邮件地址等）。这可能包括自助服务支持，如帮助页面、常见问题解答页面、在线参考信息等
专业服务	有哪些专业服务，如已购买或包含在交易中的本地安装和配置、集成、定制和管理及维护
当前状态和未来截止日期	当前状态是什么（如合同已签署、准备安装、正在安装、服务到位等）以及任何即将到来的里程碑的日期
培训和认证要求	每件产品或每项服务的培训和认证要求及建议是什么，以及交易中是否包含任何培训
培训和认证计划	到目前为止与客户进行了哪些关于培训和认证的讨论（如果进行了的话），以及客户的培训和认证计划是什么（如果已知的话）

续表

信息	描述
培训和认证的可用性	哪些培训可以免费（或者不收取额外费用）提供给客户，以及如何使用这些培训。有哪些额外的、可付费的培训和认证资源及服务可以直接从客户成功经理自己的公司、合作伙伴或其他第三方获得
客户引导的资产	有哪些资产可供客户成功经理使用，如宣传小册子、欢迎指南、用户手册、安装和配置指南及客户引导文档模板
客户成功管理的讨论	已经与客户进行了哪些讨论，关于可以提供给他们的持续帮助，以产生和衡量购买计划的价值，以及在讨论中达成的任何协议或其他结果

定制的客户引导的信息

如果由于特定的客户引导需求而确定了进一步对信息的需要，则必须将其记录下来并进行研究。很简单，如果对客户引导的需求不那么复杂，则需收集的信息就会少一些。然而，当客户引导十分复杂时，客户成功经理就会有更多的工作要做。

不管是哪种情况，如果将与客户长期合作，那么客户成功经理收集的背景信息越多，就越能更好地发挥自己的作用。当然，花时间收集和考虑信息的缺点是，它可能会延迟尽可能快和有效地得到RAPAE模型的行动组件，所以客户成功经理需要将这个目标记在脑海之中，来调整他们的研究、分析和计划，可能还需协商确定完成客户引导准备工作的最后期限，以便客户控制并相应地调整自己的时间安排。在早期阶段，客户成功经理的主要关注点必须聚集在短期目标上，即让客户尽快、尽可能高效地启动并运行解决方案；次要目标是在最初的启动阶段完成后，对以后可能要做的其他事情有更广泛的了解。

需要什么信息的具体细节，将取决于每位客户对引导的特定需求，但表6.2列出的信息，客户成功经理可能需要知道，这针对的是复杂的客户引导要求，而不仅仅是通用的客户引导所需信息，后者已经在表6.1中列出来。

不要被表6.2中相对较少的额外项目所误导。尽管列出的需要研究的项目较少，但每个项目返回的信息的数量和复杂性可能高得多。这在一定程度上是因为，对于复杂的客户引导需求，也许需要更多关于客户组织中的哪些最终用户将使用解决方案的组件以及他们将以何种方式使用这些组件的信息。客户成功经理需要清楚如何揭示和提供这些信息，因为这可能超出了他们自己的职责和能力范围。许多这类信息也是客户采用的必要条件，关于收集和理解与最终用户相关的信息的更详细内容，将在后面专门讲述采用的章节中讨论。

表6.2 复杂的客户引导的额外项目

项目	描述
解决方案最终用户的采用要求	对解决方案中每件产品和每项服务存在的最终用户采用要求或影响的理解。注意，这可能是产品或服务的通用属性，也可能根据客户的使用情况而有所不同
用户群体	每个将受到购买计划影响的用户群体的名称和其他相关细节，客户希望为他们提供客户引导的信息
用户群体的客户引导需求	对于上述每个用户群体，客户需要在客户引导的材料中管理该用户群体的具体引导需求，通常包括三个方面：知识（执行每项任务所需的理解）、技能（执行每项任务所需的能力）和态度（执行每项任务的意愿）
客户引导的材料及内含物	需要为每个用户群体提供何种格式的客户引导信息，以及客户准备的、需添加到这些材料中的任何信息
客户引导的信息传递与管理机制	将使用哪些平台将信息传递给每个用户群体，谁将负责管理和维护传递这些材料的过程并衡量进展
客户引导的传递计划	了解如何向用户群体推出客户引导（一次性、分阶段、单独，或者与其他同时推进的计划一起进行等），并就客户成功经理的公司将协助计划的哪些组件及协助的形式达成一致

管理客户引导的流程

对客户进行评分

立即了解客户引导需求的可能的复杂程度,一种简单而有效的方法是,可以使用本书网站提供的客户引导评分工具。这是根据上面讨论过的影响客户引导的4个因素来评估客户引导需求的复杂程度的,即产品/服务、定制工作、采用需求和客户成熟度。

对于每个影响因素,赋予从0到5的分数,0表示这个影响因素导致的复杂性很低,5表示这个影响因素导致的复杂性很高。借助这种方式,我们将得到一个介于0~20的总分,然后可以通过该总分了解客户引导需求的总体复杂程度。分数越高,客户引导需求就越复杂。这虽只是一个宽泛的指标,但是一个很好的起点,可以让客户成功经理做好准备,与客户的利益相关者就客户引导需求进行更详细的讨论。

与客户的最初对话

除了最简单和通用的客户引导需求,其他所有的客户引导需求都需要客户成功经理坐下来和高级项目领导和/或其他客户利益相关者就引导流程本身进行讨论。在与客户讨论之前,你可能已经很清楚什么样的引导工作对客户是必要的。尽管如此,一般来讲,最好的方法是就公司提供的客户引导选择和客户自己眼中的具体需求进行公开的对话。这么做的最简单的方法是按照影响客户引导需求的4个因素依次进行讨论,从讨论产品/服务开始,然后审查任何一直影响或将要影响客户引导需求的定制工作。在此之后,客户成功经理可以要求高级项目领导提供与用户的特定采用需求相关的客户引导需求。最后,了解客户的成熟度,客户有多大的能力或意愿采取自助的方法,他们需要从客户成功经理的公司获得多少和什么类型的帮助与协助。

除了这4个影响客户引导需求的因素，客户成功经理还应当询问客户希望从引导流程中实现哪些具体的结果。对于每个结果，试着让客户做出三个方面的承诺：

1. 质量。（结果是什么？）
2. 数量。（需要多少结果？）
3. 时间期限。（什么时候需要？）

例如，客户可能会说，他们希望确保所有受到该购买计划影响的员工都意识到这点。为了将这个愿望转化为恰当定义的结果，客户成功经理可能需要提出一些关于此需求的问题。最终，客户成功经理也许会了解到，客户在3个不同的地点和4个部门有525名员工，员工需要确切地了解该购买计划会如何影响他们的工作岗位，以及他们需要向经理提出后续问题，以确保他们理解并接受提议的变化。这要在购买计划开始之前至少1个月发生。在为每个结果定义了所有这三个方面之后，客户成功经理将能更好地理解实现这些结果的相对难易程度，并开始考虑实现这些结果的方法。

一旦讨论了影响客户引导需求的4个因素，加上具体的客户对引导结果的要求，客户成功经理就应当知道客户是否需要定制的客户引导体验，如果需要，是否可能需要专业的收费服务。当然，客户成功经理可能得带走这些信息，与公司内部的其他人讨论，以确定费用。同时，在这个阶段可能会进行一些谈判，也可能需要采取一些不同的潜在路线，你可以将这些路线作为供客户选择的选项。不要忘记讨论交付客户引导服务的时间，特别是客户可能需要完成客户引导流程的任何重要期限。

客户引导的管理与沟通

一旦与客户就引导的方法及任何额外费用（如果有的话）达成一致，客户成功经理应当寻求在客户引导的管理和沟通上达成一致。客户成功经理要确保自己和客户都100%清楚合同中包含哪些任务、每项任务的完成质量和／或数量、每项任务的完成时间，以及谁负责执行这些任务。为了避免任何误解，最好将此写在合同中，然后由客户审查和验证，必要时经双方签字确认。当然，如果涉及专业服务费用，应当订立一份书面合同。

在这一阶段，客户成功经理应当提出报告和沟通的首选方法及频率——例如，每周产生一份电子邮件更新报告，每两周进行一次电话沟通和提交一份正式的书面月度报告，并在必要时安排面对面的会议或视频会议，一定要让客户对提案感到满意，或者有机会提出他们的偏好。再次重申，检查重要的截止日期，并就主要里程碑达成一致，以完成客户引导。对于每个里程碑，尝试用一种方法来衡量它是否实现。过程不需要复杂或烦琐——事实上，越简单越好，就像在任务清单上简单地划掉已完成的任务一样。

理解和分析客户引导需求

一旦从讨论客户引导转移到执行客户引导这项工作本身，客户成功经理将需要获取关于客户引导需求的更详细的信息。为了获取信息，客户成功经理可以使用"客户引导需求捕获模板"（Onboarding Requirements Capture Template）。这个Excel工作簿的第一个工作表提供了与通用的客户引导需求相关的信息，第二个工作表提供了与定制的客户引导需求相关的信息。

客户引导项目计划

对于更复杂的定制的客户引导的互动，特别是客户成功经理的公司将在向最终用户提供客户引导材料方面发挥作用的情况下，可能需要客户成功经理将引导流程视为自己的项目。在这种情况下，应制订一个项目计划，包含定义明确的工作阶段，并规定为每个阶段提供下列信息。

- 活动：这个阶段将开展什么活动。

- 资产与资源：这个阶段需要什么资产以及将耗费什么资源，谁提供这些资产与资源。
- 时机：各阶段交付的顺序，以及在相关情况下商定的每个阶段的开始和结束日期。
- 依赖关系：在此阶段开始之前必须完成的其他阶段。
- 职责与责任：在此阶段谁将负责开展哪些活动。
- 目标与衡量：该阶段将如何衡量，以及为确定是否令人满意地完成了该阶段而设定了哪些目标。

除此之外，客户成功经理还应考虑以下这些信息。

- 风险和应急情况：为客户引导项目确定了哪些风险，采取了哪些计划来管理这些风险。
- 报告：谁将管理或监督客户引导流程，他们在每个阶段需要什么信息，以及这些信息应当是什么格式。

衡量、报告和移交给客户

对于客户成功经理代表客户执行的任何工作，或者实际上对于该工作产生的任何结果，基本的经验法则是：如果没有记录和衡量，那么它就不会发生。在可能的情况下，客户成功经理应确保有一种方法来记录活动并衡量活动产生的结果。这有助于客户成功经理追踪和监控自己的生产力，以及他们帮助实现的结果，他们可以将其用于自己的目的，以学习如何提高未来绩效，并证明公司付给他们的工资报酬是合理的（有关这方面的更多信息，请参阅后面关于绩效评估的章节）。与客户成功经理记录的活动有关的信息不必很烦琐，但应包括表6.3所示的内容。

表6.3 记录的活动有关的信息

项 目	描 述
任务	对具体活动的简要描述
时间	客户成功经理在开展这项活动时耗费了多少时间

续表

项目	描述
产出	开展活动的结果（可能是实实在在的结果，但也可能是知识的增长）
客户的结果	客户从活动的开展中获得的利益
公司的结果	客户成功经理的公司从活动的开展中获得的利益
成功的等级	客户成功经理对活动进行评级（从 0 到 5），以评估其总体成功程度
评价	对所吸取的经验教训进行评价，以供将来在类似活动中使用

记录客户成功经理活动的模板可在本书网站下载。

举例来说，作为客户引导流程的一部分，要精心设计与客户的沟通，该沟通指向从客户成功经理公司购买了一款新软件应用程序的最终用户。这种与客户的沟通，目的是告诉用户购买新软件应用程序的原因，以及这一购买计划将帮助客户组织实现什么目标，最重要的是，在沟通中还要通俗易懂地解释用户将如何在日常工作中受到新系统的影响。假设沟通采取的形式是创建PDF文档，而且这份文档由客户成功经理公司的营销部门创建，依据是客户成功经理与客户合作起草的一份摘要，以及从客户成功经理公司已经拥有的软件系统的通用客户引导PDF文档中借用的文字和图像。在这个例子中，文档可能看起来如表6.4所示。

表 6.4 示例

项目	描述
任务	为客户 A 中使用系统 X 的人员定制客户引导 PDF 文档
时间	客户成功经理花 4 小时，市场营销部门花 4 小时
产出	根据客户 A 指定的要求，为系统 X 定制标准客户引导 PDF 文档
客户的结果	将 PDF 文档发送给客户 A 中所有使用系统 X 的用户，客户收集反馈，表明该信息已被接收
公司的结果	客户 A 中所有使用系统 X 的最终用户的客户引导工作已完成
成功的等级	4
评价	将来可以使用这个定制版本作为模板。这将减少客户成功经理确定客户需求和市场营销部门创建定制文档所花费的时间

除了内部文档，客户成功经理向客户提供进度报告也是一种好的做法。根据具体情况，报告可以是正式的（以正式报告的形式撰写），也可以是非正式的（例如，信息可能包含在电子邮件中）。通常情况下，客户需要定期非正式地更新报告，当达到总体互动中的每个里程碑时，可以创建更正式的报告。该报告可以包括自上一个里程碑以来获得的所有关于活动、产出和结果的文档。创建该报告对于客户成功经理来说很简单，因为他们可引用内部活动文档来提醒自己发生了什么，并在必要时复制和粘贴信息。

客户成功管理实践框架第 3 阶段的工具

- 客户引导记分工具。
- 客户引导需求捕获模板。
- 客户引导项目计划模板。
- 客户成功经理活动追踪模板。

了解客户引导需求的工具

确定客户引导需求时有两种工具可供使用。

首先是"客户引导记分工具"（Customer Onboarding Scoring Tool）。这一工具以Excel工作簿的形式提供，并基于产品／服务、定制工作、采用需求和客户成熟度4个标准，提供了一种快速、简单的方法来确定特定客户的引导所需的总体工作水平。正如前面关于客户评分部分所讨论的那样。

其次是"客户引导需求捕获模板"。这一模板也以Excel工作簿的形式提供，工作簿包含两个工作表。第一个工作表提供了与通用或标准的客户引导需求相关的信息。第二个工作表提供了与复杂或定制的客户引导需求相关的信息。虽然第二个工作表中的信息可能会因客户的不同而有很大差异，但对于每种特定的产品或服务，在第一个工作表列出的信息中，至少部分信息是相同的。因此，客户成功经理可以通过从以前的项目中复制这些信息来节省一些时间和精力。

管理客户引导活动的工具

对于客户引导活动的管理，有"客户引导项目计划模板"（Onboarding Project Plan Template）这个工具。该模板以Excel工作簿的形式提供，工作簿包含5个工作表，每个工作表代表整个项目中的一个工作阶段，每个工作阶段的结果都要明确地定义和解释，并填写在相应空白处。计划本身包含活动行，每项活动可以根据活动是什么、谁负责开展、如何完成、何时开始和结束，以及活动的产出是什么来命名和描述。客户成功经理可以复制其他工作表，并根据需要添加到更复杂的客户引导的项目管理中。

衡量和追踪客户成功经理的活动的工具

与客户引导相关的最后一个工具是"客户成功经理活动追踪模板"（CSM Activity Tracking Template）。该模板也是以Excel工作簿形式提供，它可以快速、轻松地记录客户成功经理在项目上花费的时间和获得的结果。它记录了活动和所耗费的时间，以及对这些活动取得的产出和结果的说明。它还提供了一种方法，记录从活动的开展中获得的经验教训，以便在将来执行类似的任务时应用。

虽然"客户成功经理活动追踪模板"旨在供客户成功经理在内部使用（也许是在与他们的团队和/或直接上级合作时使用），但其中记录的信息可以用于对外发布的报告，客户成功经理可能需要撰写这样的报告，以呈现给客户。

客户成功管理实践框架第3阶段的活动与产出

客户成功管理实践框架第3阶段的活动

客户成功管理实践框架第3阶段的活动包括：

1. 检查你在客户成功管理实践框架第1阶段为客户创建的"客户研究清单"（或者你在移交过程中使用的其他工具）。

2. 如果有任何需要填补的信息缺口或需要验证的假设，将其记录下来，并准备好要向客户提出的问题。

3. 检查已完成的"客户互动策略"，以及已经在中央存储库中为客户创建的任何其他文档，以确保你了解最新的互动要求。

4. 使用"客户引导记分工具"来了解客户可能的需求，以及客户引导的复杂程度。

5. 与客户进行最初的沟通，讨论他们的客户引导需求，并向他们解释可用的选项。

6. 在必要时进行跟进，以了解更多信息，并就你将为客户提供的帮助的范围和水平及其他相关信息（如开始日期和重要截止日期、沟通和报告，以及任何专业服务费用）达成一致。

7. 使用"客户引导需求捕获模板"来理解客户详尽的引导需求，并分析这些信息，以确定阶段性的客户引导项目计划。

8. 使用"客户引导项目计划模板"来记录客户引导项目的计划，并且在必要时与同事和客户分享这一计划。该计划应当包括各个阶段、里程碑、活动、职责以及产出和结果等。

9. 执行计划！由于客户需求的变化，或者在后面的阶段中发现的额外信息，因此需要进行必要的调整，这些信息可以让你更好地理解客户引导需求。在此期间，要定期与同事和客户保持联系，以确保活动的完成、产出和结果的实现。

10. 使用"客户成功经理活动追踪模板"来记录和管理你自己的时间，并且从未来的类似互动中吸取经验和教训。

11. 使用包含在"客户引导项目计划模板"和"客户成功经理活动追踪模板"中的信息，在每个里程碑和客户引导流程结束时创建面向客户的报告。

客户成功管理实践框架第3阶段的产出

客户成功管理实践框架第3阶段的产出是所有引导活动的成功完成,这些活动应由客户签字,并在"客户引导项目计划模板"中进行详细说明,同时应当在"客户成功经理活动追踪模板"中记录经验教训。在客户引导阶段结束时,你要确保做好了准备进入客户成功管理实践框架第4阶段。

客户成功管理实践框架
第4阶段：采用计划第一部分（概念）

第 7 章

第7章 客户成功管理实践框架第4阶段：采用计划第一部分（概念）

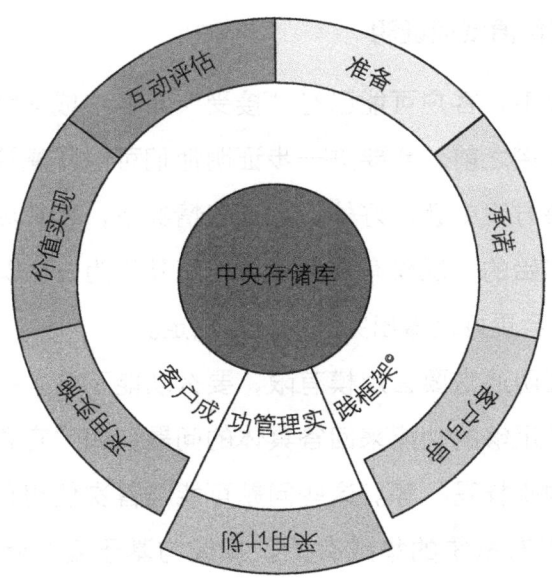

客户成功管理实践框架第 4 阶段：采用计划

采用都涉及什么

定义"采用"

由于所涉活动的广度和深度，在最初的客户引导和前端的采用之间，以及在客户引导完成和后端的价值实现之间都会产生交叉，因此定义"采用"这个词比看上去更难。我能想到的最好的定义是：为了实现最大价值必须完成所有必要的事情。

在某些情况下，这可能仅仅意味着插入某些东西并打开它（如光盘等）。不过，在这种非常简单的采用的情况下，不太可能配备客户成功经理。对于更复杂的情况，也许需要完成各种各样的任务，以便全面完成采用，尤其是涉及很多人的时候。实际上，受购买计划直接或间接影响的人越多，对采用服务的需求可能就越大。

概念试点证明和价值试点证明

在某些情况下,客户可能已经"接受"了客户成功经理的想法,但在做出全面的承诺之前,需要进一步证明他们可以从建议购买的产品、服务和/或解决方案中获得好处。在这些情况下,客户成功经理可能会对该想法进行初始的、规模有限的执行,将其作为一个测试用例,测试结束之后,客户会更好地做出完整执行的决定。

概念试点证明通常要么规模有限,要么功能不全,持续时间往往也很短。它提供了足够的功能来回答具体的问题,如"它管用吗"及"它真的如你所说的那样吗"等。这些问题可能与首次使用创新技术有关,也可能与客户现有系统的集成有关,抑或与基于客户特定需求的定制有关。

价值试点证明通常在特性和功能方面是完全成熟的,并且持续的时间更长。例如,它可能采取针对特定部门或团队全面实施解决方案的形式。价值试点证明的不仅是找出解决方案是否有效,还要了解解决方案将带来多少价值。随着时间的推移,解决方案得到利用,价值才会实现;因此,一个简短的、简单的试点往往不足以达到这个目的,价值试点证明可能需要具备完整的功能,并且运行几个星期或几个月,才能衡量价值。

此处的重点是,客户成功经理需确保他们了解任何有关概念试点证明和/或价值试点证明的要求,并在采用计划过程中考虑这些要求。

供应商在提供采用服务方面的角色已经改变

传统上,采用服务的实施通常完全由客户来完成。一旦产品/服务被购买、安装、配置等,并且一些基本的客户引导工作已完成,那么除了正在进行的产品/服务维护和支持服务,供应商(或其他卖家)的工作基本上就结束了。然而,现在客户和供应商之间的关系已经不再是简单的买方与卖方的关系了,更多的是一种伙伴关系,供应商在支持和实现高质量采用方面的角色已发生很大变化。

此外,如今许多技术产品的销售在本质上十分复杂,因为它们将多个产品与服务整合到一个解决方案中,其中可能还包括定制、配置、集成、安全性和其他考虑因素。因此,在供应商不提供任何帮助的情况下,客户将很难进行高质量的采用,如今,提供这种帮助符合供应商的利益。这正是过去几年来客户成功管理的受欢迎程度呈指数级增长的主要原因之一。正因为如此,帮助客户满足他们的采用需求通常是许多客户成功经理的职业角色中最重要的方面,也是最复杂的部分,这当然会使之成为最难以执行的部分。

采用就是成功的变革管理

采用的过程就是有效地管理变革的过程。这种变革体现在,从客户组织在其购买的解决方案实施之前的状态到实施之后客户组织需要成为的状态。因此,可以将采用的过程描述为对客户组织内所需的所有变革的管理,以使客户从他们的购买计划中实现价值。这将包括功能和流程的变更,以及这些流程的用户随后的准备工作,以使他们能够有效地履行新职责。

当然,有这么一个完整的职业,它的目标专注于有效的变革管理。这包括对变革管理的最佳实践的学术型研究与普通研究、第三方变革管理专家组织,以及在客户组织的人力资源团队中雇用的变革管理专家,以帮助特定的公司完成和适应它所经历的变革。

处于不同行业、采用不同战略的不同组织,经历的变革速度也各不相同。此外,在处理变革的经验方面,一些组织会比其他类似的公司更成熟。各公司的现金流状况是不同的,对使用外部服务和购买外部服务的态度也各异。综合上述所有考虑因素,这意味着客户成功经理所涉及的每个客户组织在其变革管理需求方面都应是独一无二的。

帮助用户经历变革

采用的主要部分是帮助用户完成变革。本章稍后将讨论如何找出这些用户是谁，以及他们将如何受到变革的影响，但这里要说明的是，变革人员需要花费最多的时间和精力来考虑如何正确实施采用计划。采用计划的基本方面如表7.1所示。

表 7.1　采用计划的基本方面

方　面	描　述
沟通变革	这发生在任何实际发生的变革之前。已提议的变革将予以公布和解释。这些变革对每位用户意味着什么，可能要进行一番解释和讨论，同时对变革引起的反应进行衡量，对导致的担忧与关切进行讨论。要确保当变革最终发生时，用户已经准备好了，相关的担忧和关切已得到处理，这样的话，用户就会以准备就绪的态度接受变革
让用户为变革做好准备	在必要时，需要向用户提供额外的知识和技能，使他们能够执行新的任务和／或以新的方式执行现有的任务。这需要审查每位用户的知识和技能差距（他们需要知道的与他们已经知道的相比），然后设计和实施培训、交流和支持计划，以弥补这些知识和技能差距
在变革过程中帮助用户	当发生变革时，一些用户可能非常适应，但其他用户也许不太适应。这可能出于多种原因，有些是出于实际原因，有些是出于情感原因。在情感原因方面，用户可能对自己是否能够很好地执行新任务，以及如果不能很好地执行任务会发生什么感到恐惧或焦虑。在实际原因方面，用户可能会遇到与变革有关的问题或意想不到的副作用，从而导致一些需要处理的复杂问题。无论出现什么问题，用户都需要适当的支持与协助，以便在必要时对他们进行监控和帮助
在变革之后支持用户	变革发生后，用户可能需要持续的支持，以解决出现的意外问题，或者提醒他们现在是如何执行某些任务的。用户也许需要一段时间才能熟悉和适应新的做事方式，就像他们以前采用的旧的和更熟悉的方式一样。支持应当继续，直到所有意想不到的问题都得到解决，用户对新的工作方式感到舒适和熟悉为止
监控和衡量变革	需要衡量用户工作的产出，以确保达到生产率、效率、质量或其他指标，如果没有达到这些指标，则应予以确认，以便采取纠正措施，如进一步的培训、重新配置正在使用的技术，或者进行额外的流程变革。与衡量产出有关的信息可能需要向高级决策者报告，特别是向该购买计划的出资人报告，以确保他们获得回报的价值

续表

方面	描述
鼓励新行为	人们天生倾向于保守，从某种意义上说，人们通常更愿意用旧的方式做事（尽管可能没有那么高效或有效），而不是学习一种新的做事方式。在这种情况下，可能需要一些鼓励来强化用户期望的新行为。这种鼓励可能包含积极的方面（例如，在特定时间内完成新任务可获得奖励）和消极的方面（例如，如果用户没有在特定时间内完成新任务，则需要向部门经理解释）

将采用作为有偿的专业服务

就像客户引导一样，没有理由禁止任何一家公司将采用作为一项有偿的专业服务。的确，各组织有充分的理由来仔细考虑，将采用作为一种增值的专业服务提供给客户会给客户在选择购买或不购买时带来怎样的财务影响。根据各公司的商业模式，特别是向客户提供的价值主张，公司可以采取许多不同的策略。例如，如果价值主张（也就是客户为什么应当从这个组织而不是它的竞争对手那里购买产品或服务）是尽可能保证最优的质量，那么可以认为客户可能希望获得更多有偿的增值服务，如采用服务。

如果价值主张是要以尽可能低的价格购买和／或能够最快地使用，那么可以再次主张采用服务是一种单独收费的专业服务，客户可根据自己的需要选择是否使用。不过，如果价值主张是关于商业结果的，也就是说，客户的购买决策不是基于产品或服务本身的特征或其他品质，而是基于这些产品和服务将怎样帮助客户在他们的组织中实现最终的战略成果，那么有一种极有说服力的观点认为，采用服务应当是所提供的解决方案中公认的且不可选的组成部分。这是因为，在这种情况下，已经向客户销售了最终的成果（或结果），变革管理（采用）不可能是一个可选的选项——它必定会发生，而且必定会在正确的时间、以正确的质量和正确的次序，为了实现价值主张中承诺的价值而发生。

不用说，作为一名客户成功经理，重要的是要确保你清楚自己的组织提供哪些采用服务，以及这些服务中有多少是通过客户成功管理免费提供的，而不是作为额外的专业服务有偿提供的。

客户成功经理在采用计划与实施中扮演的角色

因为采用服务这个主题极其复杂，所以我将其分成了客户成功管理实践框架中独立的阶段。该框架的第4阶段被称为采用计划，讨论产品／服务采用的准备环节，这是本章的重点。该框架的第5阶段被称为采用实施，将在第9章中讨论。由于客户成功经理职业角色的侧重点是提供建议，协助和指导客户，而不是自己实际完成工作，因此，客户成功经理将发现，与随后的采用实施阶段相比，他们在采用计划阶段可能会同样忙碌，甚至更忙碌。

思考这个问题：那些刚刚购买了特定产品、服务或解决方案的客户很可能在"刚刚购买"的早期阶段对该产品、服务或解决方案的了解比供应商要少得多。当然，随着客户使用这一解决方案的时间慢慢变长，他们的知识会随着自己的经验日益丰富而增长，但最初他们或多或少地依靠专业的供应商或第三方系统集成商的帮助来把事情做好，这是合情合理的。这些基于对解决方案的了解和在其他客户组织中多次协助采用解决方案的实际经验而形成的"怎样把事情做好"的知识，正是客户成功经理在帮助客户满足其采用需求时所带来的独特的东西。这就是供应商的客户成功经理与众不同之处，因为其具有非常特殊的知识，所以对客户具有较高的潜在价值。实际上，这是客户成功经理存在的理由，或者如果你愿意，可以把这看作客户成功经理的独特卖点。

在任何情况下，重点在于客户成功经理本人已经通过帮助其他客户采用这个解决方案做好了准备，用来帮助现有客户满足采用需求。此外，由于需要不断为其客户提供高质量的采用支持，客户成功经理的公司将为其产品和服务的采用开发最佳实践，并且创建诸如任务列表和模板之类的资产（这些资产简化了采用的过程）并确保遵循最佳实践，然后，随着时间的推移，在与每位新客户的互动中使用这些最佳实践与资产。

比较客户引导与客户采用

客户引导和客户采用之间有相似和重叠之处。两者都涉及让客户组织为经历的变革做好准备，以便从购买的解决方案中产生价值。客户成功经理可能会体验到不同的活动，在客户引导阶段的某位客户身上开展的活动，到了采用计划阶段的另一位客户身上可能会有所不同。还应当注意语言，因为不同的组织可能会赋予这两个术语不同的含义——有时也可以互换使用——客户也许对每个术语都有自己的特定定义，或者相反，客户很难理解两者之间的差异。

两者的主要差异如下所示。

客户引导：客户引导发生在互动的早期（通常是在解决方案实施之前、期间或之后），更多地关注即时性（让客户启动并运行，并从解决方案中立即产生一些最初的价值）。它往往侧重于将基本解决方案信息传递给那些需要它的人。

客户采用：当客户准备好让其用户在日常活动中开始使用解决方案，并因此将重点放在变革管理上时，客户采用就出现了。它的范围往往比客户引导更大，可能包括沟通、教育和对受影响用户的持续支持等方面。在实施前需要仔细规划，可以分阶段实施。

客户采用的复杂性

本书提供的客户采用评分工具，是一种快速了解客户采用需求的可能复杂程度的简单而有效的方法。该工具与第6章中讨论的客户引导评分工具的格式相同。要使用该工具，只需根据在第6章中讨论的4个影响因素对客户的采用需求进行评分，4个影响因素是产品/服务、定制工作、采用需求和客户成熟度。

对于每个影响因素，赋予从0到5的分数，0表示这个影响因素导致的复杂性很低，5表示这个影响因素导致的复杂性很高。

这样，我们将得到一个介于0～20分的总分，然后可以通过该总分了解客户采用的总体复杂程度。总分数越高，客户采用需求就越复杂。对于客户引导，这虽只是一个宽泛的指标，但是一个很好的起点，可以让客户成功经理做好准备，与客户的利益相关者就采用需求进行更详细的讨论。

了解受影响的用户

客户采用的复杂性和受影响的用户

之前我们对"采用"下的定义是"为了实现最大价值必须完成所有必要的事情"。现在，我们将简要讨论"所有必要的事情"可能包含哪些。我们尤其将关注客户采用的复杂性（完成客户采用过程的难易程度）与受影响的用户（由于活动的发生而直接或间接受到变革影响的人）的数量和类型之间的关系。从本质上讲，两个因素之间的关系是非线性的，但肯定存在一条曲线来描绘两者之间的关系——随着更多用户的加入，复杂性会越来越迅速地增加（见图7.1）。

当然，这并不意味着客户成功经理应当尝试以任何方式减少受影响的用户的数量或不考虑这些用户的不同需求。事实上，反过来才是正确的——客户成功经理必须确保他们已经发现了对可能受影响用户（有时也许包括客户自己组织以外的用户）的所有影响，以便帮助客户成功地采用。然而，这里真正的意思是，对于涉及更多数量和/或类型的受影响用户的情况，客户成功经理应当预料到在采用需求中会出现更大的复杂性，因此应当相应地分配好他们的时间。

第7章 客户成功管理实践框架第4阶段：采用计划第一部分（概念）

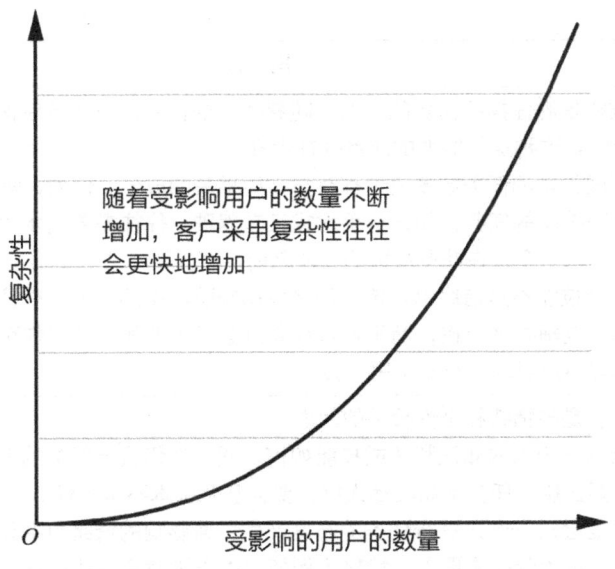

图 7.1 客户采用的复杂性和受影响用户的数量

辨别用户对知识、技能与态度的需求

KSA代表知识（Knowledge）、技能（Skill）和态度（Attitude），可以认为这些是每个用户可能拥有的变革管理需求的3个方面，因此必须在采用计划阶段来处理。表7.2详细描述了知识、技能和态度，以便我们更好地了解KSA。

表 7.2 了解 KSA

方面	描述
知识	知识通常被描述为"书本学习"，指的是对利益相关者需要做什么及如何去做的认知理解。知识之所以有时被称为"书本学习"，是因为增长知识是学校和学院等学术组织的传统角色，并且因为知识常常（或者说至少曾经）是通过书本和讲座来传授的 了解需要做什么，而不是在执行任务的每个阶段都要主管告诉自己该做什么，可以培养一个人独立思考和行动的能力。因此，知识在需要相关人员自主决策的工作中尤为重要，如销售、客户服务或咨询岗位

续表

方面	描述
技能	技能是胜任执行任务的能力，随着时间的推移，也随着获得更多执行任务的经验，这种执行能力的质量往往会提升 不同类型的任务或多或少都有与技能相关的成分。例如，需要大脑-身体的运动技能的任务，如牙科手术或叉车驾驶，往往需要高水平的技能，这反过来要求一个人在获得所需的技能之前，至少要完成一定程度的在职培训 因为技能不是借助书本传授而是借助经验获得的，所以往往是通过现场指导和／或辅导来传授，而不是仅仅通过教学（例如，想想你可能会怎样教别人学习游泳或骑自行车）来传授
态度	态度是与情绪和个性相关的能力 无论一个人的知识和／或技能如何，假如他们执行任务的态度是错误的，他们要么执行任务不如其他人好，要么甚至根本不执行任务 可能会对一个人执行任务的态度产生负面影响的情绪包括无知（例如，不知道任务为什么重要）、愤怒（例如，由于被命令去执行任务而产生不公正的感觉）和恐惧（也许是由于对执行任务的能力感到不确定，以及担心无法执行任务而受到惩罚） 一个人的个性至少在某种程度上决定了他们对别人命令他们执行任务时的态度。与情商低、不成熟的人相比，拥有高情商和成熟个性的人更可能在态度问题上需要较少的支持

直接和间接受影响的用户

你可能还记得我们在前几章中讨论的直接和间接受影响的利益相关者之间的区别。我们将直接受影响的利益相关者定义为那些需要实际使用解决方案（或者执行与他们以前执行的相同或类似的任务，但现在使用新的解决方案组件）的人，而间接受影响的利益相关者将因为购买计划的实施而做一些不同的事情，或者至少有一些不同的经历，但他们本身不会使用新的解决方案（例如，直接受影响的利益相关者群体的活动产生的产出，可能形成间接受影响的利益相关者群体的活动的投入）。在本章中，我们将直接和间接受影响的利益相关者描述为"用户"。

尽管采用活动的焦点可能是直接受影响的用户，但在整个采用计划的过程中考虑间接受影响的用户的需求仍然很有必要。例如，直接受

第7章　客户成功管理实践框架第4阶段：采用计划第一部分（概念）

影响的用户可能需要进行最初的沟通，以解释将要发生什么，然后是关于新的或更改了的活动的培训，再接下来也许需要提供持续的支持和管理。而间接受影响的用户或许只需要进行最初的沟通和一些基本的支持，以防他们遇到问题或困难。不管是什么情况，客户成功经理都要确保他们和/或客户已经充分调查了所有可能的用户，并且确定了每位用户将以何种方式受到购买计划的影响。

用户采用需求的信息收集

首先，让我们来解释一个非常简单的术语。我们可以将具有相同（或者非常相似以至差异不会造成太大的影响）采用需求的用户组合在一起，创建一个用户群，作为拥有同一个采用目标的一个单元。这样做的明显好处是减少了管理的人员数量，使采用计划变得容易得多。有些群可能相当大，包含数百甚至数千位用户。另一些群可能小得多，只包含少数类似的用户。你还可能遇到具有独特采用需求的个别用户，在这种情况下，他们实际上是他们自己的群——一个仅包含一个人的群。以上这些群在客户成功管理实践框架中被称为受影响人群。

对于每个用户群，客户成功经理需要确保以下信息被识别和记录（见表7.3）。

表 7.3　为受影响人群收集的信息

信　息	描　述
姓名	一个用以识别受影响人群的名称
地点和数量	受影响人群的成员所在的一个或多个地点，以及每个地点的用户数量
受影响的范围	关于受影响人群将如何受到该购买计划的影响的描述。描述应当尽可能全面，以确保充分记录影响范围的所有方面
直接或间接受影响	尽管这些信息应该很容易从影响范围中推断出来，但单独留意受影响人群是直接还是间接地受到解决方案的影响也是很有用的
知识要求	一份完整的描述，说明目前受影响人群的成员需要掌握哪些知识才能充分发挥其作用

续表

信息	描述
技能要求	一份完整的描述，说明目前受影响人群的成员需要具备哪些技能才能充分发挥其作用
态度要求	一份完整的描述，说明受影响人群中可能存在哪些需要管理的态度问题，以便受影响人群成员充分发挥其作用
购买计划阶段	如果购买计划将在一系列的阶段中交付，那么应当在此处记录每个受影响人群将受到影响的阶段（请注意，这与"采用阶段"不是一回事。"采用阶段"是采用计划本身的阶段，而不是整个计划中的阶段）
截止日期	任何与时间有关的信息都应被注明。例如，这可能包括特定的受影响人群必须准备好并且能够使用新解决方案的截止日期
优先级	受影响人群在处理事情方面有什么优先级别。优先级可以简单地确定为"高""中""低"，或者从1到5编号，1表示优先级非常低，5表示优先级非常高

客户成功经理在发现和记录用户信息中的特定角色

请注意，我们所说的是客户成功经理需要确保已经识别和记录了上述信息。我们没有说的是客户成功经理需要自己直接发现这些信息。事实上，如果这些信息已经存在，几乎没有哪位客户成功经理是访问这些信息的最佳人选；如果这些信息不存在，也几乎没有哪位客户成功经理是研究和发现这些信息的最佳人选。相反，客户成功经理应充当客户的咨询师和顾问，尽可能多或尽可能少地帮助高级项目领导自己发现这些信息。

如何做到这一点，取决于客户成功经理与高级项目领导和更广泛客户的现有关系和需求。假设高级项目领导和客户成功经理之间存在良好的信任关系，并且高级项目领导和更广泛的客户在实施此类购买计划的最佳实践方面缺乏经验，那么客户成功经理很可能会扮演比其他必要的或合适的角色更为积极的角色。在这种情况下，客户成功经理可以带头组织和管理发现所需信息的过程。这可能包括解释和说明需要获得哪些信息，并确定或至少建议如何最好地收集这些信息。

在这种情况下，客户成功经理也可以在信息被发现时管理这些信息。即使情况并非如此，客户成功经理也可以访问客户记录的与用户相关的信息或自己保存这些记录，以供将来参考。

从关键利益相关者那里获取用户信息

如上所述，在实际研究中，客户成功经理将与高级项目领导和客户组织中的其他关键利益相关者保持联系，以完成工作。客户成功经理可能在发现信息方面扮演直接的角色，但更可能扮演间接的、咨询的角色。在任何一种情况下，客户成功经理都必须确保他们了解可能以什么样的主要方式来进行研究，以及客户组织中关键利益相关者的类型（当然，除高级项目领导之外），这些利益相关者可能已经掌握了这些信息，或者已经使用了这些信息，或者最差的情况是有能力创造这些信息。关键利益相关者可能包括以下人员。

人力资源部门人员

人力资源（也可以用其他名称来称呼，如人事管理或人力资本管理）部门始终是获取与工作岗位相关的信息的好地方。人力资源管理团队的部分职责是管理和维护每个工作岗位的详细职责描述。假设信息是最新的和准确的（在信任信息之前，应当仔细验证这两个假设），那么这个工作岗位的信息是挖掘用户信息以供采用的"金矿"。这是因为它应当清楚地确定哪些职业角色将受到购买计划的影响，以及他们将怎样受到影响。

顺便说一句，对于客户成功经理而言，人力资源部门经理也可能是在价值实现阶段（客户成功管理实践框架的第6阶段）构建良好工作关系的重要人选，客户成功经理可能需要他们协助，以确保新的职业角色和对现有职业角色的更改得到正式批准并正确记录。

部门负责人

部门负责人负责确保部门成功地实现其目标，并保证部门为实现公司整体目标做出贡献。部门负责人通常由公司的高级管理团队任命并向其汇报工作。他们参与确定和实施部门策略，并将部门策略传达给员工，同时领导和管理部门，是部门的"掌舵人"。他们通常最终负责管理和分配部门的预算，并参与招聘和解聘员工的决策。

部门负责人可以直接为客户成功经理所用，因为他们知道客户成功经理的购买计划将如何影响他们的部门，也可以间接为团队领导者、人力资源部门经理、流程负责人和能力拥有者所用，后者掌握着特定活动的话语权，与部门负责人相比，他们拥有客户成功经理所需的更详细和明确的知识。

团队领导者和员工主管

这些人在日常工作中控制、管理、指导和领导着员工团队。他们密切参与团队的事务，并深入了解管理团队成员做什么以及怎么做，通常负责确保活动和/或生产目标的实现。因此，这些领导者和主管非常清楚地知道他们团队中的哪些成员将直接或间接地受到购买计划的影响以及将会受到怎样的影响。

在采用计划过程的后期及在采用实施阶段，团队领导者和员工主管是非常有用的联系人，此时可能需要讨论、协商和商定与采用相关的活动（特别是培训）的可用性。

流程负责人和能力拥有者

这些管理者并不管理员工，而是管理一个或多个流程或者一项或多项能力。他们的职责是确保他们负责的运营在质量、效率和生产力的适当水平上进行，同时保障其他方面的考虑得到管理——如安全和保障——并遵循最佳实践。这类管理者了解他们负责的每个业务领域的知识，因此是了解购买计划将以何种方式影响每个流程，以及将怎样影响参与这些流程的工作人员的理想候选人。

与团队领导者和员工主管一样，流程负责人和能力拥有者在采用计划过程的后期及采用实施阶段也是非常有用的联系人，此时需要讨论、协商和商定与采用相关的活动（特别是培训）的可用性。

注意：这些不同类型的管理者和领导者的职责可能会有一些（甚至很多）重叠。特别是在较小的组织中，经常会遇到负责日常人员和／或流程管理的高级领导者，而员工主管也可能是流程负责人或能力拥有者等情况。

谁将开展研究活动

通常情况下，客户成功经理之前不会遇到这些关键利益相关者中的大多数，甚至其中任何一个。同时，也可能由于客户组织的商业礼仪和／或企业文化，让高级项目领导或客户组织中已经参与到购买计划中的一两个其他关键利益相关者与这些管理者和领导者接触并进行讨论，而不是让客户成功经理自己尝试去做，是更好的做法。即使客户成功经理可以去做这件事，但由于时间和抽不开身等实际原因，他们也许需要客户负责进行全部或至少部分此类研究。无论哪种情况，客户成功经理都要就需要完成的工作、如何完成工作、由谁来完成工作及完成工作的截止日期等与客户达成一致。

客户成功经理可能希望与这些管理者和领导者中的某些人会面并建立关系，因为他们可能在权威和决策权等方面具有影响力，这使得他们成为非常有用的联系人。

研究方法

了解研究的选项

如果客户成功经理直接通过自己的努力进行全部或至少部分研究，

那么他们要熟悉收集所需信息的方法。即使他们自己不直接参与信息收集，有时候也许需要向高级项目领导或其他关键利益相关者提出建议，以确定采用何种方法才能获得最好的结果。

方法1：访谈

最明显的研究方法是访谈。这通常是与单个利益相关者（如特定的团队领导者或流程负责人）进行一对一的访谈，以讨论购买计划中哪些方面与该特定利益相关者的权力和责任范围相关。访谈也可以一次涉及多位利益相关者，如在需要围绕哪些用户将受到影响及他们将以何种方式受到影响进行讨论和达成共识时。

典型的访谈可能持续30~90分钟，可以通过面对面、电话或网络虚拟会议进行。客户成功经理应提前准备问题，不遗漏重要的信息。他们还应记录访谈的结果，并且在记录时不影响讨论。首先列出一个简单的讨论主题清单，并留出空间来记录每个主题探讨的内容，可能在这里是合适的。

顺便提一下，通过访谈（在某种程度上也通过调查）获得的信息在可靠性与准确性方面往往取决于访谈对象提供的信息。研究人员完全有可能被访谈对象误导，对方要么通过提供虚假信息不诚实地回答问题，要么由于误解了所问的问题或仅凭记忆或判断错误地回答问题（只要问问警察，了解一下证人证词的可靠性和准确性，就知道这种情况发生的频率很高）。虽然我并不是建议客户成功经理应该怀疑每位访谈对象所提供信息的可靠性或准确性，但我建议客户成功经理应当牢记通过访谈获得的信息的可靠性，并在可能的情况下寻找验证最重要类型信息的方法——如通过多个来源将这些信息关联起来。

方法2：研讨会

研讨会的概念是将上述讨论和形成协商一致意见的过程进一步推进

第7章 客户成功管理实践框架第4阶段：采用计划第一部分（概念）

到下个阶段，并就研讨会涉及的任何主题提供一个头脑风暴、辩论、谈判和最终决策的论坛。在这种情况下，研讨会当然与确定哪些用户将受到影响及以何种方式受到影响有关。

如果客户组织已仔细考虑过这些信息并做出了必要的决策，那么只需与团队领导者和流程负责人进行简单的访谈。如果客户组织尚未考虑这些信息和/或做出必要的决策，那么邀请所有相关的关键利益相关者参加研讨会，并由客户成功经理引导关键利益相关者完成思考和决策过程，将是获得所需结果的一种有效方法。

然而，值得注意的是，研讨会通常是相当复杂的会议类型，需要大量的计划、管理和领导才能富有成效。要使研讨会开得成功，开出高质量，帮助客户的关键利益相关者确定他们的哪些员工将受到购买计划的影响及将以怎样的方式受到影响，是一种使互动向纵深推进的绝佳方式，并且可能对客户成功经理与这些关键利益相关者建立相互信任的关系产生非常积极的影响。

如果研讨会开得不成功，并且在哪些员工将受到影响及将以怎样的方式受到影响的问题上没有真正达成共识，甚至高层领导者可能认为是在浪费他们的时间，或者觉得客户成功经理并不称职，那么这将损害双方的关系。因此，客户成功经理要为研讨会做好充分的准备，如果客户成功经理对主持和领导研讨会没有信心，那么应当考虑以何种方式提前获得这种信心（例如，通过参加其他同事的研讨会或以助理身份参加研讨会，以便获得实践经验）。如果必须举行研讨会，而客户成功经理感到由自己来主持和领导很不舒服，那么让一个已经拥有适当技能和经验的同事来做这件事情也许是合理的，在这种情况下，客户成功经理可以参与进来并协助这个同事，以便获得更多主持和领导研讨会的经验。

需要考虑的另一点是，除了客户成功经理，公司内部的其他关键人员可能会通过参加这种类型的研讨会来潜在地增加价值和/或获得价值。鉴于这种情况，客户成功经理可能要考虑他们还希望邀请谁，以及如何在他们之间共享促进研讨会的工作。

客户成功经理在组织研讨会时需要考虑的其他因素如表7.4所示。

表7.4　客户成功经理在组织研讨会时需要考虑的其他因素

因　素	描　述
持续时间	这类研讨会可能持续大约半天（如 3～4 小时）到几天的时间，取决于购买计划的规模和复杂性，以及与会的利益相关者的人数
参加人员	参加研讨会的利益相关者太多，导致每个人都难以充分表达自己的意见并与其他人达成共识。参加研讨会的利益相关者太少，导致很难充分讨论所有的事情，因为进行头脑风暴和讨论任何特定主题的观点太少
可否参加	在组织研讨会甚至在决定研讨会是否可行时，首先要考虑的一个因素是关键利益相关者是否能够参加。从实际的角度来看，如果不是每个关键利益相关者都能参加，那么举办研讨会就没什么意义了。客户成功经理可能要在这方面发挥创造力——例如，邀请高级领导者参加研讨会的少部分环节而不是参加整个研讨会，或者邀请地理位置相距遥远的利益相关者以远程方式参加
议程	应仔细考虑研讨会的议程，确保将所有需要提出、讨论和商定的议题都纳入其中。邀请高级领导者参加时，情况尤其如此，因为这可能是获得他们意见的唯一机会
引导	客户成功经理的职责（如果客户成功经理没有足够的信心履行这一职责的话，可以委托给其他人）是引导研讨会。这意味着他们需要协调活动和讨论，鼓励参与，确保仔细倾听和平等考虑所有利益相关者的意见，在必要时做出决策并记录成果
时间管理	引导研讨会的一个重要方面是时间管理。负责管理时间的人需要确保研讨会在完成各项议程时始终保持在适度的时间范围内。这意味着要保障每个主题或小节都有足够的时间来讨论，但与此同时，研讨会要以足够快的节奏进行，以便在规定的时间内完成所有议程。当研讨会陷入僵局时（有可能是在辩论或在某个特定的主题上有分歧），研讨会主持人需要认识到这一点，并采取适当的方式进行处理
精力水平	有时候讨论会非常激烈，可能变得唇枪舌剑、充满技术性，或者极为复杂——有时三者同时出现！考虑到这一点，客户成功经理应当察觉与会者的精力水平，并在必要的时候让他们进行短暂的休息，以便恢复精力。在持续时间更长的会议中，有时让与会者站起来在房间里走动走动也是一个好主意，这样可以暂时中断一下讨论，让更多的氧气流入大脑

续表

因　素	描　述
准备与管理	在大多数活动中，成功的关键是做好充分的准备。客户成功经理应当花时间来计划和准备研讨会。计划和管理的重要方面包括对实际的考量，如邀请和提醒与会者，向他们简要介绍将发生什么，并在必要时准备适当的设施和提供茶点
记录成果	至关重要的是，研讨会的成果（特别是做出的任何决定）都要被记录下来，并且可能要在会议结束后分发给各位与会者。如果客户成功经理忙于引导会议顺利进行和管理时间，也许没有时间来记录。因此，客户成功经理必须事先考虑由谁来做这件重要的事情
后续跟进	对于研讨会而言，发现之前没有发现的问题或发现购买计划中之前没有实现的某些价值，或者仅仅由于在会议室里的分歧或缺乏必要信息而无法达成必要的决策，都是十分常见的。无论哪种情况，很可能要记录下某次研讨会需要进行的后续跟进活动，然后（当然）分配给某个人来跟进

方法3：调查

如果要寻求许多持相似观点的人（如几百个或更多受类似影响的用户）的意见（例如，可能有必要询问受影响群体，他们目前是如何执行特定任务的，或者变革会对他们执行任务产生什么样的影响），并且亲自与所有人见面，对他们进行访谈，要么很难，要么根本不可能。在这种情况下，调查或许是一个更好的方法。

调查十分有用，因为这种方法可以非常有效地处理许多人的信息。调查不太适合从受访者那里获得太多细节。这既是由于受访者往往不想用详尽的答案来回答问题（因为这对他们来说非常耗时），也是由于对调查的组织者来说，要从成百上千个受访者那里了解大量的细节是一件非常困难和耗时的事情，更不用说将这些数据转化成有意义的信息了。

因此，调查最好用于需要定性信息而不是定量信息的情况。例如，以"是"或"否"为答案的调查，或者让受访者从许多预先提供的选项中选择的调查，或者让他们按1～5分或1～10分打分的调查，都是非常可行的。要求受访者用自己的语言描述事情，并且为开放式问题提供冗长的书面回答的调查，无论是让受访者做出回答还是事后管理，都要困难得多。

方法4：焦点小组

调查方法需要大量类似用户的意见、经验和偏好等定性信息，克服这种方法局限性的一种方法是使用焦点小组。焦点小组是一个较小但具有代表性的大群体的样本。例如，客户组织可能拥有2000名呼叫中心工作人员，他们分布在全国多个呼叫中心。单独或甚至以小组形式对所有人员进行访谈将是一件非常耗时和成本极高的事情，而从调查中获得定性信息的限制意味着这种方法也行不通。这么一来，就可以从不同地点精心挑选有代表性的20名呼叫中心工作人员，邀请他们组成一个焦点小组。接下来，可以与该焦点小组举行会议，并提出必要的问题，以记录焦点小组对必要问题的想法和意见。由于已经确保焦点小组是较大群体的真正有代表性的样本，因此他们的意见应当体现着较大群体所有成员的意见（如果对较大群体的所有成员进行访问的话，应得出相同的意见）。

与研讨会一样，焦点小组的管理和引导本身就是一种技能。在选择适当的焦点小组成员，准备合适的问题供焦点小组讨论和辩论，以及记录小组讨论的结果时，都需要注意。不过，这是从一个较大的用户群体中获取定性信息的一种非常有效的方法。其中还可能存在需要谨慎管理的保密问题，这样的问题有可能出现，因为受邀组成焦点小组的人员往往来自客户组织中的较低级别，他们的部门要么不允许他们提前知道某些信息，要么担心他们将这些担忧和意见向更高管理层表达。有经验的焦点小组主持人应当能够有效地处理这两个问题。与举办研讨会一样，对于在举办焦点小组方面经验有限的客户成功经理来说，在尝试领导焦点小组之前，最好先接受一些培训或者获得引导焦点小组的第一手经验。

方法5：使用现有的文档

也可以不与关键的利益相关者交谈，完全绕过他们，直接访问现有的文档。当然，这需要假设研究人员有权限和能力访问。这种方法有一个明显的优势，即通常在时间方面效率更高，并且在日记管理和参加会议方面也不需要太多的组织和联系。最明显的文档类型包括：

- 流程图和工作流程。
- 能力定义与用例。
- 客户行程图。
- 职责描述。
- 详细的任务描述和完成每项任务的分步说明。
- 与任务或活动相关的培训指南。
- ISO 9001文档（或者同等文件）。

如果客户成功经理和/或高级项目领导不了解或不能访问必要的文档，那么第一步可能是与关键利益相关者进行当面交谈，以了解哪些文档是相关的，并且获得访问该文档的许可。

方法6：观察

这指的是研究人员在用户执行任务期间进行实际的或远程的观察，以便了解他们开展了什么活动，以及如何开展这些活动。直接观察具有明显的好处，因为研究人员亲身经历了发生的事情，而不是依靠别人告诉他们（如在访谈和调查中）。但是，只有在行为人（被观察者）不知道有人正在观察他们的时候，这种方法才适用，原因在于，如果知道有人正在观察他们，被观察者则有可能改变他们通常的做法，以便表现得更好（例如，他们或许决定在被观察期间完全按照正确的程序行事，即使他们通常会在不被观察时走许多捷径）。不过，这可能引发一个道德问题，因为客户成功经理和/或客户可能认为，如果员工事先不知道、没有意识到及不同意这种观察，那么观察他们就是不道德的。

方法7：让客户分享以往的经验

最后一种研究方法是让客户分享以往的经验：邀请一位友好的、已经在类似情况下经历了相同（或基本上相似）的产品、服务和解决方案的采用和价值实现阶段的前客户来分享他们的经验。对客户而言，这是一种非常有效的方法，可以帮助他们了解如何最好地采用解决方案并从中产生最大的价值。如果使用这种方法，一个好主意是让客户成功经理仅仅充当介绍人和联络人，随后让客户单独分享他们的知识和经验，不受监督或干扰。

客户成功经理参与采用研究

进行研究

正如前面所讨论的，客户成功经理进行详细的用户相关研究通常是无用的，或者是没有必要的。在大多数情况下，研究应当由客户组织负责。然而，即使客户成功经理不直接参与研究，了解上面描述的每种方法的优点和局限性，以及每种方法应当何时运用和以何种方式来运用，仍然是重要的。这是因为客户成功经理角色的一个重要方面是作为高级项目领导和客户组织中其他关键利益相关者的教练、顾问和咨询师。

通常情况下，客户成功经理可能发现客户的关键利益相关者已经非常精通研究方法，甚至也许已经预先研究并记录了与受影响用户的需求有关的所有必要信息。然而，不能指望这种事情在与每位客户的互动中都会发生。根据客户组织的规模和管理变革的成熟度，客户成功经理可能得解释需要进行哪些研究，并提出可以进行这些研究的方法。

如前所述，无论情况如何，客户成功经理要尽可能确保进行充分的研究，以获得关于用户需求的充分信息。

第7章 客户成功管理实践框架第4阶段：采用计划第一部分（概念）

如何记录研究结果

客户成功经理会或多或少地参与到实际的研究中，他们一定想要回顾和讨论研究的结果，因此，他们希望采用一种合理的格式将研究发现记录下来，或者将这些文件放在一个他们可以访问的位置，或者能为自己复制一份。此外，他们还希望与高级项目领导（以及其他必要的关键利益相关者）会面，讨论研究结果，并就采用需求方面的研究结果达成一致。

专业服务的机会

由于客户成功经理不太可能有足够的时间对用户进行所有必要的研究——特别是在当前无法获得信息并且需要从头开始的情况下，因此采用往往成为客户与解决方案供应商之间的合作事项。如本章前面所述，应当一开始就明确说明客户成功经理为协助客户采用而提供的免费服务。然而，在与客户互动期间，客户与客户成功经理都可以更好地了解客户的真正采用需求以及客户成功经理可以提供的用来完成采用的帮助。因此，客户成功经理应随时寻找专业服务的机会，并做好准备在合适的时机以收费的专业服务的形式向客户提供进一步的协助。

与多位利益相关者合作

管理利益相关者比采用更难

因为采用涉及所有受影响用户的变革管理需求，所以它通常是客户成功经理与客户互动中最为复杂的部分。之所以这样说，一个原因是可能参与研究和计划活动及实施阶段（将在第8章中讨论）的不同利益相关者的数量。下面这种情况是可能的：团队领导者、流程负责人及类似人员对客户成功经理需要从他们那里获得信息都保持开放，乐意提供，并且双方就需要进行哪些变革以及在如何满足这些变革要求方面遵循客户成功经理和高级项目领导的计划等事项达成了一致。另一种相反的情况也完全有可能，即从利益相关者那里获取信息非常困难，而且管理团队对于哪些用户将受到影响，或者这些用户将以何种方式受到影响，并没有形成统一的意见，对于应当采取什么措施也存在分歧。通常情况下，客户成功经理很可能会找到有益的和／或一致的元素，以及无益的和／或不一致的元素。

使用利益相关者管理矩阵和利益相关者管理计划

在第5章中，我们研究了如何制定利益相关者管理策略。在本节中，我们回顾了RACI矩阵、利益相关者管理矩阵和利益相关者管理计划的使用。如果在此之前客户成功经理尚不需要使用这些工具，那么现在他们很可能需要，因为现在已经来到了采用计划阶段。也可能是他们确实在互动的早期阶段使用过这些工具，那么现在明显需要更细致地使用。不管是哪种情况，当处理具有多个利益相关者参与的复杂的采用时，强烈建议开发RACI矩阵、利益相关者管理矩阵和利益相关者管理计划。

应对不合作的利益相关者

当然，客户成功经理必须始终牢记，他们是客户组织的供应商代表，因此他们在客户组织中没有任何权威或资历。他们实际上是受邀来帮助解决特定问题的客人。也就是说，客户成功经理确定有工作要做，无论与客户的互动是通过专业服务费直接支付，还是作为整体交易的一部分而不单独收费，客户都得为客户成功经理的时间付费。

因此，客户成功经理期望以专业的方式被对待，并得到帮助而不是敌意。关键的利益相关者（高级管理人员）由于对客户成功经理的消极态度而导致任何实际的问题，这是非常罕见的。如果真的发生了这种情况，而且如果客户成功经理无法通过自己的努力来应对这种情况，那么

第7章 客户成功管理实践框架第4阶段：采用计划第一部分（概念）

当（且仅当）客户成功经理认为这是一个问题，并且是一个为使购买计划顺利实施而需要处理的问题时——换句话说，存在对客户组织本身有价值的正当理由，而不仅仅是给客户成功经理带来不便——才可能需要向高级项目领导提出来。发生这种情况，应该谨慎对待和妥善处理，客户成功经理应坚持关于问题是什么以及为什么需要纠正的事实信息，而不应表达任何关于该问题的感受或情绪。如果有可能，客户成功经理应当提出一种处理该问题的方法，供高级项目领导考虑。

几乎可以肯定的是，"有问题的"利益相关者将导致这些问题，而这些问题的披露也不会让高级项目领导感到意外。如果客户成功经理与高级项目领导建立了良好的工作关系，那么他们应当发现，后者在解决问题方面会提供支持和合作。记住，在任何时候都要保持谈话的专业性，不要表露自己的感受和情绪。讨论应当完全聚焦于问题是什么、为什么它对客户组织很重要，以及应当对此做些什么，而不是对问题的感受。

这些问题的解决通常采用下列一种或多种方式，如表7.5所示。

表 7.5 解决利益相关者的问题

方 式	描 述
向上的压力	这是通过（巧妙地）向难缠的利益相关者展示合作对他们自己或他们的团队/部门/流程的价值，以及不合作对他们自己或他们的团队/部门/流程的负面影响来实现的
同行的压力	这需要从整个类似级别的利益相关者群体中寻求支持，以帮助改变难缠的利益相关者的想法。这可以通过毫无威胁的方式实现，例如，在会议中提出适当的讨论，并获得所有与会者的承诺，遵守群体达成的共识
向下的压力	这需要更高级别的管理人员代表客户成功经理和高级项目领导请求难缠的利益相关者进行合作。如果使用这种形式，必须小心，因为它可能比其他形式有更深或更广泛的影响。仅在必要时使用，并且谨慎使用
绕过	如果通过任何合理的方法都无法与难缠的利益相关者达成合作，那么就绕过他们。这可以通过在其他地方获得必要的信息和/或权威来实现，或者通过换一种不同的方式为采用制订计划，以消除或减少难缠的利益相关者参与的重要性

无论采取什么措施来应对难缠的利益相关者，客户成功经理都应当始终保持最高的专业水平，并给予这位利益相关者（实际上是所有的利益相关者）尊重。除了道德问题，以这种方式对待所有人，将帮助客户成功经理与客户和同事发展最好的、专业的关系，而且，随着时间的推移，完全有可能赢得难缠的利益相关者的支持，这样一来，他们最终甚至可能成为客户成功经理最强大的盟友。

客户成功管理实践框架第4阶段：采用计划第二部分（实施）

第 8 章

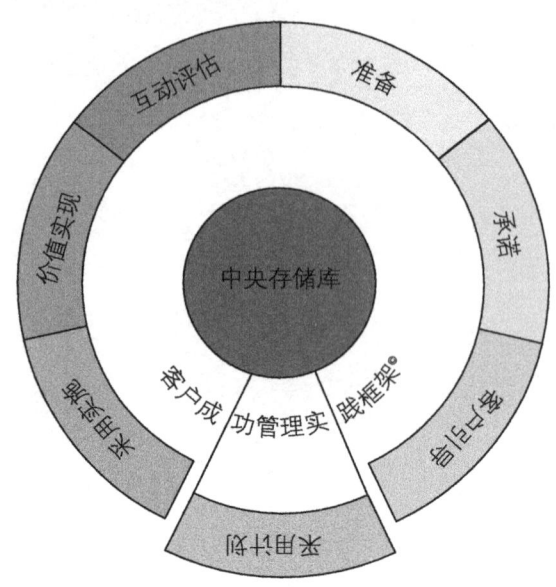

客户成功管理实践框架第 4 阶段：采用计划（续）

第 1 步：确定采用需求

了解客户的采用需求

从实际的角度来看，采用的起点是在客户的关键利益相关者群体中就采用结果及其他与采用相关的需求等方面达成共识。换句话说，就客户需要通过实施采用计划实现什么，以及他们打算如何制订、实施和衡量采用计划达成一致。对于客户成功经理而言，这通常是指简单地询问高级项目领导并记录他们所说的话。然而，在更复杂的情况下，这可能需要更加谨慎地处理，尤其是当多个关键利益相关者在决策过程中可能持截然不同甚至完全相反的观点和/或在客户组织中缺乏管理当前购买计划所需的各种变化的经验时。需要决策和记录的内容包括：

1. 关键目标（对结果的要求）。
2. 谁将参与研究和计划的过程。
3. 哪些用户受到购买计划的影响，因此需要包含谁的采用需求。

4. 谁将参与资助和实施采用计划。

5. 怎样衡量这个过程。

6. 谁将采取措施来衡量并提供过程报告。

7. 谁将最后签字确认"干得好",并确认投资是值得的。

读者可能还记得第4章中包含的在客户成功管理实践框架第1阶段进行基础研究的信息。开展这一活动的客户成功经理可以参考"客户研究清单"这份文档(存储在中央存储库),以便刷新自己的记忆,了解多少信息是已知的、已记录的,又有多少信息是未知的、需要确定的。本书网站的下载区中提供了一个名为"采用需求调查问卷"(Adoption Requirements Questionnaire)的Excel工作簿,客户成功经理可以使用该工作簿第一个工作表记录所有这些信息。

将研讨会作为确定采用需求的论坛

读者可以回想第7章中与研究方法有关的信息。第7章中有一些关于研讨会的讨论。当多个持不同意见的利益相关者需要聚在一起讨论、争论、协商,并在必要时做出妥协,以最终促成对某件事的前进方向达成一致时,研讨会是一个理想的论坛。这非常适合来自不同部门的客户利益相关者需要解决问题并就细节达成一致的情况。

客户成功经理的作用是向高级项目领导提供建议和协助,帮助他们决定是否需要举办研讨会。如果需要,他们还必须讨论并一致决定谁才是主持研讨会的合适人选,而且客户成功经理应当告知高级项目领导,引导研讨会是包含在客户成功团队免费提供的服务之中,还是作为单独计费的专业服务。上述问题的答案没有正确或错误之分,因为这确实取决于客户、客户成功经理的公司以及他们之间关系的具体情况。如果客户成功经理决定自己承担引导采用需求研讨会的角色,应当考虑与高级项目领导密切联系,并可能由双方共同主持研讨会。其他的选择可能包括来自客户组织、客户成功经理的公司或第三方专业组织的业务架构师和管理顾问来主持研讨会。

确定采用需求的其他方法

如果研讨会不是确定客户采用需求的正确途径，但缺少有关这些需求的信息并需要研究和／或确定，该怎么办？在这种情况下，客户成功经理可以结合使用其他的研究方法，包括与关键利益相关者举行一对一会议或小组会议，以及使用焦点小组、调查和观察等方法进行后续研究，以发现特定用户群体的需求和／或意见。尽管可能有理由让客户成功经理扮演研讨会引导者的角色，但他们承担这项任务可能会比较困难，因为他们的时间相当紧张，而且还要访问客户组织内的各种用户群体，而客户自行访问可能比较容易。

无论以何种方式完成工作，客户成功经理都必须确保高级项目领导收集并验证信息的准确性和完整性。然后，客户成功经理应确保记录这些信息，要么通过填写"采用需求调查问卷"记录，要么根据需要使用其他方法。

第 2 步：识别流程变化

流程与能力

研究哪些用户将受到变革的影响，以及他们将以何种方式受到影响，出发点是确定将受到购买计划影响的每种能力中的流程变化。第一步的产出是受影响的能力列表，并且解释每项受影响的能力将导致什么样的流程革新及每个流程中涉及什么人。

正如我们在前几章中看到的，流程是在开展活动时遵循的一系列步骤。这些步骤是预先定义的，并且在每次活动发生时重复执行。因此，流程包含在每项业务能力中。我们将业务能力定义为客户组织执行特定任务以获得产出的能力。

请注意，客户组织可能将"流程"称为"工作流程"。从技术上讲，流程和工作流程之间有小小的区别，但从实际意图与目的来看，这两个术语可以互换，因此两个术语都可以使用。所以，我建议使用客户最熟悉和最适合的术语。

利用之前的客户研究

这项任务很可能已经在售前过程中由客户组织（无论是否在客户成功经理自己的公司或其他第三方的帮助下）完成了。不过，也有可能该任务是以概要而非详细的方式执行的（因为当时只需要这么做就行），或者根本没有执行。如果进行了研究，客户成功经理应当对研究结果进行细致审查，确定其完成程度和准确性。

研究受影响的能力与流程的实用步骤

无论如何，客户成功经理需要确保进行必要的研究，以了解和记录哪些业务能力将受到该购买计划的影响。根据具体情况的不同，可以同时研究每项受影响的业务能力的流程变化，亦可作为后续活动进行研究。将这两项任务结合起来通常会更容易，因为很可能是相同的利益相关者拥有两组信息，并且一次性访问而不是分成两次来访问才更合理。

就采取的实际步骤而言，客户成功经理应与高级项目领导讨论任务，并从审查以前活动的现有文档开始。接下来双方可以讨论缺失的细节，并就需要进行哪些研究及由谁进行研究达成一致。正如第7章讨论的那样，实际上，开展这项研究可能不是客户成功经理的事情，因为这些信息是客户组织内部的，并且由流程负责人、团队领导者等掌握。客户成功经理的作用是帮助正确和彻底地执行该任务，并确保以适当的格式记录获得的信息。如有必要，客户成功经理可以就部署适当的研究方法和客户组织中需要接触的利益相关者类型向高级项目领导提出建议（关于这些信息，请参阅第7章）。

记录受影响的能力与流程

这些活动产生的信息很可能以访问或复制已存在于客户组织中不同位置的文档的形式出现。因此，或许需要将信息重新格式化为一个全面的文档，其中仅包含客户成功经理和高级项目领导执行采用计划所需的信息。用于此目的模板在"采用需求调查问卷"的第二个工作表中提供。它列出了将受到影响的不同流程，以及与它们相关的人员的绩效，并且记录每个流程的预期变化。

第3步：创建受影响群体

确定哪些人将受到影响

一旦记录了所有受影响能力中的流程变化，客户成功经理和高级项目领导现在就可以检查这些信息，以确定客户组织中的什么人将受到影响，以及以何种方式受到影响。在不太复杂的计划中，从第1步创建的"采用需求调查问卷"的第二个工作表中包含的与流程变化相关的信息来看，这项任务可能非常明显，甚至不言自明。然而，对于更复杂的情况，即许多业务能力中的很多流程被认定为将受到影响，而且许多不同类型的用户被认定参与了这些流程，此时确定哪些人将受到影响可能更加困难。

了解受影响群体

受影响群体是一群受到活动相同影响的用户。客户成功经理一定要做的是将受影响的用户分组到相关的受影响群体中，并记录每个群体所受的影响。将用户分组到受影响群体，是为了简化为这些用户规划变革管理需求的过程。如上所述，受影响群体应包含所有因开展的活动而受到相同影响的用户。举例来说，一个客户组织或许有500名呼叫中心工作员工,他们都将以相同的方式受到呼叫中心采用的新软件的影响。与其担心每个呼叫中心工作人员的管理变革的需求,不如将所有500名员工视为一个单独的受影响群体,给他们起一个有意义的名字,如"呼叫中心工作人员"。

在更复杂的情况下确定受影响群体的身份

在更复杂的情况下,受影响群体身份的确定会变得更加棘手。仍以上面所举例子进行说明,客户组织正在更新呼叫中心的软件,并拥有一支包含500名呼叫中心员工的队伍。这些员工可能分布在两个呼叫中心实体中——一个在纽约,另一个在圣地亚哥。还可以对每个呼叫中心的250名员工进一步细分,分成220名接听客户电话查询的客户支持人员、22名客户支持团队领导者(他们也回应客户的电话查询,但还要管理由10名客户支持人员组成的团队),以及8名呼叫中心经理(他们负责管理呼叫中心的所有员工)。如此带来的问题是:这些不同的职业角色是否都以同样的方式受到变革的影响?如果答案是"是",那么可以创建一个包含所有500名员工的受影响群体。

创建受影响群体,以涵盖不同的职业角色

然而,答案很可能是"否",在这种情况下,可能需要创建更多的受影响群体,再根据用户的不同角色来定义所有用户的不同需求。一种方法可能是创建一个名为"呼叫中心客户支持人员"的受影响群体、一个名为"呼叫中心团队领导者"的受影响群体和一个名为"呼叫中心经理"的受影响群体。这些员工现在被划分到不同的相关群体。请注意,"呼叫中心团队领导者"既是10名客户支持人员的团队领导者,其自身也是客户支持人员。由于这些员工将在两个角色中受到流程变革的影响,因此团队领导者应当既属于"呼叫中心客户支持人员"的受影响群体,也属于"呼叫中心团队领导者"的受影响群体。

创建受影响群体，以弥补不同的KSA差距

读者将回想起在第7章讨论过的关于KSA的信息，KSA指的是知识、技能和态度。对于每个受影响群体，客户成功经理一定要准确记录KSA"差距"。这些差距将在接下来的采用计划中得到解决，因此代表了将要真正给予受影响用户的实际帮助，以帮助他们充分履行职责。

KSA差距可以被定义为群体中每个受影响的用户所缺少（也就是尚不具备）的知识、技能和态度，但在计划的变革发生后，他们需要这些知识、技能和态度来履行其职责。因此，为了计算KSA差距，客户成功经理（以及与他们一同执行此任务的那些人）必须了解需要哪些KSA及已经存在哪些KSA。不同员工的KSA差距可能各不相同，即使处于相同的职位，KSA差距也可能不同。如果是这样，那么这些员工很可能被进一步划分为独立的受影响群体，而不是完全按照角色来划分。

回到上面的示例，也许现实中每个呼叫中心的情况各不相同。或许纽约呼叫中心最近被客户组织收购了，呼叫中心目前使用的软件与购买计划中将要实施的新软件完全不同。相反，圣地亚哥呼叫中心可能已在使用同一软件的以前版本。所以，对于纽约呼叫中心的员工来说，他们将经历的变革会比圣地亚哥呼叫中心员工经历的变革更大，因为需要对纽约呼叫中心的员工进行新软件的基础培训，使之进一步熟悉，而对于圣地亚哥呼叫中心的员工，或许只是一个升级培训的问题，以确定之前的软件版本和最新版本之间的变化。请注意，每个呼叫中心的员工所扮演的职业角色是相同的，不同之处在于其拥有的知识。圣地亚哥呼叫中心的员工已经大致熟悉了这个软件，但对于纽约呼叫中心的员工来讲，软件是全新的。因此，可能需要创建两个完整的受影响群体——其中一个受影响群体的名字开头加上"纽约"字样，另一个在受影响群体的名字开头加上"圣地亚哥"字样。

这样就万事俱备了吗？也许是，也许不是。那新员工呢？毫无疑

问,这家客户组织会不时地招聘新员工到呼叫中心工作。这些新员工可能是其他呼叫中心的员工,也可能是刚刚毕业的学生或其他没有任何呼叫中心工作经验的人。在任何一种情况下,都可能需要创建更多的受影响群体,以定义这些群体不同的KSA需求。

更多关于受影响群体的考虑

回到上面的示例,另一个可能引起注意的问题是适用性。期望纽约呼叫中心所有的客户支持人员和客户支持团队领导者在同一时间接受培训是不合理的,因为这就意味着没有人留在呼叫中心接听客户的电话了。纽约呼叫中心有22个团队(每个团队由10名员工和1名团队领导者组成),也许可以这样来安排培训:一次对一个或两个团队开展培训,这样的话,总是留下20或21个团队在接听客户的电话。客户成功经理可以为每个团队单独创建受影响群体,但在实践中,这会使项目管理变得更加复杂,而且完全没有必要,因为这是关于培训需求的考虑,而不是实际需求中的任何差异。因此,我的建议不是为每个团队单独创建受影响群体,而是要注意受影响群体的相关信息等需求,以便在决定如何进行培训时能够考虑到这些实际情况。

正确确定受影响群体的重要性

上述假想的情况是客户成功经理在确定受影响群体并将受影响用户放入这些群体时可能面临的复杂性的一个例子。它希望说明的是,客户成功经理要非常仔细地考虑需要创建哪些受影响群体,以及需要将哪些受影响用户归入每个群体之中。做好这项工作是非常重要的,因为所有关于变革管理服务(沟通、培训、认证、指导、支持等)的构想都将基于这些群体的变革管理需求。

如何定义准确的和有益的受影响群体

总之,为了定义准确而有益的受影响群体,客户成功经理应遵循以下步骤（或者确保客户已经这样做了）：

1. 全面研究所有受影响的流程，并记录每个受影响的流程将如何变化。

2. 查看每个受影响的流程涉及的用户，这些用户就是受影响的用户。

3. 创建受影响群体，其中，每个受影响群体代表一个需要在变革管理流程中处理的已定义的变化。

4. 根据用户在流程中的角色，将受影响的用户归入相应的受影响群体之中。

5. 如有必要，将这些受影响群体进行细分，以表示不同的KSA差距（例如，熟悉某个软件的员工与不熟悉某个软件的员工之间的差距），并将相关用户放入每个受影响群体中。

6. 不要再细分没有任何知识、技能和态度差距的受影响群体。相反，请将任何其他考虑事项（如适用性）作为关于受影响群体的信息加以收集。

记录受影响群体

在客户成功经理参与之前，客户可能已经完成了上面关于识别受影响用户并根据变革管理需求对其进行分组的部分甚至全部工作。如果是这种情况，那么现有的信息文档已经可以令人满意地被用作绘制采用路线图的基础。然而，另一种可能的情况是，虽然高级项目领导和/或客户组织中的其他关键利益相关者拥有（或者能够访问）这些信息，但这些信息并不都分布在一个地方，也不都是一种格式，它们是不完整的，而且没有集中存储和管理。如果是这种情况，那么创建专门为采用计划而设计的新文档是有意义的，客户成功经理、高级项目领导和其他需要查看或编辑的人可以访问这些文档。用于此目的的模板在"采用需求调查问卷"工作簿中的第三个工作表中提供。它列出了将受到影响的不同群体、每个受影响群体的用户成员关系、每个群体的KSA差距，以及在采用计划的步骤中需要考虑的任何附加信息的标记。

第4步：记录实际考虑因素

实际考虑因素的类型

在采用计划阶段，有许多与采用计划有关的不同考虑因素需要预先处理（见表8.1）。

表8.1 与采用计划有关的不同考虑因素

考虑因素	描述
实施阶段	解决方案是一起推出还是分一系列阶段推出？如果是前者，什么时候完成？如果是后者，每个阶段将在何时发生？每个阶段将发生什么？这将如何影响采用计划
用户的时间安排	用户什么时候有空，特别是当他们需要接受长时间的培训时？受影响群体中的所有用户是一起参加培训，还是分成多个组参加培训，抑或是单独参加培训，以保持工作不中断
外部的依存关系	是否有任何活动不在购买计划范围内，但需要在开始采用之前必须完成（例如，一群新员工在接受采用计划中所包含的特定任务导向的培训之前，是否需要先接受一般的入职培训）
内部的依存关系	是否有任何活动不在购买计划范围内，但需要在开始采用之前必须完成（例如，是否有一些定制的或集成的工作必须在采用开始之前完成）
资金问题	是否有足够的资金来完成采用计划？这些资金将从何而来？如果资金紧张，是否应当将采用路线图划分为一系列阶段，在这些阶段中，基本培训立即完成，而其他培训则留待后续阶段完成，以缓解培训的资金压力
最后期限和时间限制	是否存在任何严格的最后期限或时间限制，要求全面的或某些方面的采用必须完成？例如，新的立法或新产品的推出，可能都有必须满足的特定时间期限
里程碑和关键绩效指标	在整个采用计划完成的过程中，客户对里程碑的要求是什么？如何衡量这些里程碑
内部和外部标准	采用计划的全部或部分是否必须确保符合内部和外部标准，如最佳实践指南和政府或行业法规

客户成功经理可以在与高级项目领导一对一的谈话中提出这些考虑因素，或者可能希望与之达成一致，包括就这些考虑因素中的一个或多个进行多次对话，这些对话将与其他关键利益相关者围绕对结果的要求和

受影响用户的需求而举行的对话一起进行。然而，在收集了信息之后，客户成功经理应当确保为采用计划的步骤做好充分的文档化准备。为达到此目的，我已经在"采用需求调查问卷"文档中创建了一个单独的选项卡。

第 5 步：确定沟通、培训和支持需求

采用活动的类型

采用计划中可以指定包含许多类型的活动。考虑每个受影响群体所需的活动类型的最简单方法是将这些活动分为三类：沟通活动、培训活动和支持活动。

沟通活动

传播信息的沟通

传播信息的沟通通常是发生的第一种类型的活动，主要用于在早期告知每个人即将到来的变革，以便帮助他们提前为变革做准备。在整个采用过程中，人们常常通过沟通来了解当前正在发生的事情（以及接下来会发生什么）、谁将受到影响、为何会发生、何时发生、将在哪里发生及如何发生。因此，这种类型的沟通的主要作用是传播信息。此类型的沟通可能包括通报即将到来的培训活动的日程安排，解释流程将如何变革，提供人们需要的用于提问或获得帮助的联系人信息，等等；还可能包括沟通需求之外的信息——例如，客户成功经理和高级项目领导可能需要发送调查问卷，了解更多关于某些受影响用户的培训和／或支持需求（读者可参阅第7章中关于各种研究方法的讨论）。

可以使用各种形式的沟通——电子邮件、短信息、内网帖子、信件、海报、传单、电话、面对面交谈和虚拟会议等，以在适当的情况下与需要接收信息的人分享必要的信息，并（在相关的情况下）给员工提出问题和提供反馈的机会。

解决态度问题的沟通

除了传播必要信息的实际作用，也可以运用沟通来影响KSA中的"A"——换句话说，当你发现了一个或多个受影响群体的潜在态度问题时，沟通很可能是解决这些问题的主要方式。"有问题的"态度可能包括害怕面对问题、对指派的额外任务感到愤怒、对工作安全的担忧，以及对在变革过程中得不到足够支持的忧虑。

虽然并非所有的恐惧都能完全消除，也并非所有的利益相关者都能成为迫不及待地等待变革发生的"狂热粉丝"，但客户成功经理和高级项目领导需要确保的是，受影响的用户至少可以接受变革。在实际意义上，这意味着受影响的用户接受将要发生的变革，并且他们需要在经历变革（如参加任何必要的培训）和执行新任务（如遵循新的流程，而不是回头走老路）的过程中发挥自己的作用。如果不了解受影响用户接受的最低要求，那么成功进行变革将非常困难。因此，有效的沟通是任何采用计划的重要组成部分，不仅用于传播信息，而且用于解决态度问题。

为解决态度问题而进行的沟通活动需要精心设计，以便解决已在受影响群体中确定的问题。让员工参与进来的一个好方法是请最高层或其他高级领导者帮忙。来自CEO、COO或其他高层权威人士的信息确实有助于获得员工的认可。这些事情不必成为高级领导者身上繁重的负担，举例来说，在"全体员工会议"期间，这些事情可以作为一个问题来提出，也可以是发给所有员工的录音信息，甚至可以是由高级领导者签名的短信或电子邮件，或者以上几种方式的组合。

客户成功经理在沟通中的角色

客户成功经理一般不应直接参与向受影响群体传递信息。相反，他们的角色是咨询师和顾问，帮助高级项目领导和其他主要的利益相关者制定强有力的传播策略，使信息能够适当传播，并在必要时解决态度问题。

培训活动

针对知识与技能的培训

培训的目的是弥补KSA的"K"(知识)和"S"(技能)差距(关于KSA的更多信息以及知识与技能之间的差距,可在第7章中找到)。一些客户可能使用特定的术语来定义知识培训和技能培训之间的差异。例如,客户也许只使用术语"培训"来指代学习新技能,用另一个术语(如"教育")来指代学习新知识。无论客户使用哪个术语,客户成功经理都能以同样的方式提及知识和技能培训,以避免误解,并确保客户的利益相关者对任何与学习相关的对话感到舒适。

满足对知识与技能的不同需求

不同的受影响群体对知识与技能有不同的需求,因此每场培训活动都应仔细安排,以满足其中一种或两种特定需求的组合。

通过提供概念和示例,并在此基础上进行练习,通常是传授知识的最好方式。概念向学员解释知识,而示例证明知识。概念有时很难单独理解,特别是当学员没有任何现实世界的经验时,他们无法将这些概念联系起来。练习本身通常无法让人理解知识,但往往可以让概念变得更易于理解,因为练习通过提供与学员相关的现实世界的例子,使概念更容易理解。练习用于在安全的环境中尝试使用新学到的知识,例如,通过虚构的案例研究或回答一系列的问题。

一般来讲,如果不重复做某件事情,就无法学习技能,通常情况下,技能是通过重复开展活动来学习和提高的,在此过程中,用户将获得如何提高其绩效的反馈和建议。技能培训通常是把复杂活动分解成多项任务,然后一次教授一项任务。接下来,当学员准备就绪时,可以逐渐地重组任务,直到最后学员可以同时执行所有任务。例如,在教游泳时,教练通常会给学员一个浮标,让他们握在手里,这样学员就可以集中精力学习如何蹬腿。接下来,教练会要求学员用两脚夹住浮标以保持

第8章 客户成功管理实践框架第4阶段：采用计划第二部分（实施）

双腿静止，同时学习用手臂做正确的动作。最后教练会拿走浮标，使学员能在没有任何辅助物的情况下用双臂和双腿游泳。

基于任务的培训和基于功能的培训

学员不能满足于学习履行自己职责时需要使用的各种不同工具的不同特性与功能，对于培训而言，最好参照新流程每个步骤中需要执行的具体任务，这些任务是要求受训的学员执行的。

这有时可以减少仅涵盖流程中任务所需的特定特性和功能所需的培训量，还可以使培训更容易理解、学习及之后在工作中重复，因为培训被融入了工作场景，并直接与流程的实际步骤联系起来。这种方法在以下情况下非常有效：流程被很好地定义，并且每次执行时都很少更改或不做任何更改。

另外，用户将在怎样执行任务方面拥有更多的自主权，并且可能需要知道如何选择要执行的任务，然后以不同的顺序和方式执行这些任务，或许有必要就所有相关的特性与功能提供更广泛和更深入的培训。这些特性与功能可以作为工具箱使用，用户可在每次必须执行任务时从中选择。后一种类型的培训在范围上更广，因此往往更昂贵和耗时，因为它可能涵盖关于每个相关特性和功能的更深刻的知识，而不仅仅是特定流程中使用的那些特性和功能。

并不存在基于任务的培训或基于功能的培训哪种"更好"的问题，指出每种培训的优点和缺点，然后帮助高级项目领导选择满足受影响群体需求的培训，以确保他们能够履行自己的新职责，纯粹是客户成功经理的事情。

确定培训需求和培训效能

如何确切知道个人或受影响群体需要什么样的培训？此外，一旦提供了培训，如何知道培训是否有效？这是两个非常合理的问题，客户成功经理应确保在客户的采用计划中回答了这两个问题。

确定在计划阶段和／或培训交付阶段的培训需求

在实施采用计划流程之前，可以预先评估培训的需求，以便事先确定每个受影响群体甚至每个受影响群体内部的每名员工的具体培训需求。这可以通过访问或调查每名员工或者相关的经理（包括必要的团队领导者和流程负责人），并将此信息记录为在采用计划期间考虑的附加信息来实现。如果可能的话，这也许是做好这件事情的最佳方式，因为它往往使采用计划更具体地指向满足每位受影响用户已知的培训需求。这能使采用计划在结果上更有成效，在关键资源——当然包括时间和金钱——的利用上也更高效。

预先进行培训需求评估的一个潜在问题是，这是一项在进行培训之前需要执行的另一项任务。这意味着采用实施可能被推迟——也许是不必要的推迟——并且成本可能会增加。预先进行培训需求评估或许是非常困难和／或昂贵的。将培训需求评估作为在采用实施期间而不是在采用之前进行的活动而植入采用计划之中，可能要容易得多。这可以以同样的方式完成（例如，通过对员工和／或相关经理的访谈与调查），或者甚至可以作为一种即时活动来完成，用户和／或他们的经理在培训交付的时间或之前就确定自身的培训需求。这对于自助式培训尤其有效，在这种培训中，用户可以从菜单中选择自己的个性化培训计划。这种培训的缺点是，它有赖于用户和他们的经理了解他们自身的培训需求并诚实以待，但现实中或许并非总是如此，特别是当用户和／或他们的经理还没有意识到正在引入的新工具和流程时。

非正式培训和正式培训

正式培训是由组织确定并组织的培训，然后用户被告知参加什么培训及何时参加。非正式培训是指用户可以根据自己对个人需求的理解或偏爱的学习风格进行选择的培训。

正式培训有益于确保特定受影响群体中的所有用户履行他们特定的

培训义务——例如，也许是为了让这些用户获得外部颁发的能力证书，或者只是为了确保团队中所有成员的学习步调一致。从个人用户的角度来看，正式培训的缺点是效率低下或令人沮丧，因为他们被迫接受一个也许不适合他们个人需求或偏爱的培训风格的培训计划。

即使在同一个受影响群体中，用户的需求也可能因个人而异，因为一个用户可能比另一个用户知道更多或更少（例如，可能是由于他们以前在其他角色中积累的经验）。用户的偏好也可能有所不同，有些人可能对讲师的面对面培训反应更好，而其他人可能更喜欢通过书本或多媒体内容进行自学，等等。因此，当客户组织希望为用户提供多种培训选项以供选择时，非正式培训可能是一个很好的选择。在鼓励员工个人创建个性化培训路径以满足其自身需求和/或偏好的情况下，非正式培训非常重要。

利用现有的培训资产和资源

对客户来说，客户成功经理的价值的一个重要方面是，他们了解与自己所在公司的产品和服务相关的培训资产与资源。这当然包括他们自己公司提供的任何培训课程或内容，以及由第三方培训组织和其他公司开发、管理和交付的其他培训课程或内容。

客户成功经理要准备好有关当前可用内容的相关信息，其中应包括培训内容的来源、费用、可用性（包括地点和语言），以及和其他培训相比的优劣势。客户成功经理一定不能让客户以为他们是自己公司的培训产品的销售人员或推广人员，而应当确保自己在这个问题上做了很好的研究，然后提供开放的、诚实的和切合实际的建议，包括什么是可用的，以及什么可能最适合这位客户的具体需求。

开发定制的培训内容

如果满足一位或多位特定用户培训需求的"正确的"培训内容并不存在，那么你可能需要开发培训内容。这也许在时间和金钱方面进一步增加了成本，当然，如果培训是必需的，但目前还没有，那么除了开发它就没有别的选择了，而且需要分配适当的时间和资金来做。

一般来讲，可以通过改编一些现有的培训内容来进行开发。此举将大大降低成本，因为只需改编一定比例的内容，而不是全部。假设现有的通用课程是可用的，那么只需将一小部分通用课程进行改编。例如，这些改编可能涉及对标准产品和服务的任何定制，或者可能解释了在客户自己的流程中使用的一个或多个工具。

一般的规则是，客户成功经理自己的公司提供的代表客户定制的任何培训内容，都不会免费包含在一般的培训内容之中，即使后者通常是免费提供的，因为创建定制版本会增加开发时间。

分阶段和/或分步骤地交付培训

对任何一个受影响群体的培训并不一定必须在同一时间或在采用计划的同一阶段进行。在对另一个用户群体进行同样的操作之前，让一个用户群体一次性完成他们需要的全部培训，可能是更有效的举措。对于地域上分布广泛的用户来说尤其如此，在这种情况下，培训师或用户都需要出差才能进行培训。

随着时间的推移，在多个回合或多个阶段中开展培训可能是更高效和/或更有效的，先培训某些方面的内容，再培训另一些方面的内容。培训可以根据难度分阶段进行（例如，刚开始培训基础课程，到了后期再培训高级课程），也可以根据功能分阶段进行（例如，前面的课程涉及基本功能，后面的课程涉及其他非基本的但仍然有用的功能）。

一次性或分阶段提供培训的决定通常取决于是否有培训材料和培训师、用户是否参加培训，以及用户培训需求的紧急程度。

培训后的评估与认证

培训完成后，需要衡量其有效性并评估已接受培训的用户实施新的或革新的流程的准备情况。用户可能还需要进行内部（对客户）或外部测试或考试，以获得完成最低知识和/或技能标准的证书。这方面的明显例子是操作或运营岗位，如操作危险机械的岗位（如叉车司机）、管理关键企业资源的岗位（如信息技术安全主管）或者为客户提供专业服务建议的岗位（如会计师事务所中为客户提供会计服务的会计师）。在这些情况下，培训和通过必要的考试以获得证书，需要十分谨慎地加以管理，记录也需妥善保存。

即使没有正式的内部或外部认证，非正式地评估培训的效果可能仍然很重要，这样做的目的是确保用户准备好履行他们的新职责和／或衡量培训计划的有效性，向项目出资人显示投资回报率。非正式评估可采用多种不同的方式进行，包括但不一定限于以下几种方式。

用户评估：通过培训后的评估调查，让用户自己确定培训是否满足了他们的需求。这通常是评估培训的最简单和成本最低的方法。

培训师评估：如果培训是由培训师提供的，那么可以请培训师评估用户履行其岗位职责的准备情况。不过，这需要培训师了解用户的角色，并且花时间对每个接受培训的用户进行评估。

测试：这可以通过实际的（如基于技能的）或理论的（如基于知识的）测试来完成，这些测试也许和正式的或外部的认证标准相比没那么正式和／或严格。

管理者评估：可以要求管理者（包括团队领导者或流程负责人）评估用户接受培训后的能力情况，并确定用户现在是否能够有效地执行任务。

第9章将进一步探讨为确定采用计划的投资回报率而对培训效果进行的衡量。

客户成功经理在培训中的角色

在某些情况下，客户成功经理可能就解决方案的某些方面提供一些非正式的培训。这往往发生在一对一的指导或小组培训中，这种培训可能只涵盖某些特性和功能，并且通常交付给高级项目领导和／或其他关键利益相关者，而不是受影响的用户。在几乎所有的情况下，即使客户成功经理拥有进行培训的知识和技能,也不建议他们这样做。这是为了确保他们在客户利益相关者的眼中自始至终是一个专注于业务成果的客户成功顾问的角色,以便与关键业务利益相关者发展并保持强大的信任关系。

客户成功经理在培训方面的角色是作为高级项目领导和其他关键客户利益相关者的专家顾问,帮助他们了解客户和客户成功经理在分析与计划过程中发现的每种培训需求的不同培训选择,当好客户与外部资源所有者(如客户成功经理自己公司的培训部门和与自己公司有关系的第三方培训公司)之间的联络人。做好这项工作,可为高级项目领导增加巨大价值,也是发展和强化客户成功经理与高级项目领导关系的好方法。事实上,这是客户成功经理能够证明其对购买计划的特定价值的关键方法之一。

支持活动

变革后的支持

第三种也是最后一种类型的活动应包含在采用计划中,即变革后用户的支持。一旦发生了变革(换句话讲,一旦实现了革新,并且交付了任何必要的培训,用户现在已经停止执行旧流程,并开始执行新流程),用户仍可能遇到各种各样的困难需要解决(见表8.2)。

表8.2 常见的用户困难

困难	描述
与流程相关的问题	可能发现某个特定流程或特定流程步骤效率低下或没有按要求实施,因此需要进行革新
与工具相关的问题	可能发现某个特定的工具或工具的特定特性或功能是低效的,或者不能按需发挥作用,因此需要重新配置或调整
缺少知识	用户可能发现,培训并没有为他们提供履行新岗位职责所需的全部知识
缺少技能	用户可能发现,培训并没有为他们提供履行新岗位职责所需的全部技能
用户错误	用户可能忘记所学的内容,或者在履行新岗位职责时犯错。这是意料之中的事情,特别是在培训完成后的早期阶段,因为用户通常需要一段时间来熟悉这些变革

续表

困 难	描 述
额外的用户需求	用户可能发现提供给他们的新工具还具备其他方面的用途，并可能对工具的特性和功能产生了进一步的疑问
情感支持	有些用户可能需要某种程度的情感支持，以帮助他们应对变革的压力
技术问题	任何工具或系统都可能发生故障、损坏或以某种方式出问题，需要相关的专家（如机械师或信息技术工程师）来识别和解决问题

支持服务的类型

也许最明显的支持服务是正式的电话支持热线或基于互联网的支持工具，用户可以登录请求支持，联系支持专业人员，后者将回答他们的问题，并帮助解决问题。

其他支持服务可能包括自助服务工具，如自助服务系统或预先创建的FAQ（常见问题）答案。支持工具还可能包括访问实时培训VID（视频点播），向用户展示如何执行特定的任务或用户特定的系统功能。

支持服务中还包括培训和辅导服务等人力资源支持。指导意味着经验较丰富的用户挤出时间来帮助经验不足的用户，前者可以与后者分享他们的专业知识，并在此过程中传递知识与技能。培训是指由培训师或教练向用户提供在职培训。对于合适的用户来说，指导和培训都是非常有效的。当有足够数量的更有经验的用户向更加初级的或经验不太丰富的用户提供指导服务时，指导会十分有效。当某一主题需要专业的培训师或教练具备特定的教练和培训技能时，或者当指导并不切合实际时，培训就会很有效。

支持服务包

可以通过多种方式为用户提供支持，以满足不同用户群体的特定需求。最佳实践通常要求确定、开发和落实一个合适的支持服务包，以满足每个受影响群体的支持需求。其中一些支持服务可能是短期的，但在成本和时间投入方面比较密集，而其他支持服务可能是较长期的。例如，在培训后的第一个月进行指导或培训，然后持续使用电话支持热线、自助服务系统和FAQ工具。

客户成功经理在支持活动中的角色

与前面讨论的沟通活动和培训活动一样，客户成功经理在支持活动中的作用是帮助高级项目领导和其他关键客户利益相关者确定每个受影响群体的支持需求，然后设计一个支持服务包来满足这些需求。客户成功经理应当熟悉不同类型支持活动的优缺点，以便能向客户提供高质量的建议。当然，他们还应了解自己公司提供的附加支持服务和其他第三方组织提供的支持服务，以及各支持服务之间的主要区别。

采用活动清单

由于在确定合适的采用活动以满足每个受影响群体的需求时需要考虑很多事情，因此我提供了一个名为"采用活动清单"（Adoption Activities Checklist）的工具。这份清单以一种简单有序的方式记录每个受影响群体的沟通、培训和支持需求，以减少错误或遗漏，提高效率。

第6步：定义和精准识别采用障碍与采用风险

定义采用障碍

采用障碍是需要首先处理的挑战或问题，以便令人满意地采用。采用障碍可能包括但绝不限于：

- 政治问题，如缺乏来自一个或多个业务领域的支持（尤其是如果缺乏来自高级管理层的支持，这点很重要）。
- 缺乏工作人员参与和支持采用计划。
- 财务问题，如资金不足或在公司的哪些部门应为预算做出贡献等方面无法达成一致，或者现金流出现问题。
- 对采用结果需求缺乏确定性。

- 对一个或多个流程的变革缺乏清晰的认识。
- 对一个或多个受影响群体所受的影响缺乏清晰的认识。
- 缺乏继续实施采用计划的权力,包括让员工从工作中抽出时间参加培训或开展其他与采用计划有关的活动。
- 缺乏采用实施所需的资产和资源,包括培训材料、支持服务等。
- 缺乏开展采用活动所需的拥有专业知识的人员,包括主题专家、培训师、支持人员等。
- 与相关区域和／或企业文化相关联的文化问题,这些问题可能给应当采取的采用计划方式施加了限制(例如,管理者可能需要在他们的团队接受培训之前有人向他通报,以确保不至于因为管理者不知道他们团队知道的事情而丢脸)。

精准识别采用障碍

采用障碍的主题应当向高级项目领导和／或客户组织中的其他关键利益相关者提出,并且应当鼓励高级项目领导与客户成功经理和／或在其同事的帮助下编制一份潜在的障碍清单。这份清单应尽可能明确,不过,还应认识到并不是所有的采用障碍都能被识别,可能在制订了采用计划之后,甚至在采用实施期间又发现了其他障碍。采用障碍调查问卷作为单独的工作表包含在"采用需求调查问卷"之中。

定义采用风险

一方面,采用障碍是已知的障碍,因此可以在制订采用计划之前或在实施采用计划之前预先处理。另一方面,采用风险是在某些情况下可能出现的潜在障碍。换句话说,采用障碍是已知的,而采用风险是未知但可能发生的。采用风险可能包括但绝不限于:

- 公司战略的改变导致采用结果需求的变化。
- 客户(如客户的客户)需求的变化,导致采用结果需求的变化。

- 其他项目或计划未能成功完成（例如，对启动新的支持服务的依赖）。
- 解决方案中产品或服务的特性问题（例如，产品特性可能无法按承诺兑现，或者服务特性也许无法按承诺的质量水平运行）。
- 外部条件的变化（如宏观经济衰退、新的立法出台，或者新的竞争性产品投放市场）。
- 高级人员变动，导致公司重组，支持或实施的必要性降低。
- 从实施和/或可能显著影响采用需求的资产和资源的时间和可用性方面来说，合并或收购可能处于优先地位。

精准识别采用风险

采用风险的主题也应当向高级项目领导和/或客户组织中的其他关键利益相关者提出，并且应当鼓励高级项目领导与客户成功经理和/或在其同事的帮助下编制一份潜在的风险清单。和采用障碍清单一样，这份清单应尽可能明确，不过，还应认识到并不是所有的采用风险都能被识别，可能在制订了采用计划之后，甚至在采用实施期间又发现了其他风险。采用风险调查问卷作为单独的工作表也包含在"采用需求调查问卷"之中。

第7步：制定采用计划大纲

采用计划的所有权问题

在这个步骤中，对客户成功经理和其他人研究与整理的所有信息进行分析，并且用于确定客户的采用需求。一般而言，进行这种分析的最佳方式是和高级项目领导和/或其他相关的客户利益相关者紧密合作，制订一个高级别的采用计划。制订的计划应归高级项目领导和客户所有，而非客户成功经理，客户成功经理只负责提供建议和协助。

与客户合作，帮助客户制订采用计划有几个优点。首先，制订的计划可能质量更优，因为它包含了那些真正为客户组织工作、最了解客户组织情况的人们的创意，也包含了客户成功经理（和来自客户成功经理的公司与第三方组织的其他人，他们提供了解决方案的其他部分）的想法，要知道，客户成功经理本身就是这个解决方案的专家，而且是在其他公司采用相同或类似的解决方案之前有过有益经验的人。其次，从政治的角度来看，购买计划的出资人和客户组织中的其他高级决策者更有可能被客户成功经理公司的专家（在客户成功经理和其他人的帮助下）提出的采用建议说服。最后，计划的完整性和适当性应当由高级项目领导和客户负责，而不是由客户成功经理及其公司负责。这与客户成功经理的总体角色和职责相匹配，他们为客户提供建议、帮助和资源访问权，而不是代表客户做出商业决策。

准备分析信息

计划进程可以通过多种方法进行。重要的是找到一种方法，既满足客户的需求，又符合特定的环境，如人员的可用性、信息的格式等。最简单的方法或工作往往是最有效的。我的建议是安排一次由高级项目领导和任何其他将参与计划进程的人参加的适当长度（视复杂程度而定）的面对面的会议。确保可以访问你研究过的所有信息，并尽可能地找到一个舒适且没有人打扰的地方。

试着花一些时间回顾信息，并在会前做一些个人笔记，这样你就能充分了解情况，并做好参加会议的准备。这也使你有机会查看在客户成功管理实践框架的前几个阶段中创建的一些文档，但你可能不希望与客户共享这些文档。这些文档可能包括在客户成功管理实践框架第1阶段创建的"客户互动策略"，在客户成功管理实践框架第2阶段创建的RACI矩阵、利益相关者管理矩阵和利益相关者管理计划。

你可能希望确保你和其他人在会议期间可以访问的信息包括但不限于：

- 公司组织结构图和/或有关客户组织模型的其他参考信息，最好包括关于每个部门负责什么，以及其中员工的职业角色和数量的信息。
- 在客户成功管理实践框架第1阶段创建的并随后在第2～第4阶段中引用和更新的"客户研究清单"。
- 在客户成功管理实践框架第2阶段创建的"客户互动建议书"。
- 在客户成功管理实践框架第3阶段创建的"客户引导工作计划"。
- 在客户成功管理实践框架第4阶段创建的"采用需求调查问卷"。

进行分析并制定采用计划大纲

分析应该相当直接。现在，客户成功经理拥有了完成任务所需的全部（或绝大多数）信息，因此，这项工作就像将所有碎片都放在桌子上，接下来就可以开始拼图游戏了。

我建议的起点是审查客户的采用需求，以确保在分析期间每个人都首先考虑这些采用需求。接下来的问题是创建不同的受影响群体，并且就每个受影响群体的采用需求是什么、如何才能最好地满足采用需求（考虑到资产和资源的限制及任何其他限制或因素）等事项达成一致。这些因素可能包括时间、金钱、可用性、截止日期、依存关系等。你要制定的是采用计划大纲，它只是简单地总结了需要做的事情及它们的顺序，无须在这个早期阶段涉及任何细节。

如果购买计划具有足够的复杂性来保证这么做，那么下面的这些做法可能是个好主意：第一优先考虑将每个受影响群体的采用需求按更高和更低的优先级分组，然后将"采用需求调查问卷"作为核心文档来分别处理每个优先级的受影响群体，并且在必要时使用其中包含的每个工作表，以确保所有需求都得到满足，同时在制订的计划中适当地处理障碍和风险。审查和讨论最高优先级的受影响群体的采用需求，并制定高级别的采用计划大纲来满足这些需求。一旦处理了最高优先级的受影响群体，就转到下一个优先级的受影响群体，以此类推，直到所有受影响群体的采用需求都得到了审查和讨论。

当想法冒出时,抓住它们是一个好主意,这样的话,你就可以在以后合适的时候引用它们来讨论特定的主题,即使它们与你当时并未讨论的内容有关。采用计划大纲可以使用任何格式创建。如果需要,在本书网站可找到"采用计划大纲"(Outline Adoption Plan)模板。

成功变革管理的采用活动

表8.3是应当讨论并在必要时为每个受影响群体定义的最常见的采用活动或组件。

表 8.3　最常见的采用活动或组件

组　件	描　述
最初的沟通	受影响的用户需要提前了解即将发生的变革,以帮助他们在情感上和实践上为变革做好准备。早期沟通应该解释会发生什么,为什么会发生,以及这些用户将如何受到影响。这种早期沟通应尽可能减轻用户对变革的任何不必要的恐惧或担忧,并让用户放心,他们将在变革中得到充分支持
跟进	可能需要为即将受到变革影响的用户提供机会,使他们能够询问有关变革的问题,以及变革对他们自己的角色和活动造成的影响。这些影响可能由团队或部门的直接上级处理,可能由人力资源部门处理,也可能由能够私下回答问题的管理专家处理
为变革做准备	在变革之前,任何需要开展的活动和/或可用的资产与资源都应详细说明。这可能包括围绕当变革管理活动发生时即将到来的重要日期进行的进一步沟通、新的软件系统的测试、创建流程文档、定制培训内容等
正在进行变革	在变革期间,任何需要开展的活动和/或可用的资产与资源都应详细说明。这可能包括关于使用新系统和服务的沟通、关于使用新系统和遵循新流程的培训、使用新系统和服务及访问支持文档、在线访问和其他帮助与支持系统等
变革后的支持	在变革后继续支持用户正在开展的活动。这可能包括指导和/或培训,以及持续提供帮助和支持服务
关键绩效指标和衡量指标	这部分应确定如何衡量和评估变革管理活动及由此产生的KSA变化,以确保有效性

发现进一步的信息需求

当分析受影响群体的需求时,客户成功经理可能觉察到一个或多个问题的出现,如果不进一步研究,便无法回答这些问题。这些问题可能涉及多个方面,例如,受影响群体的需求、资产或资源的可用性,或者某种培训方法的适用性等。因此,在计划进程完成之前,你可能需要决定是根据关于缺失信息的假设继续进行(如有必要,可在以后的阶段进行验证),还是根据缺失信息的重要性现在就对其进行研究。

审查采用计划大纲

一旦完成了采用计划流程的第一个阶段,那么再次审查计划大纲通常是很有意义的。只要研究了进一步的信息需求,并将信息添加到文档中,这个环节就可以单独进行。不管是什么情况,如果可能,在几天之后单独做这件事也是一个好主意,因为这将给对话带来新的活力和视角。

此刻,客户成功经理不必尝试着填充所有的细节,但要确保采用计划大纲是正确的。

管理采用障碍

一旦制定了采用计划大纲并根据需要进行了审查和修订,客户成功经理就应当审查采用障碍文档,以确保在计划中充分说明了采用障碍,如有必要,进一步修订计划,保证障碍得到了及时解决。

管理采用风险

一般风险管理的最佳做法是根据风险的影响程度和风险发生的可能性对风险进行评级。"采用风险调查问卷"文档中的第二个选项卡包含一个简单的矩阵,以帮助对风险进行评级。根据风险发生的可能性及其对公司的影响,对每种风险进行从1到5的评级,然后将这两个评级结合起来,得出一个总体得分。分数高于某个数字(如高于7)的风险可归类为高优先级。分数低于某个数字（如低于5）的风险可归类为低优先级，分数为中等的风险可归类为中优先级。简单的风险评级矩阵如图8.1所示。

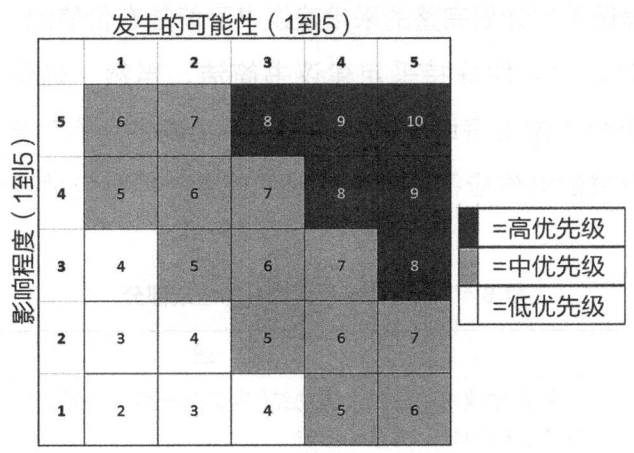

图8.1 简单的风险评级矩阵

针对中、高优先级风险的管理需要采取某种策略，要么通过修改采用计划来完全规避风险，要么通过指定在风险发生时应采取的行动来应对风险。低优先级的风险可按照与中、高优先级的风险相同的方式处理，或者如果风险优先级足够低，则可以直接忽略。

应在采用计划大纲中包含一份风险清单和应对这些风险的行动清单，并在"采用计划大纲"模板中为它们留出位置。

第8步：制作采用建议书并获得批准

什么是采用建议书

采用建议书是一份简单的文档，它的功能与商业案例类似，目的是通过提供项目出资人和其他高级主管需要的基本信息，让他们签署采用计划。这些信息以他们能够理解的、简单而清晰的、与业务相关的术语列出。采用建议书并不总是必需的，它完全取决于在客户组织中管理决策的方式。如果已经获得或不需要出资人的批准和签字，那么客户成功经理和高级项目领导可以决定不制作采用建议书，直接进入第9步：完成完整的采用计划并发布采用路线图。然而，对于更复杂的情况，制作一份仅仅作为确保采用计划完整的采用建议书可能是有价值的。

我的建议是尽可能保持采用建议书简洁，当然，确保它的准确性并包含项目出资人做出资助决策或其他决策所需的所有信息同样非常重要。采用建议书的制作应符合具体情况的需要，但可包括表8.4中描述的各部分。

表8.4 典型的采用建议书的组成部分

组成部分	描述
概要	采用建议书内容的简要总结（半页到一页），包括目标、建议的活动、成本、时间表、衡量和报告
采用目标	对解决方案支持的计划及通过成功采用解决方案将获得的结果的解释
建议的活动	对在采用计划中完成每个阶段所采取的活动的高级描述
财务情况和时间范围	每个采用阶段、总体的支出与时间范围的细节
衡量与报告	每个采用阶段和总体的衡量与报告的细节
重大风险	已识别但未在计划中避免的任何重大风险的详细信息，以及风险发生时管理这些风险的步骤
附件	支持采用建议书的其他资料，可能包括相关部署人员、参与的第三方、研究和计划方法及研究结果的细节

获得批准

一旦采用建议书制作完成并经过验证，高级项目领导（在需要时得到客户成功经理的支持）可以将其提交给购买计划的出资人和其他高级决策者进行讨论和批准。出资人可能要求修改，在这种情况下，客户成功经理应尽快完成必要的修改并将建议书重新提交，以获得最后的批准。

请注意，在某些情况下，其他关键利益相关者（包括团队领导者和流程负责人）可能需要在采用建议书中那些影响他们团队和／或流程的部分签字。高级项目领导有责任知道谁需要查看和批准采用建议书，和其他事情一样，客户成功经理最好的做法是以咨询师的身份尽最大努力确保所有必要的文件都得到批准。

第 9 步：完成完整的采用计划并发布采用路线图

完整的采用计划

采用计划是一份完整详细的文件（或者文件集），客户成功经理、高级项目领导和其他人用它来管理采用计划的实施。在完成全面采用计划的所有细节之前获得高层的批准和认可是有意义的，特别是在更复杂的情况下。一旦获批，客户成功经理和高级项目领导就有理由相信，投入必要的时间来填充计划的细节是值得的。

到这个阶段，所有的创造性决策都已经做出，因此剩下的绝大多数工作甚至全部工作都是围绕人员与资源的可用性及活动安排的管理工作。客户成功经理此时只需扮演咨询师的角色，而不应扮演填充所有细节的角色。客户成功经理可能需要与其他人（如来自客户组织或第三方的培训人员和人力资源专业人员）联系来完成这项工作；此外，还可能需要进行一些联络和"项目管理"工作，以确保必要的合作伙伴之间能够及时和有效地协作。

在文档方面，对于更简单的采用计划，可记录在一个电子表格中，如微软的 Excel。具有多个受影响群体和要求不同的更复杂、多阶段的采用计划可能要在项目管理工具（如微软项目管理软件**Microsoft Project**）或客户和 / 或客户成功经理的公司使用的任何项目管理系统中进行文档化。和任何复杂的文档一样，让没有参与创建的人检查文档错误和遗漏总是值得做的事情。

采用路线图和其他市场营销宣传资料

如上所述，采用计划是一份完整、详细的文件（或者文件集），客户成功经理、高级项目领导和其他人用它来管理采用计划的实施。这份文件对那些真正管理采用计划实施的人来说是无比宝贵的，但提供一份关于采用活动的总结性的路线图，也是一个好主意，这些活动可以更广泛地向所有人发布，或者至少是向关键利益相关者发布。这样的话，关键利益相关者和他们的团队就可以提前为采用实施的任何影响做好应对准备，包括时间和工作量。

也可以认为采用路线图是一个很好的营销工具，因此在团队中将图形设计师和市场营销专家等创意人员吸纳进来，以帮助设计和制作路线图，是一个好主意。路线图通常以PDF的形式制作，也可以打印成张贴在办公室墙上的大型海报。

采用计划还可能需要其他营销宣传资料，如海报、视频、电子邮件营销活动等。同样，你要确保适当地完成这项工作。

采用路线图和其他营销宣传资料应适应客户组织的文化和需求。营销活动需要传达的是对以下内容的解释：

- 将发生什么（对购买计划及其将产生的变革的描述）。
- 为什么会发生（购买计划将给客户的组织带来的好处）。
- 谁将受到变革的影响。
- 变革发生的时间（特别是对于路线图来说，这将是它所包含的大部分内容，显示采用计划的主要阶段，并总结每个阶段将发生什么）。
- 对员工的期望（通常是为了确保他们理解对自己职业角色的影响，并提前为变革做好准备）。
- 保证支持（消除疑虑、恐惧和担忧）。

客户成功管理实践框架第 4 阶段的工具

- 采用需求调查问卷。
- 采用活动清单。
- 采用计划大纲。
- 采用建议书模板。

用于了解采用需求的工具

已经提供的用于识别采用需求的工具被称为"采用需求调查问卷",它包含如下6个工作表:

- 采用需求工作表。表中记录着对结果的基本要求和采用计划必须满足的其他需求。
- 流程革新工作表。表中记录着每项业务能力中的流程革新,这些业务能力将受到购买计划的影响。
- 受影响群体调查问卷工作表。该表的目的是记录将受到购买计划影响的每个用户群体的名称和相关细节。
- 实际考虑因素工作表。客户成功经理可以用该表来记录在制订采用计划时需要考虑的任何附加信息。
- 采用障碍工作表。该表记录和描述了成功完成采用计划的潜在障碍。
- 采用风险工作表。该表标明和描述了在采用计划期间可能出现的潜在风险。

决定采用需求的第二个工具是"采用活动清单"。这是一个Excel工作簿,包含以下工作表:

- 第一个工作表叫作"沟通活动",客户成功经理可以用它来记录每个受影响群体的沟通活动需求。
- 第二个工作表叫作"培训活动",客户成功经理可以用它来记录每个受影响群体的培训活动需求。

- 第三个工作表叫作"支持活动",客户成功经理可以用它来记录每个受影响群体的支持活动需求。

用于制定采用计划大纲的工具

用于制定采用计划大纲的工具被称为采用计划大纲,这只是一个包含标题的模板,客户成功经理和高级项目领导可能会考虑在他们制定采用计划大纲中使用这些标题。

用于制作采用建议书的工具

用于制作采用建议书(如果必需的话)的工具被称为"采用建议书模板",而且和采用计划大纲的格式一样,这是一个包含标题的模板,客户成功经理和高级项目领导可能会考虑在他们制作的采购建议书中使用这些标题。

客户成功管理实践框架第 4 阶段的活动与产出

客户成功管理实践框架第4阶段的活动

客户成功管理实践框架第4阶段的活动包括:

1. 检查你在客户成功管理实践框架第1阶段为这位客户创建的、已经填写的"客户研究清单"(或者你在移交中使用的其他工具)。

2. 如果有任何需要填补的信息缺口或需要验证的假设,将其记录下来,并准备向客户提出问题。

3. 检查已填写的"客户互动策略"及已经在中央存储库中为这位客户创建的任何其他文档,以确保你了解对互动的最新要求。

4. 使用"客户引导记分工具"来初步了解客户对采用的需求及客户采用的复杂程度,或许你只想回顾"客户引导记分工具",以便了解这

第8章 客户成功管理实践框架第4阶段：采用计划第二部分（实施）

位客户的采用需求和采用复杂程度，因为这可能在复杂性上与他们的客户引导需求相似。

5. 与客户召开一系列会议，讨论并确定他们的采用需求，使用来自客户成功管理实践框架第1阶段中的"客户研究清单"，提醒你之前记录的任何信息，并且在"采用需求调查问卷"的第一个工作表中记录讨论的结果。

6. 在必要时进行跟进，以了解和记录更多信息，这些信息可能存在于你之前没有发现的信息缺口之中。

7. 使用"采用需求调查问卷"工作簿中的"流程革新"工作表，该工作表记录了将受到购买计划影响的每个流程，并且描述了革新。

8. 使用第7步中获得的信息来确定哪些用户将受到影响，然后将他们分组到相应的受影响群体之中。在"采用需求调查问卷"工作簿中的"受影响群体调查问卷"的工作表中记录每个群体及其KSA更新需求。

9. 在"采用需求调查问卷"工作簿中的"实际考虑因素"工作表中捕获在采用计划过程中需要考虑的所有实际考虑事项。

10. 处理每个受影响群体的沟通、培训和支持需求，并将这些需求记录在"采用活动清单"工作簿中。

11. 在"采用需求调查问卷"工作簿中的"采用障碍"工作表中，捕获在采用计划过程中需要考虑的采用障碍。

12. 在"采用需求调查问卷"工作簿中的"采用风险"工作表中，捕获在采用计划过程中需要考虑的采用风险。

13. 现在，与高级项目领导和其他客户利益相关者合作，制定采用计划大纲。使用"采用需求调查问卷"和"采用活动清单"工作簿中包含的信息、在第1阶段中创建的"客户研究清单"中包含的与客户的总体需求有关的信息，以及记录在第2阶段中创建的"RACI矩阵""利益相关者管理矩阵""利益相关者管理计划"之中与利益相关者有关的信息。使用"采用计划大纲"模板来记录采用计划。

14. 使用"采用建议书模板"来制作一份采用建议书，并且为采用计划寻求认可与批准。这可能需要修改，应根据需要在"采用计划大纲"模板中记录这些修改。

15. 一旦采用计划大纲获批，继续帮助客户将采用计划填充成一个完整、详细的版本，如有必要，使用项目管理工具。这可能涉及来自人力资源和培训部门的多个利益相关者、变革管理专业人员，以及团队领导者和流程负责人。

16. 创建一个完整的采用计划的总结版本，它可以作为所有员工（或者至少是经理）可以看到的采用路线图而更广泛地发布，并着手制作即将到来的采用计划营销所需的任何其他营销宣传册。

17. 记住已经完成的工作的摘要，以及你在"客户成功经理活动追踪模板"中学到的任何经验。

客户成功管理实践框架第4阶段的产出

客户成功管理实践框架第4阶段的主要产出是一份完整、详细的采用计划。如果可能的话，客户成功经理应将此文档的副本、在此阶段中创建的其他文档，连同应当记录在"客户成功经理活动追踪模板"中的经验教训一并存储在中央存储库中。在此采用计划阶段结束时，你和客户将准备好进入客户成功管理实践框架第5阶段。

客户成功管理实践框架
第5阶段:采用实施

第 9 章

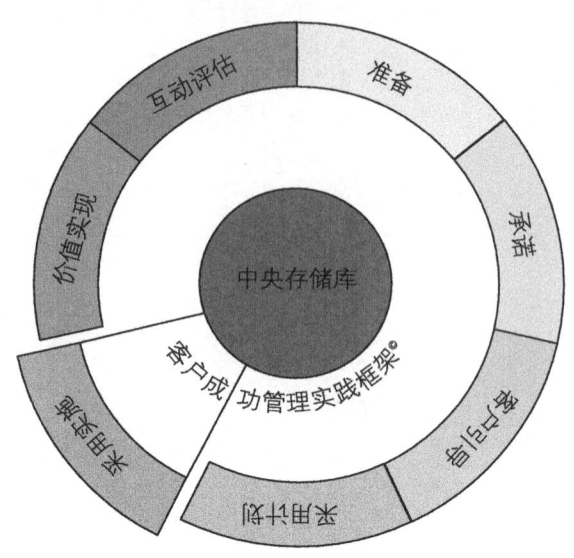

客户成功管理实践框架第5阶段：采用实施

什么是采用实施

作为项目的采用实施过程

采用实施过程可以被定义为所有结合在一起、使受影响的用户为变革做好准备的活动。采用实施过程通常有确定的开始和结束日期，也可能包含多个阶段，每个阶段同样有自己的开始和结束日期，并且定义了执行和监督各项活动的职责，以及在每个阶段结束时为实现目标而精心定义的里程碑。因此，可以将采用实施过程看作它自己的项目，它需要像任何其他项目一样获得资金、管理和衡量。也就是说，采用也可以被认为是一个持续的生命周期，它不是在一夜之间发生的，而是在一段时间内循环发生的。

客户成功经理在采用实施中的角色

除非整个采用实施过程作为付费的专业服务工作已移交给客户成功经理的公司（或其他第三方公司）来代表客户进行管理，否则管理采用过程的责任仍将由客户承担，特别是高级项目领导或其他指定的关键利益相关者。假设是这种情况，客户成功经理的角色是支持性的。他们应在必要时提供建议，并使用自己公司拥有的或能访问的任何相关资产或资源。然而，他们不应扮演项目经理的角色或对采用计划的积极交付负责——这些应当完全由客户自己决定。

话虽如此，某些客户——特别是那些在实施采用计划方面缺乏经验或成熟度的客户——高级项目领导或其他指定的关键利益相关者可能没有太多或甚至完全没有任何项目管理培训的经历或经验。如果是这种情况，并且考虑到解决方案的成功采用对客户成功经理的公司和客户同样重要，那么客户成功经理在非正式的基础上在对采用过程进行项目管理时发挥某种积极的作用，可能还是符合其利益的。在这种情况下，需要明确的是，正式的项目管理责任仍由客户及其指定的关键利益相关者承担，而客户成功经理的角色纯粹是咨询。

这很重要，因为客户成功经理不太可能有足够的时间来承担某个完整项目的管理责任，他们可能没有必要的权限，也可能无法访问客户组织中的资源和资产来履行这一职责。此外，采用过程的许多方面将不受任何第三方的控制，重要的是由客户组织而不是客户成功经理的组织对这些方面负责。这方面的一个例子是，围绕销售人员应从他们的销售岗位职责中抽出多少时间来接受关于新系统和流程的培训或如何奖励将承担新职责的员工而开展谈判。

项目管理与客户成功经理的角色

项目管理的需要

虽然在理论上客户应该在项目管理中带头管理他们的采用计划，或者指定第三方代表他们这样做，但并不能总是依赖这样的事情发生或达到足够高的质量水平。因为采用计划的成功符合客户成功经理公司的利益，所以客户成功经理的职责之一是尽其所能确保其成功。因此，虽然客户成功经理不必成为具备专业资格的项目经理（尽管让客户组织经验丰富的项目经理参与其中能够极大地帮助项目获得成功），但他们必须胜任管理（或者帮助管理）小型的项目，如客户的采用计划。

客户成功经理从事的客户成功管理工作往往不是他们的第一份工作，他们以前从事过其他工作，具有履行其他岗位职责的经验。我当然遇到过一些工作背景中包含了正式的项目管理经验的客户成功经理。如果你也恰好是这种情况，并且在项目管理最佳实践方面受过培训，有经验，甚至具备专业资格，那么你之前获得的这些技能，无疑会对你的客户成功经理角色非常有用。如果你没有任何项目管理最佳实践的知识或经验，那么我建议你考虑购买并阅读有关该主题的书籍，或者学习有关该主题的基础课程，因为从书本或课程中学到的技能，很可能在你的客户成功管理职业生涯中发挥很好的作用。

定义项目和项目管理

项目可以被定义为一项工作，它包含确定的开始日期、结束日期和介于两者之间的一系列活动，这些活动结合起来可以产生一个预定义的结果。结果是项目的成果，是完成了项目活动后产生的。实施采用计划的结果是新解决方案的成功采用，项目中的活动包括与评估用户培训需求、与用户沟通、培训用户和支持用户有关的任务。

项目管理可以被定义为管理项目的活动，以确保获得可能的最佳结果。至少，这个结果应包括使项目在预算范围内按时完成，并且满足客户关键利益相关者的要求。

经典的项目管理和敏捷项目管理

经典的项目管理假设结果将被预先定义，项目将遵循"瀑布"方法，即一切都要预先计划，然后当计划制订完成并得到批准时，计划中的活动将开始进行并持续到完成。

敏捷项目管理的观点是，一开始可以更松散地定义结果，然后可以计划和实施活动，并在较短的活动周期内衡量结果。在每个周期结束时吸取经验教训，如有必要，可改变项目的方向。

这种周期方法允许学习在过程中发生，因此可以产生更好的结果，特别是当项目需要高水平的创新时。在需求已知并提前定义的情况下，经典方法往往更容易管理。在采用计划的情况下，客户成功经理通常会发现项目管理的经典方法是最好的。

典型的项目管理任务

项目管理的范围相当广泛，典型的项目管理通常包括表9.1所示的各项任务。

表9.1 典型的项目管理任务

任 务	描 述
定义对结果的要求	找出项目需要达到的目标，并为项目设定范围和期限
研究与分析	寻找、记录和理解计划所需的相关信息
计划	决定什么活动将发生，它们将如何发生，谁将执行它们，它们将在什么时候以什么顺序发生，它们将如何被衡量，它们需要什么资源，它们将花费多少成本，谁将为它们支付
综合协调	通过控制、影响和领导那些负责开展这些活动的人，确保活动按照计划进行
衡量与报告	采用衡量方法来确定项目的进展情况，将这些衡量方法与预先定义的关键绩效指标进行比较，并且为项目出资人创建进度报告
处理障碍和风险	应对任何未预见到的障碍或挑战，并在风险出现时按照预先确定的风险降低计划来应对，或者在必要时确定风险管理计划，然后实施该计划
处理项目结果的改变	如果项目出资人在项目开始后需要修改项目结果，甚至要求全新的结果，那么项目经理就需要修改项目计划来管理这些改变后的需求

在这些任务中，前三项（定义对结果的要求、研究与分析、计划）已经在讨论客户成功管理实践框架第4阶段的第7章和第8章中介绍过。本

章的重点是表9.1中的最后四项（综合协调、衡量与报告，处理障碍和风险，以及处理项目结果的改变）。

典型的项目管理技能

与客户成功管理一样，项目管理需要广泛而多样的个人技能和技术技能来完成工作。其中最值得注意的可能是：

- 管理。
- 沟通。
- 谈判。
- 建立关系。
- 利益相关者管理与团队管理。
- 领导和影响。
- 记录与报告。
- 解决问题。
- 财务管理。
- 时间管理。
- 整合。
- 确定范围和定义项目边界。
- 辨别可能的风险。

请注意，个人技能（如沟通和建立关系）在这个清单中所占的比例与实践技能或技术技能（如管理或解决问题）所占的比例一样多。这个清单并非详尽无遗，但会给客户成功经理很好的启发，让他们知道，为了成为项目经理或者成为项目经理的顾问，他们需要擅长什么。

定义客户成功经理在项目管理采用计划中的角色

如上所述，除非整个采用计划作为专业服务被外包出去了（要么外包给客户成功经理的公司，要么外包给第三方），否则都要由客户组织任命一个项目经理监督采用计划的实施,客户成功经理不应在其中扮演正式的职业角色。不过,如果是非正式的项目实施,客户成功经理在咨询、支持和同其他各方的联络方面"伸出援手"是完全被接受的,甚至是受到鼓励的,此外,在情况需要时,还需要客户成功经理在一定程度上亲力亲为地参与行政管理和领导。客户成功经理应根据自己的技能、经验和时间安排及每位客户的需求,决定他们在客户的采用实施中扮演的积极角色。

分阶段实施的好处

分阶段实施采用计划有很多好处,如表9.2所示。

表9.2 分阶段实施的好处

好 处	解 释
可管理性	将一个复杂的项目分解成几个更小的部分,然后将每个部分视为一个独立的小项目,每个小项目都有自己的资金、活动、责任和结果,往往会使管理更容易,这反过来又减少了错误或遗漏的可能性,提高了采用过程本身的效率和效能
灵活性	灵活性的提高来自允许在采用过程的早期阶段吸取经验教训,然后可以将这些经验教训的结果应用于后续的阶段的改进和提高中
敏捷性	通过将后期阶段留待以后来确定,采用过程将变得更加敏捷。这意味着随着公司需求的变化,采用过程的后期阶段可以设计为允许这些变化,因为设计过程被推迟到了必要的时候
财务方面	将采用活动分成几个阶段,可以将每个阶段的资金分开处理,从而减少了一次性或从一个来源为整个采用过程寻找资金的必要
生产力方面	采用过程可以随着时间的推移而分散到各个阶段,从而减少受影响用户参加正常工作角色之外的活动(如培训)的时间负担,进而保持必要的生产力水平
采用需求	也许并非所有的采用需求都在同一时间出现。例如,如果一个或多个新工具或系统的采用是随着时间的推移而分阶段进行的(可能在不同的时间推广到不同的部门或不同的岗位),那么采用计划也许需要遵循相同的分阶段实施的模式

好 处	解 释
可调整性	每个客户的价值观、文化、对变革速度的适应程度、组织层次结构和整体环境都可能截然不同。客户成功经理必须以最适合客户的风格和方式工作,而不是试图坚持让客户适应自己的工作风格和偏好

如果将采用过程作为一个单独的、不可分割的项目来计划,那么客户成功经理有必要考虑与高级项目领导和其他关键利益相关者讨论将其划分为多个较短阶段的利与弊。

准备启动项目

做好充分的准备

我一直很喜欢一句话,"让所有鸭子排成一排"。虽然我没必要把鸭子或任何其他水鸟排成整齐有序的队列,但我确实经历过在一切都没有准备好的情况下试图执行某项复杂任务的难处。给我的经验教训是,提前花一点额外的时间来确保一切准备就绪,可以避免许多挫败感。例如,当你没有做好充分的准备,直到后来才去创建一项之前被遗忘了的资产或提供一种之前缺少的资源时,或者当识别了用户额外的需求并在后来再将其活动添加到采用计划中时,那么整个项目将不得不推迟。

准备工作清单

做好准备工作的好方法是制作一个"准备工作清单"(Readiness Checklist),然后在项目启动之前与客户一起浏览清单上的各项内容,在清单上的每一项上签字,或者在必要时停止并采取进一步的准备行动,以便随后在该项上签字。清单内容如下所示:

- 所有项目成果是否已明确定义并达成一致?
- 是否所有将要进行变革的流程都已确定?
- 是否已准确地记录了每个流程的变革?

- 是否已识别所有受影响的用户？
- 是否已正确地将受影响的用户分配到受影响群体之中？
- 是否已评估并记录了每个受影响群体的KSA需求？
- 是否为每个受影响群体确定了适当的沟通、培训和支持需求？
- 是否满足交付需求的所有活动都进行了选择、计算并获得了批准？
- 是否有适当的方法来衡量这些活动的结果？
- 是否所有的活动都分配到了项目的各个阶段？
- 是否创建和/或分配了执行这些活动所需的所有资产和/或资源（如果团队成员分布在全球，请考虑时区限制）？
- 是否已确定所有开展活动的机制（包括第三方）？
- 是否根据需要安排了所有的活动（或至少是接下来阶段的活动）？
- 是否进行了所有必要的沟通？
- 是否进行了所有必要的验证和批准？
- 是否解决了所有的采用障碍或挑战？
- 是否已识别所有潜在的风险，并制订了降低风险的计划？
- 在项目启动之前还有什么事情需要做吗？
- 我们准备好出发了吗？

对最后这个问题的肯定回答可以被认为是正式的项目经理（如高级项目领导）的签字，表明所有准备工作都已就绪，可以开始实施采用计划了。

我们已经创建了一个名为"采用计划准备工作清单"（Adoption Program Readiness Checklist）的文档作为模板，客户成功经理可以使用它来定义自己的采用准备清单。

保持灵活的"我能行"的态度

如上所述，在一开始就做好充分的准备远比在途中处理不必要的问题要好得多。然而，即使准备再充分，也完全有可能发现新的需求或遗漏的信息，即使在计划付诸实施之后，也有必要对其进行更改。德怀特·艾森豪威尔（Dwight D. Eisenhower）将军有句名言："在准备战斗时，我总是发现计划是无用的，但计划又必不可少。"虽然制订计划非常重要，但不要过于依赖计划，以免项目团队对变革的态度变得僵化。最后一刻的改变也许不是完全不可避免的，但肯定是可以预料的，当改变发生时，应该愉快和专业地应对。

因此，我的建议是不要过于执着于你制订的计划，以至于态度变得僵化或不灵活，也不要在实施过程中遇到需要处理的意外问题时感到沮丧。事实上，我们可以认为，正是这些问题出现时，客户成功经理才能最好地帮助和支持高级项目领导和其他客户利益相关者，利用自身的专业知识、经验和创造性解决问题的技巧来帮助解决这些问题，使项目重回正轨。

管理人员

可能有更多的人参与

人员管理是任何项目经理及客户成功经理的一项关键技能。在启动采用计划之前，以及研究和计划阶段，很可能只有少数关键利益相关者参与其中。然而，到了如今，下面这些情况是完全有可能的：不仅会有更多的人参与，而且他们将拥有更广泛和更多样化的背景，对于购买计划及你们为支持该计划而制订的采用计划也持有更广泛、更多样化的观点。

有些人可能不支持采用计划

客户成功经理很可能发现，人们对采用计划的支持程度不一，并不是所有人都对在这个项目中分配给他们的职业角色和/或他们在履行岗位职责中使用的资产和/或资源感到舒适或满意。有些人也许并不开心，但仍然接受和顺从。另一些人可能不愿意认同他们对项目的实施有任何的需求。例如，某位销售人员可能不希望花时间远离他们的销售活动而去接受他们认为不重要的、不感兴趣的管理任务的培训，或者某位经理不愿意别人接触他们的团队，因为他担心这种接触会影响他们实现销售目标。

有些人天生就难缠

并不是所有遇到困难的人都是故意这样做的。有些人由于性格或自身所处环境，导致出现一些情绪问题，这可能使得他们很难缠，无论他们是否同意所发生的事情或认为他们的行为是否有合理的理由。这可能包括那些行为特征不可靠或人际交往能力差的人。

这类人还包括支持采用计划，最终却为计划的实施制造了困难的人，因为外部环境超出了他们的控制。例如，他们也许生病了，或者最后一刻被调往其他岗位，或者被困在机场，或者不得不处理某种紧急情况。

凡事预则立

有些人看起来并不难相处，后来却变得很难缠。然而，另一些人可能已经以难相处或难缠而闻名。这类关于已知性格特征的信息可能要谨慎处理，这些信息对于客户成功经理来说非常有用，特别是涉及他们需要与之定期沟通和／或协商的关键利益相关者的信息。除客户成功经理的同事或许已经了解客户组织中的一些关键利益相关者之外，客户成功经理还可以联系高级项目领导或其他与之建立了足够密切和信任关系的客户利益相关者，并请后者（作为与这些利益相关者合作了数年之久的内部资源）就其同事的个性和特点提供一些有益的建议。

如果客户成功经理选择与高级项目领导或客户利益相关者提出这个问题，首先应该确保已经建立了足够密切和相互信任的关系，能让利益相关者对"外人"敞开心扉，并在透露同事的这类个人信息时感到自在。此外，他们应该尽量让利益相关者感觉舒适。例如，不要在正式的会议上或其他人面前提出这个问题。相反，应当在一些非正式的场合（如午餐或喝咖啡的时候）等待机会，当客户成功经理与利益相关者两人单独在一起时，两人的讨论不至于被其他人听到。要小心翼翼地提出这个问题，并确保给了利益相关者足够的空间，以便客户成功经理能够获得一些细节信息，而且不会让利益相关者感到尴尬。比如，不要问"你的哪些同事最难以相处？他们在哪些方面很难缠"，而要问"关于我们将要共事的人，你认为我有必要事先了解他们的其他情况吗？这样可以帮助我更有效地与他们打交道"。这种稍微柔和的方法为利益相关者提供了更大的空间，让他们以一种他们觉得舒服的方式回答问题。

最后一点是不要记录他们所说的话，这样他们就不会觉得自己的话"正被记录下来"。如果是语音或视频通话，不要按"录制"按钮，或者如果会议已经在录制中，现在是时候暂停或停止录制了，请让利益相关者知道你已经这样做了。如果是面对面的会见，不要在他们面前做笔记，只是倾听和记住他们所说的话。

应对难缠的人

与难缠的、难以相处的、没有反应的人或让你失望的人打交道，重要的是不要将他们的态度当成是针对你个人的，不要让其影响你的行为。协助对采用计划进行项目管理可能会带来压力，如果突然遇到意想不到的额外困难，客户成功经理很容易做出情绪化的反应。因此，提前预见到这类问题很可能会发生，并且在问题发生前做好应对准备，是一个好主意。当问题真的发生时，因为提前做好了准备来应对，所以减少了对客户成功经理情绪上的冲击，问题不是出乎意料地发生，使得客户成功经理内心的"自动驾驶仪"能够做出准备好的反应，而任何最初的情绪影响都将得到吸收和处理。

总之，与难缠的人打交道的最好方法是做一个有情绪韧性的人，用友好和专业的方式与他们打交道，不让他们影响自己的情绪健康。我们建议客户成功经理要不断努力提高自己的情绪韧性和人格力量，因为在任何情况下，这些特征都会提高整体幸福感，我认为，对任何人来说，这样的特征都多多益善。

成为优秀的谈判者和卓越的倾听者

注意每个你想从别人那里获得的时间、金钱或其他资源的要求。有时你可以得到你想要的一切，有时却可能什么都得不到，但通常情况下，你要与他人达成妥协。

学习何时及如何获得承诺并做出妥协是项目管理人员的一项非常重要的技能，这被称为谈判技能。有时客户成功经理可能要代表他们自己进行谈判，有时他们可能需要介入两个或更多的关键利益相关者之间的谈判。例如，这些利益相关者也许在"谁负责开展活动"或"谁负责资助这些活动"等细节上存在分歧。

无论如何，客户成功经理应当了解谈判的基础知识。我建议高质量的谈判应遵循以下8个步骤。

步骤1：不要让情绪进入谈判之中。把所有个人情绪都抛在一边——它们在与工作相关的谈判中起不到任何作用，谈判应当以专业的方式进行，并且只考虑客观情况而不是情绪。

步骤2：确定你的最大让步。这绝对是你准备接受的最坏的谈判结果。一旦你定义并验证了它，就不要改变，假如你做不到如此之大的让步，就退出谈判。

步骤3：确定你想要获得的结果。这是你可能从谈判中获得的最好结果。一定要明确地定义这个结果，包括你希望实现的所有可能的事情。这也许包括积极的和消极的方面（例如，你可以陈述你希望在任务中包含哪些活动，同时表明哪些活动你希望一定不要包含在任务中）。

步骤4：定义协议。在开始与另一方或多方的谈判之前，首先要明确协议的含义，并与各方达成一致。例如，这或许包括采取任何商定的行动的开始日期和结束日期、报告活动的承诺等。如果这是在谈判之前完成的，那么每个人都已经清楚协议的内容及达成一致后将发生什么。

步骤5：首先从分享你想要获得的结果开始。现在，这将成为你的出发点，你可以与其他各方分享并向其解释。与此同时，了解对方的立场，再次确保你完全理解他们。

步骤6：寻找双方立场的共同点和不同点。如果双方立场有足够的共同点，使得所有各方都能在立场中得到他们声明想要的东西，那么各方也许能够立即达成一致。

步骤7：就双方的立场进行公平的谈判。如果双方无法就立场达成一致，那么双方可以权衡自己的预期与另一方的预期，以找到一个单一的立场，在此立场上，双方至少保持能够接受的最大让步，同时在任何其他的预期方面都有着同等的输赢。

步骤8：结束谈判。确保双方100%清楚达成一致的内容，记录这些细节并分发给双方。如有必要，起草并签署合同。不要以为你必须一个人去完成这些工作，在必要时可以让客户的团队也参与进来。

以上8个步骤可以被利害关系方（作为需要谈判的一方）或无利害关系的第三方（作为纯粹的无偏见的谈判者）来使用。客户成功经理有时会发现自己处于其中的一个或两个步骤之中。

任何时候都保持个人诚信

最重要的是，在针对采用计划的项目管理中对员工进行管理时，或者在其他任何时候，要始终在个人道德准则和是非标准等方面坚守自己的内心。相信自己的直觉，在感到让步是正确的时候让步，在感到坚守自己立场是正确的时候坚守自己的立场。始终礼貌、友善地对待他人，但绝不让别人支配你的情绪。

管理任务

运用"分而治之"的原则

管理复杂项目中的所有活动，有时会让人感到难以应付，甚至觉得是一项不可能完成的任务。当面对数百甚至数千项需要管理的任务，而且其中的许多任务是同时进行时，人的压力会迅速上升。"分而治之"的基本原则可以应用于此，这种将项目分成更小、更易于管理的"构件"的方法，被项目管理专业人员中称为工作分解结构（Work Breakdown Structure，WBS）。

工作分解结构的概念是将一个复杂的项目分解成一系列更小的组件，称为工作包（Work Packages），其中，每个工作包（整体项目的一部分）都有自己特定的可交付成果（通过完成特定的部分来实现的可定义和可衡量的结果）。在采用计划的背景下，可能已经使用了工作分解结构中的概念来定义被称为"初步的全球沟通"的工作包，它包含一系列的活动，这些活动与创建和交付关于即将到来的变革的初步沟通有关，这些变革将指向公司中的每个人。可交付成果可能被定义为"所有员工都已知道即将到来的变革，并且已经充分了解了它对公司和他们自己的影响"。例如，通过对整个组织中所有员工的一小部分样本进行调查，就可以衡量这种做法是否成功。

使用工作分解结构中的工作包

项目经理要在自己的项目中应用工作分解结构的概念，需要首先将项目分解为多个阶段，然后在每个阶段将活动分解为工作包。每个工作包应当被赋予表9.3所示的属性。

表 9.3 工作包的属性

属 性	描 述
名称	一个有意义的名称，它应当有助于识别工作包中包含的活动的目的
可交付成果	明确定义成功完成工作包内所包含的活动之后理应取得的结果
活动	将在工作包中执行的操作或任务的清单
职责	参与开展活动的人员及其角色的清单
时间表	活动和整个工作包的开始和结束日期及时间的清单
衡量	关于如何衡量工作包的解释
治理	介绍一旦完成工作包，谁将进行衡量，并将报告给谁，谁将签字接受工作
状态	可以为每个工作包提供绿色、黄色或红色的状态，并提供已知问题的摘要

现在，将工作包分发或分配给负责的利益相关者，对他们来说，工作就可以开始了。

衡量与报告

为什么进行衡量

知道某件事情是否有效的唯一方法是衡量它。如果没有衡量，那就只能猜测结果。如果进行了衡量，那么即使仍然不知道结果的每个细节，但至少会有了一些概念。

更多的衡量可以创造更完整的画面，但成本更高

进行的衡量越多，你就拥有越多的信息来判断得到的结果。这对于不同类型的衡量和不同的衡量频率都是有效的。对特定活动采取多种不同类型的衡量，可为你提供多种不同的数据集来进行分析。这有点像从三维而不是二维的角度看东西——你添加的不同类型的衡量越多，就越能理解你获得的结果。同样，如果更频繁地进行衡量，你也将为正在发生的事情形成一幅更详细和准确的画面，当然，你无须在两次衡量之间

第9章 客户成功管理实践框架第5阶段：采用实施

等待那么长的时间来检查进度。

进行更多衡量的一个缺点是，你制造了更多的工作量，特别是在衡量过程涉及一些人工干预元素的情况下。如果衡量是完全自动化的，那么这也许不是一个需要考虑的重要因素。另一个缺点是，你最终将获得更多的数据，当然，如果你既进行了多种类型的衡量，又增加了衡量的频率，那么获得的数据更多。数据存储既需要成本，也将面临丢失或被盗的风险，另外，数据还需要分析和解释，所以需要做的工作就大大增加了。

因此，要在进行足够的衡量以充分理解正在发生的事情和不进行过多的衡量避免产生不必要的支出之间进行权衡。在任何给定的情况下怎样进行准确的权衡，这取决于各种各样的因素。高级项目领导和其他客户利益相关者可以做出决定，但客户成功经理也可提供关于这个话题的建议，并帮助客户访问一些主题专家，这些专家可以在必要时提供更合格和更详细的建议。

指标与结果之间的差异

正如我们之前对"结果"这个词的定义那样，它指的是最终成果，定义了采取行动的原因（为了获得结果或成果）。如前所述，应当用三个标准来界定结果——它是什么（定性的）、需要多少（定量的）、什么时候必须实现（截止日期）。例如，一个明确定义的结果可能是"本财年亚太地区的最低营业收入必须达到1亿美元"。确定是否会实现这样的结果的唯一方法是，等到财年结束之时计算亚太地区的营业收入，以了解到底是少于1亿美元，还是超过1亿美元。换句话说，你只能在事后确切地知道是否已经实现了结果。

这对于报告结果实现情况来说是很好的，但如果你想提前知道是否能够达到目标，则几乎无用。原因在于，如果你没有达到目标，那么尽早了解这一点，可以在整个财年的剩余时间里采取纠正措施，确保年底前达到目标。领先指标是在达到目标的截止日期之前进行衡量的一项指标，它可以为你提供有用的信息，让你知道将来是否能达到预期的目标。在我们的例子中，一个简单的方法就是衡量每周或每月的营业收入。举例来说，我们可以衡量每月的收入，然后也许会发现，在第3个月月末（本财年已经过去1/4），亚太地区的营业收入为2000万美元。假设今年的营业收入会保持稳定，这就告诉我们，倘若要在本财年结束前实现1亿美元的目标，那么每个季度将有500万美元的缺口。提前知道这一点，有助于我们了解需要采取哪些纠正措施（如通过额外的市场营销或销售活动），以便在本财年结束前实现1亿美元的营业收入。

在现实中选择领先指标

这个简单的例子很好地说明了领先指标的概念。然而，现实有时要困难得多。以将一种全新的、高度创新的产品推向市场为例。在这个例子中，我们是简单地把第一季度的销售收入数字乘以4，以便预测在这个财年结束前可能获得的收入，还是比这稍微复杂一点？一件全新的产品或一项全新的服务可能需要几个月甚至几年的时间才能在市场上站稳脚跟，营业收入才会开始回升。例如，如果你想了解你将从某件特定产品的整个生命周期中获得多少营业收入（为了便于讨论，我们假设会持续生产该特定产品5年），那么你不能只是用前三个月的营业收入数字乘以20并期望得到你想要的结果。在推出新产品的情况下，如果选择营业收入作为领先指标，那么它将是一个非常糟糕的指标，因为它无法在早期准确地描述后期可能发生的情况。

因此，需要十分仔细地考虑领先指标的选择。为了说明这一点，下面引用微软公司CEO萨蒂亚·纳德拉（Satya Nadella）在衡量新软件产品发布后的早期活动时所说的话："营业收入是一个滞后指标，使用是一个领先指标。"所以，对于软件，纳德拉认为对早期用户活动的衡量（如他们登录软件的频率，他们使用软件的时间，以及他们使用了多少不同的特性和功能）是更好的领先指标。这比仅仅衡量软件在早期阶段的收入更能预示软件的成功。客户成功经理应当建议客户非常仔细地考虑采取什么衡量标准，并且应当寻求行业和产品/服务专家的建议，以确保采取的衡量标准确实有助于确定实现结果的进展。

处理问题

（再次）定义采用障碍与采用风险

问题有大有小，但为了简单起见，我们将问题分为两种类型——采用障碍和采用风险。采用障碍是指我们知道存在的任何障碍或挑战，需要以某种方式克服、消除或处理它们，以获得我们想要的结果。采用风险是可能发生的障碍或挑战，如果它们确实发生，我们将以某种方式规避、消除或处理它们，以获得我们想要的结果。

对与处理采用障碍和采用风险相关的活动进行项目管理

第8章解释了识别、分析采用障碍和采用风险并制订计划的过程。在第9章，我们将简要讨论这些计划的实际实施和项目管理，确保在采用计划的整个生命周期适当地处理采用障碍和采用风险。

与生活中的许多事情一样，简化采用障碍和采用风险的处理，秘诀是执行高质量的计划。如果在计划过程中你和客户已经花了足够的时间来识别相关的采用障碍和采用风险，并且设计和记录活动以管理它们，那么这应当只是遵循你的计划（在面临采用障碍的情况下）和遵循你"万一风险发生"时的计划（在风险真正发生的情况下），以确保所有问题都得到处理，并且消除了实现结果的所有障碍。

在新的挑战出现时进行处理

上述各种方法都有其可取之处,不过,所有这些方法都有赖于提前了解实际的采用障碍和采用风险,以便提前做好充分的准备。然而,有时在没有预先了解的情况下会出现威胁项目结果实现的新的挑战。这可能是由于缺乏足够仔细或详细的研究(让我们面对现实吧,世界是非常复杂的,我们不应该期望任何人表现完美),也可能是以前并不存在的一种全新的威胁出现了。

如果发生了这种情况,客户成功经理、高级项目领导和任何其他利益相关者都需要回到流程中,研究并确定每个新识别的挑战的应对措施,然后适当地实施。客户成功经理还应记录这些新挑战与响应方式及响应结果,以便将来与其他客户进行类似的采用计划时可以提前确定这些特定的挑战,并为之做好计划。

应对变化

变化是不可避免的

正如我们在本书其他地方已经讨论过的那样,生活中唯一不变的是变化,变化可能而且将在任何时候发生。因此,我们应当期望客户成功经理明白,即使是最仔细和详细的计划,一旦付诸实施,采用要求和需求也可能产生变化,因此计划需要随时修改。当然,这种情况可能不会发生,也可能会发生,因此,做好应对变化的准备(哪怕最终没有变化)总比不做准备(一旦变化出现就猝不及防)要好。

经验法则:允许5%~10%的意外变化

当然,提前为未来可能发生的意外变化做好准备是很困难的,原因在于,如果你知道这些变化是什么,那么它们就不再出乎意料了。假设你跟我一样,没有千里眼或没办法接触到具有极强洞察力的人,那么唯一的答案就是在项目中为时间和成本留出一定的空间，然后利用这些空间来应对变化。为应对意外变化留出多少时间和成本空间将由高级项目领导和他们的同事来决定，但根据经验，应该在5%~10%，这取决于采用计划的规模和复杂性，以及采用团队的成熟度和经验。

完成项目

重要里程碑的完成

虽然达到重要里程碑可能不是指完成整个项目，但达到这样的里程碑，仍是一项重要的成就，至少应当得到认可（即使不庆祝）。如果还没有达到里程碑，那么应当在这个阶段进行衡量，根据预定的目标分析实际的业绩，确保项目保持在正确的轨道上。当然，在这个阶段，如果衡量显示项目没有走上正轨，那么高级项目领导和客户成功经理就要调查原因，并采取必要的纠正措施，一定要让采用计划回归正轨。

治理

你可能还记得（或者已经熟悉这个事实），治理是监督项目的过程。项目出资人将任命一个治理委员会或团队来履行这一职责。这个治理委员会或团队负责接收关于进度的定期报告，根据需要将进度反馈给项目出资人，并在出现项目管理团队无法自行解决的任何问题时提供帮助和建议。他们也许有权做出高层决策，例如，在第1阶段成功完成后释放第2阶段的资金，或者决定将重要的最后期限推迟一个月，以允许之前的意外延迟。

可以看出，治理委员会是一个重要的机构，因此，让客户成功经理知道它是如何成立的、由什么人组成、他们多久坐下来研究问题、他们负责什么决策、他们需要什么信息及需要什么格式的信息等是一个好主意。然后，客户成功经理可以协助高级项目领导进行适当的衡量并编写报告，以便按要求提交给治理委员会。有的公司可能要求客户成功经理参加治理会议，有的公司可能没有这样的要求，但这样做是与治理委员会或团队中的高级管理人员见面并开始建立关系的绝好机会。

定期参加治理会议也是客户成功经理请求客户反馈和支持的好机会，以确保合同续签，并且争取追加销售和交叉销售的机会。这里只是顺便提一下，所有这些主题都将在讨论客户成功管理实践框架的价值实现阶段的第10章中更详细地讨论。

完成采用计划

一旦最后阶段趋于结束，并且任何可能以特殊方式出现的额外工作都已做完，那么采用计划就完成了。因此，此时可以像处理任何其他里程碑的完成一样来处理。

它真的已经完成了吗

在某种意义上，采用计划确实是完成了，但在另一种意义上，也许只是它的主要部分完成了。我们可以将采用看成一个正式的项目，它有起点、多个里程碑和明确了预定结果的终点。除此之外，我们也可以将采用视为一个没有实际终点的持续过程。

在下面这些情况下，我们可以认为客户已经采用了解决方案：客户已经完成沟通流程，在变革过程中培训和支持他们的用户，这些用户现在正忙于使用新的解决方案来生成期望的产出，这些产出最终将随着时间的推移结合起来实现客户整个购买计划的总体结果。不过，当客户使用解决方案时，他们将更多地了解解决方案可以为他们做什么，并开始使用更多的特性和功能来执行更广泛的任务，从而为他们创造额外的价值。也许更多的用户开始使用该解决方案，并且可能对更多连接到诸多业务部门的流程进行革新，以利用该解决方案带来的改进。通过这种方式，客户不会简单地在一开始的特定时间采用解决方案，而是随着客户需求的增加及他们对解决方案的了解和信心的增长，以不同方式继续采用解决方案。

当客户签订"软件即服务"之类的服务合同，但实际上所有产品都以服务的形式提供时，这种情况尤其明显。有时，这种服务只在特定时间的特定需求下才需要，但希望更多客户会发现服务的额外用途，从而续签合同，并在比以前更大的规模上进行续签。在第10章中会有更多关于续签服务合同的讨论。

客户成功管理实践框架第 5 阶段的工具

客户成功经理、高级项目领导和其他人用来实施采用计划的主要文档是采用计划本身及其他任何可交付物，如客户成功经理在客户成功管理实践框架第4阶段创建的采用路线图。我们并没有为了制作这些文档而提供工具或模板，因为它们需要以一种与特定客户的需求相关的风格与格式创建，而且通常由客户在客户成功经理的适当支持和协助下创建，而不是由客户成功经理创建。

我们创建了一个工具来协助采用实施，该工具是"采用计划准备清单"（Adoption Program Readiness Checklist），它包含一个通用的项目列表，可以根据需要修改成向客户成功经理和高级项目领导提供的一个定制清单，以便他们用来确保在采用计划开始启动时不至于遗忘任何东西。

客户成功管理实践框架第 5 阶段的活动与产出

客户成功管理实践框架第5阶段的活动

客户成功管理实践框架第5阶段的活动包括：

1. 检查你在客户成功管理实践框架第1阶段中为客户创建的并已经填写的"客户研究清单"（或者你在移交中使用的其他工具）。

2. 如果有任何需要填补的信息缺口或需要验证的假设，将其记录下来，并准备向客户提出问题。

3. 检查已填写的"客户互动策略"，以及已经在中央存储库中为这位客户创建的任何其他文档，以确保你了解对互动的最新要求。

4. 花一些时间与高级项目领导和其他关键的利益相关者一同回顾采用计划、采用路线图和任何其他由客户创建的用于对采用计划进行项目管理的文档。

5. 如果有必要，将项目阶段分解成更小的工作包，这些工作包可以分配给每个人来完成，每个人都有自己的可交付成果。

6. 定制"采用计划准备清单"，然后在项目准备研讨会中完成该清单。注意在这个过程中发现的任何问题。

7. 实施采用计划。在你的日程安排中分配一些时间来为高级项目领导或任何对采用计划进行项目管理的人提供支持、建议、咨询和其他协助。要特别注意对人员的管理，确保完成任务并进行衡量。

8. 整理和记录衡量结果并编写报告（或者确保负责执行这些任务的人正在做这些工作）。

9. 应对出现的意外挑战，并确保将这些挑战记录下来，以便将来与其他客户进行类似的采用计划时作为参考。

10. 必要时参加治理委员会会议或其他治理会议，报告进展情况，并帮助确定对采用计划的任何必要更改。

客户成功管理实践框架第5阶段的产出

客户成功管理实践框架第5阶段的主要产出是完成采用计划——至少完成它的初始部分或正式部分（见上面关于采用计划是否完成的讨论）。客户成功经理应当在中央存储库中存储在此阶段中创建的任何文档的副本，并且在"客户成功经理活动追踪模板"中记录在这个阶段中获得的经验教训。在采用计划阶段结束时，你和客户将准备好进入客户成功管理实践框架第6阶段。

客户成功管理实践框架
第6阶段：价值实现

第 **10** 章

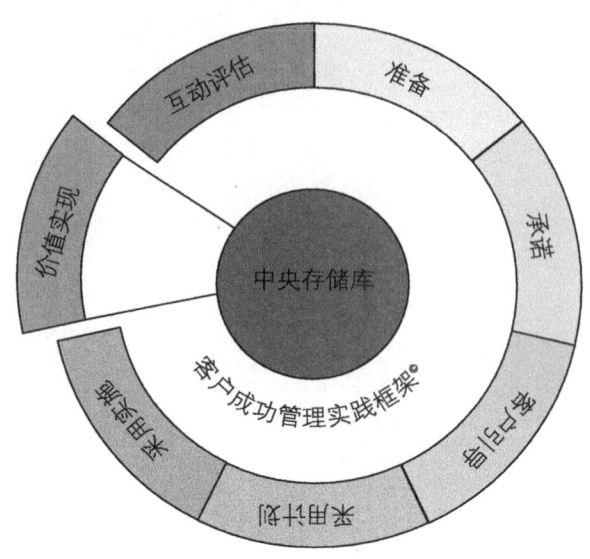

客户成功管理实践框架第6阶段：价值实现

价值实现是什么意思

价值实现的定义

正如我们在前几章所讨论的，客户之所以从公司购买产品、服务和解决方案，是为了支撑他们的业务并促使他们的业务取得所需的结果。产品、服务和解决方案通常构成特定购买计划的一部分，其本身的结果与其他计划的结果相结合，以便向企业交付总体战略结果。客户成功经理职业角色的一个方面是理解这些基于战略购买计划的对结果的要求，这样的话，他们就可以帮助客户实现这些要求，并报告实现这些要求的进展。

这些结果形成了客户想要实现的"特定价值"。然而，通过使用产品、服务和解决方案，客户也可以在实现其预先确定的结果的过程中获得其他优势和利益，这些就是"附加价值"。

客户成功经理可以帮助客户尽可能快速和有效地实现这些要求，也可以帮助客户从公司的产品、服务和解决方案中获得尽可能多的额外收益。在此过程中，客户成功经理帮助客户从他们与自己公司的关系及购买的产品、服务和解决方案中实现最大价值。这当然增大了合同续签和进一步销售的可能性。

除了对公司的价值，对于单个客户利益相关者（如高级项目领导或对购买计划的结果进行了大量投资的其他关键利益相关者）来说，价值也可能是个人的。例如，若项目取得了成功，这种价值可能与提升他们自己、团队或部门的形象和在公司内部的地位有关，或者与实现目标的经济奖励有关。

价值实现阶段相对的持续时间

实现结果的长期努力

到目前为止，客户成功经理参与的所有阶段的持续时间都相对较短，并且往往有固定的开始日期和结束日期，包括需求收集、客户引导、采用计划和采用实施。我们可以将各个阶段看作支持客户购买计划的整个项目中的一个个小型项目。其中，采用实施阶段可能持续时间较长，因为它有时可能在几个月甚至几年的时间内分阶段交付，所以可以认为采用实施阶段的某些方面是持续的，而不是在某个特定的期限内发生的。不过，总的来说，所有这些活动都可以被视为在开始时发生的事情，并且只是作为价值实现阶段的促成因素。实际上，从客户的角度来看，到目前为止发生的一切（包括售前和售后）都是为项目真正开始而做的准备工作。价值实现阶段是实际使用产品、服务和解决方案的开始，以生成产出，随着时间的推移，这些产出将有助于实现公司的预期结果。

从完成采用到公司实现所有预期结果需要多长时间？可以是任何一段时间，但通常不会是3～5年，当然，时间长短会因行业而异。因此，对客户成功经理而言，目前已处于长途旅行中，而对客户而言，这一旅程才刚刚开始。

大多数客户将处于价值实现阶段

考虑到其他阶段发生的时间相对较短，而价值实现通常是一个长达数月或数年的长期过程，所以客户成功经理的大多数客户可能都处于价值实现阶段，而且目前只有相对较少的客户会处于购买计划的早期阶段。例如，拥有30位客户的客户成功经理也许发现，其中，一两位客户目前处于购买计划的准备或客户引导阶段，一两位客户处于购买计划的采用计划或采用实施阶段，其余所有客户都处于购买计划的价值实现阶段。

大多数活动将处于前面的阶段

从客户成功经理的角度来看，大多数活动都发生在客户互动的早期阶段，从自身与客户的初步准备到完成最初的采用。一旦来到了价值实现阶段，主要的研究、分析、计划和实施工作基本上就宣告结束了，现在只需进行持续的衡量，编写常规报告并就报告内容与相关人员展开沟通，而且在必要时采取纠正措施，使购买计划保持在正轨上。因此，尽管大多数客户都处于购买计划的价值实现阶段，但这并不一定意味着客户成功经理的大部分时间都将花在执行与该阶段相关的任务上。

平衡多个客户的需求

客户成功经理时间的平衡

客户成功经理很可能会发现，尽管从准备阶段到采用阶段与客户互动的次数相对较少，但这些互动将占用他们的大部分时间。再回到客户成功经理管理30位客户的例子中，可能只有三四位客户处于购买计划的早期阶段，但与他们互动也许占用了1/2~2/3的时间，剩下的1/3~1/2的时间用于与其他客户相关的活动,以及任何与客户无关的活动,如参加培训课程、参加内部会议和撰写报告等(见图10.1)。

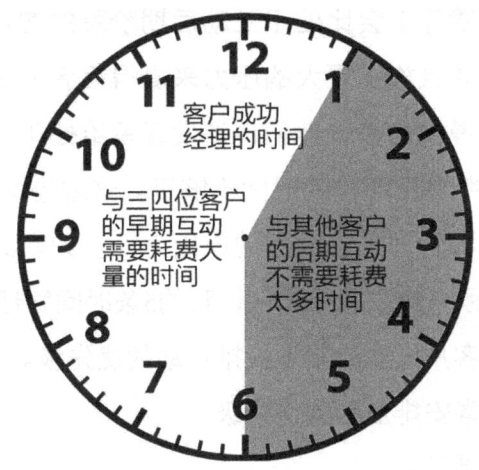

图10.1 可用时间的平衡

无论客户成功经理管理3位客户还是3万位客户,都适用同样的原则。尽管不同行业、不同客户成功经理及针对不同客户销售不同产品、服务和解决方案的公司之间有很大差异,但正确的做法是在互动早期、互动后期及与客户无关的活动之间平衡好时间。客户成功经理的个人日程安排可能看起来与所示的例子截然不同,但重要的是要认识到,只有理解平衡,才能更好地对其进行管理。

为后期互动寻找时间

正如我们所看到的,早期互动通常是相当耗费时间的,往往在客户组织内部和客户成功经理自己的公司内部更加明显,早期互动也经常有完成期限,因此常常对客户成功经理造成一定的压力,迫使他们为客户提供最大限度的支持。不过,客户成功经理需要随时了解所有的需求,并且必须根据所有客户的需求和其他职责来管理自己的日程安排。这可能需要进行一些思考,因为决定是花更多时间在客户A身上好,还是将更多时间花在客户B、客户C、客户D身上好,抑或是花更多时间参加某个培训课程来提高技能或增加知识好，诸如此类，并不是一件容易的事。

还有一种情况是，处于互动早期阶段的客户（及客户成功经理自己的同事，如销售主管等）会比处于互动后期阶段的客户对客户成功经理提出更高的要求，并且施加更大的压力来赢得后者的时间和关注。如果客户成功经理未能谨慎对待，他们也许发现留给处于互动早期阶段客户的时间太多了，留给其他工作的时间不够了。这就是本书第2章鼓励客户成功经理仔细计划和管理自己时间的原因之一。如有必要，这部分内容可能值得我们再回顾一遍。总结起来，我的5条时间管理原则是：

- 根据公司的客户成功战略来安排活动的优先级。
- 根据实际因素安排活动的优先级。
- 始终让客户满意。
- 明确日程安排之处的时间需求。
- 明确日常活动需求。

一旦运用了这5条原则，客户成功经理就可以进入日程安排系统并开始填写，从原则1和原则2的活动开始，然后酌情开展原则3～原则5的活动。

衡量很重要

彼得·德鲁克（Peter Drucker）有句名言："如果你不能衡量它，你就无法改进它。"这句名言同样适用于客户成功管理的世界，也适用于公司运营的任何其他领域。客户成功经理一定要进行正确的衡量，（同样重要的是）根据收集的数据采取正确措施来分析、报告，并在必要时采取纠正措施。这包括对每个客户进行衡量，可在健康评分或类似的软件系统可对衡量结果进行报告，并允许客户成功经理监控自己的公司和特定客户之间的关系的健康状况。它还包括对所有活动及与特定产品或服务相关的全部活动进行衡量，并且比较这些衡量结果在一段时间内的情况，以发现整体或每件产品/每项服务的模式和趋势，进而再次分析、报告及在必要时采取与这些模式和趋势相关的行动。

管理客户成功经理活动的软件系统

客户成功经理的工作是多样而复杂的。这意味着追踪、管理和报告客户成功经理的活动，以便高级管理层能够确定他们的活动创造了多少价值，并不是一件容易的事。对于客户成功经理来说，要弄清楚他们负责管理的哪些客户需要他们的帮助和支持，需要什么类型的帮助和支持，什么时候需要，以及需要给予多大的帮助和支持，并不总是容易办到。由于这种需求，客户成功管理概念的早期采用者（当然也碰巧是软件即服务公司）设计和开发了软件系统，为它们的客户成功经理提供这类帮助。这些软件系统最初是为公司内部使用而设计的，但最终成为公司软件服务组合的一部分，出售给遇到类似困难的其他公司。

客户成功软件系统通常被称为健康评分系统。目前这类系统的一家著名供应商是Gainsight，它提供一种功能十分丰富的产品，与Salesforce或NetSuite等客户成功管理系统集成，满足大型组织内的大型客户成功部门的需求。还有许多其他供应商，如Totango和ClientSuccess，它们生产类似的有竞争力的产品，同时还有一些供应商提供功能较少的系统，旨在满足小型组织的需求。

客户成功软件系统供应商在塑造客户成功行业中的角色

由于客户成功行业本身是从"软件即服务"市场中成长起来的，客户成功软件系统的主要供应商在塑造客户成功行业和推动客户成功管理发展方向方面发挥了重要作用。我们可以从以下事实中看出以上所言非虚：Gainsight的CEO尼克·梅塔（Nick Mehta）出版了一本名为《客户成功》（*Customer Success*）的书，阐述了客户成功管理的理论、概念与哲学；这一领域的另一本畅销书名为《要耕种不要狩猎》（*Farm Don't Hunt*），作者是Toango的CEO盖伊·涅帕兹（Guy Nirpaz），这两本书都是我极力向读者推荐的好书。这种影响不一定是件坏事，而且毫无疑问，在推动客户成功管理发展为一门职业的过程中取得的大部分成就，都归功于这些个人和组织付出的艰苦努力和创造性见解，他们是客户成功实践真正的先驱。随着客户成功管理的范围进一步扩大并成为所有类型公司采用的主流，而不是被"软件即服务"公司所主导（就像现在的情况一样），这种影响可能会减弱，客户成功管理的理论、概念和理念将进一步成熟，不再依赖少数公司决定其未来的增长和方向。在作者看来，这也不是一件坏事。

尝试手动完成这些事情是行不通的

很明显，客户成功经理确实需要某种软件来帮助他们分析客户的需求，报告活动和结果，并有效地管理时间。虽然手动完成这些事情是可能的（事实上，我知道几个小型的客户成功团队就是这样做的），但出于以下原因，我不推荐这样做（见表10.1）。

表10.1 使用合适软件系统的原因

原因	解释
记录信息所需的时间	手动解决所有问题都非常耗时。例如，使用允许从下拉列表中选择信息的系统而不是手动编写信息，通常会快得多
录入数据的准确性	手动录入数据会导致错误。单词很容易拼错，数据也容易输入错误。哪怕是这类相对较小的错误也会产生深远的影响
信息的共享	如果每位客户成功经理都管理他们自己的信息，那么在他们之间（开展最佳实践和协作活动）或与高级管理层（监测绩效和确定投资回报）共享这些信息将非常困难
信息的一致性	如果每位客户成功经理都以自己的方式管理自己的信息，那么在团队中比较（甚至理解）来自客户成功经理的信息会非常困难，并且整理团队的结果会非常耗时
信息的掌控	如果没有使用由IT团队管理的集中式软件系统，就会产生关于信息（可能包括客户数据）存储在何处、如何存储及谁可能访问这些信息的问题

续表

原　因	解　释
信息的有用性	由于上述所有或至少许多因素，存储的信息变得不再那么有用，因此也就不再那么有价值。这会导致做决策时缺乏信息，生产力和质量都降低
招聘和留住员工	如果客户成功团队想要成长和成熟，就需要吸引和留住高素质的员工。最好的客户成功经理期望使用正确的工具来履行其职责

选择客户成功软件系统

目前有许多公司提供为满足客户成功经理的需求而专门开发的系统，或者在现有系统（如客户关系管理系统）中附带客户成功管理相关功能的内插式模块。事实上，对于新成立的客户成功团队来说，可能有许多令人眼花缭乱的选项可供选择。我不是客户成功软件系统方面的专家，但有许多顾问和销售人员专门为管理团队提供建议和支持，这些管理团队决定购买什么样的客户成功软件系统来满足他们的特定需求。因此，我的建议是，在难以决定的情况下与合适的专家接触，他们可以帮助确定需求并指出合适的选项以供选择。

不过，我有条一般性的建议，那就是让事情保持简单和灵活，特别是在刚开始时。如果你的客户成功团队成立时间相对较短，并且仍然处于发展和成熟的过程中，那么你很可能还没有完全了解你的客户成功软件系统需要什么，或者在不久的将来需要什么。因此，你今天做出的任何决定都应当既简单又灵活。

选择一个更简单的系统，或者只使用更复杂系统的一些基本功能，在任何时候都是有益的，尤其是在刚开始的时候。这是因为客户成功经理和他们的经理太容易被数据管理所束缚，而实际上他们应该跳出来做他们的工作。我强烈建议一开始只使用最基本的软件功能，然后随着时间的推移和客户成功团队的发展，你的成熟程度也在提高，当你发现自己需要更多的功能时，再慢慢地添加。

选择一种灵活的消费模式（例如，一份年度服务软件合同而不是直接购买）。随着时间的推移，当你开始了解你的客户成功软件系统真正需要什么时，灵活的方法会使你的选择余地更大。采用灵活的方法，有助于你更容易地放弃任何后来也许不合适的早期决定，转而选择一个不同的、现在已被证明更好的方向，以满足部门的需求。

将简单和灵活作为选择客户成功软件系统的指导原则，还可能赢得你的朋友和客户成功经理本身的支持，因为以这种方式选择的系统可能更快、更容易，因此对他们来说更高效，减少了使用过程中的沮丧感。

客户成功软件系统的选择标准

除了简单和灵活，客户成功软件系统的选择标准应当基于希望通过拥有和使用它之后能够获得的结果。你可能需要考虑的结果如表10.2所示。

表10.2　客户成功软件系统选择标准

结 果	解 释
数据的安全管理和控制	包括客户数据丢失在内的任何安全漏洞都可能对公司造成损害，这将是灾难性的。确保所有数据都得到安全管理和控制是所有客户成功团队的必然要求
出于管理目的而准确地保存记录	抛开使用客户成功软件系统的任何"聪明的"理由不谈，出于各种一般管理目的，很有必要简单地了解发生了什么、什么时候发生的、谁做的，以及结果如何
单个客户成功经理的效能	将每个客户成功经理视为一个个体，所选择的任何客户成功软件系统都应有助于他提高工作质量和生产力。因此，软件系统应当易于理解、直截了当，并且使用便利，可提供必要的功能，以便进行高质量的研究、分析和计划
团队效率	所选择的软件系统应该能够在客户成功经理之间共享信息，并提供一种联合参与的协作机制。允许客户成功经理团队外部的其他同事（如销售主管和服务经理）进行一定级别的访问也可能很有用

续表

结 果	解 释
可与现有系统互操作	管理和存储数据的一般规则是尽量只存储一次，这样的话，管理起来更简单、成本更低，并且能够确保数据是最新的。这意味着，与其将客户和产品的所有信息存储在客户成功软件系统，不如与公司中已经保存这些信息的其他系统（如客户关系管理系统和产品数据库）连接起来，然后可以自动查找并在网页中向客户成功经理显示这些信息
实现向管理层报告	客户成功软件系统必须使团队领导者、部门经理和高级业务领导能够通过报告的形式获取他们所需的信息，以确定个人和团队客户成功活动的有效性，并计算公司在这些活动上的投资回报
培训与支持	软件系统的好坏取决于它的使用者，而使用者需要获得正确的培训和支持，以便能够尽可能高效地使用软件。软件系统供应商应能提供适当的培训和支持

使用客户成功软件系统进行健康评分

健康评分是一种评估客户与客户成功经理的公司之间关系的工具，而不是评估客户公司健康状况的工具。所以，不管客户公司表现多好或多糟，较高的健康评分意味着特定客户与客户成功经理的公司之间的关系目前很好，而较低的健康评分则意味着两者之间的关系目前很差。

当然，每个供应商的客户成功软件系统在细节上是不同的，但大多数都使用"仪表盘"的概念，该概念向客户成功经理提供了与他们负责管理的所有客户有关的基本的关键绩效指标信息的鸟瞰视图。大部分（如果不是全部的话）软件系统为每个关键绩效指标和整体客户关系提供了评级或评分——因此，这些软件系统的功能通常被称为健康评分系统（如果读者不熟悉这种系统的外观和感受，不知道它们是如何运行的，建议花半小时左右的时间在互联网上浏览一些软件系统供应商提供的产品，了解一下它们是做什么的）。

不同供应商的客户成功软件系统将使用不同的关键绩效指标，从而确定客户关系的总体健康状况得分。一般情况下（尽管并不会始终如此），每个关键绩效指标的评分范围是1~5、1~10或1~100，其中，1表示低评分，5、10或100表示高评分，而0可能用来表示特定的关键绩效指标与客户不存在相关性。更复杂的系统使其使用者（购买软件的客户成功团队）能够选择他们希望使用的关键绩效指标，并将总体健康得分的计算偏向于一个或多个关键绩效指标。例如，如果使用5个关键绩效指标，客户成功经理可以用所有5个关键绩效指标得分的简单平均值来确定总体健康得分，这意味着每个关键绩效指标对总体健康得分的贡献为20%。如果客户成功团队的经理认为5个关键绩效指标中的1个和其他4个加总起来一样重要，那么整体健康评分可以显示出这种倾向，这个重要的关键绩效指标对健康得分的贡献率为50%，其他4个的贡献率分别为12.5%。这可能会为客户产生一组不同的健康评分值，当然，这也是这么做的意义所在。

　　选择适当的关键绩效指标并赋予指标正确的权重，目的是为每个客户得出一个健康得分，以尽可能准确地反映客户与公司之间当前关系的真实情况。图10.2说明了如何进行健康评分。倒数第二列显示的客户健康得分反映了关键绩效指标得分的简单平均值。最后一列显示的客户健康得分反映了关键绩效指标得分的加权平均值，其中，50%偏向关键绩效指标1，其余50%平均分布在其他4个关键绩效指标之间。从这个例子可以看出，使用关键绩效指标1的偏差，有的健康得分更高，而另一些得分则更低，这可能对客户成功经理的决定产生影响。比如，如果客户成功经理的公司与某位客户的健康得分低于2分，客户成功经理可能决定不把时间浪费在试图改善与这位客户的关系上，而是着重帮助得分在2~3分的客户达到4分或5分。我们可以看到，对于关键绩效指标1的加权健康评分，客户1和客户7将被拒绝，而如果使用简单平均值，客户6将被拒绝，但客户1和客户7则不会被拒绝（见图10.2）。

	关键绩效指标1	关键绩效指标2	关键绩效指标3	关键绩效指标4	关键绩效指标5	健康评分（简单平均）	健康评分（关键绩效指标1偏差）
客户1	1	2	3	1	4	2.20	1.75
客户2	3	4	3	5	4	3.80	3.50
客户3	2	4	3	2	4	3.00	2.63
客户4	5	5	4	3	4	4.20	4.50
客户5	4	2	4	2	5	3.40	3.63
客户6	3	1	2	2	1	1.80	2.25
客户7	1	4	3	2	2	2.40	1.88
客户8	3	5	3	1	4	3.20	3.13
客户9	3	5	3	4	4	3.80	3.50
客户10	3	5	4	4	5	4.20	3.75

图10.2　使用健康评分系统

选择健康评分系统中使用的关键绩效指标

正如已经提到的那样，供应商的客户成功软件中特定健康评分系统提供的现成的关键绩效指标是不同的，更复杂的系统将使客户成功管理团队能够选择他们想要的任何关键绩效指标，并建立数学模型，以便尽可能准确地反映每位客户的总体健康得分。

当然，选择在健康评分系统中包含哪些关键绩效指标是非常重要的，因为这将对所计算的整体健康评分产生重大影响。应当谨慎地选择足够的关键绩效指标，以反映客户与公司关系的每个不同方面。同时，如果关键绩效指标太多，则计算会变得繁重，为保持数据的更新，客户成功经理将面临额外的、相当繁重的管理压力。因此，需要在准确性和效率之间取得一种平衡，而这种平衡需要仔细考虑。

我对于选择关键绩效指标的建议基本上和选择客户成功软件系统是一样的，也就是说，使用一个可以在未来进行调整的系统，使之保持简单，一开始可能只使用两三个关键绩效指标，然后，随着客户成功经理团队的复杂性和对更精确数据的需求的增大，逐步添加更多的关键绩效指标。尽管如此，我仍会尝试在5个或最多6个关键绩效指标上停下来，因为超过这么多，只会增加管理开销而不是增加真正的价值。

表10.3列出了健康评分系统中最常用的一些关键绩效指标，并解释了数据的来源。

表 10.3 常用的健康评分系统的关键绩效指标

关键绩效指标	描述	数据
出资人	我们正在打交道的客户的资历	由客户成功经理手动输入，或者由销售团队从客户关系管理工具中的条目中获取
宣传	客户在参考资料、案例研究、推荐等方面给我们做了多少宣传	由客户成功经理手动输入，或者由销售或市场营销团队从客户关系管理工具中的条目中获取
观点	客户如何看待他们与我们关系的重要性	由客户成功经理手动输入，或者由销售团队从客户关系管理工具中的条目中获取
支持利用	客户在多大程度上利用了我们的支持系统	由客户成功经理手动输入，或者由支持团队从服务管理工具中的条目中获取
支持反馈	客户对客户支持的满意程度	由客户成功经理手动输入，或者由支持团队从服务管理工具中的条目中获取
实施水平	客户购买并使用了多少产品或服务	由客户成功经理手动输入，或者由服务管理团队从服务管理工具中的条目中获取
使用情况	整个产品或服务中有多少是客户实际使用的，使用频率是多少，使用方式是什么	由客户成功经理手动输入，或者由服务管理团队从服务管理工具中的条目中获取
公司健康状况	客户组织的健康状况取决于既定的标准，如收入、盈利能力、现金流、市场地位、研发投资等。	通常由市场营销团队输入，或者来自专业第三方的外部反馈
客户满意度	客户对公司及其产品、服务和解决方案的总体满意程度	通常由市场营销团队管理，作为来自客户满意度年度调查的反馈
净推荐值（Net Promoter Score，NPS）	客户向他人推荐公司及其产品、服务和解决方案的可能性	通常由市场营销团队管理，作为来自 NPS 年度调查的反馈

客户的留存与流失

除了上面显示的健康评分系统中对客户的衡量,客户成功团队当然也会衡量公司客户留存率和流失率,这些也应存储和显示在公司客户成功软件系统中。留存率和流失率的定义如表10.4所示。

表10.4 留存率和流失率的定义

关键绩效指标	描述	数据
留存率	续签服务合同的客户比例,以占所有客户的百分比表示	由客户成功经理手动输入,或者由销售团队从销售系统中的条目中获取
流失率	不续签服务合同的客户比例,以占所有客户的百分比表示	由客户成功经理手动输入,或者由销售团队从销售系统中的条目中获取

留存率和流失率的概念是相反的。假设你现有100位客户,其中80位将续约,那么在衡量期间,留存率为80%,流失率为20%。

留存率和流失率的衡量可通过多种方式结合起来,并且用来生成有用的信息。一种方法是计算并显示客户整个生命周期内的留存情况,然后显示每个合同周期内的流失情况(例如,如果使用年度合同,则显示每年的流失率;如果使用月度合同,则显示每月的流失率)。这不仅有助于了解有多少客户长期留存下来,还有助于了解他们在客户生命周期内的流失情况,以及对于最近获得的客户而不是对于老客户,这种模式是否会随着时间的推移而改变。

在这两个数字中,留存率是我推荐客户成功经理和客户成功团队关注的数字,因为它是正向的数字,更能激励团队。关于留存率的最后一点是,将留存率低于理想水平归咎于续约团队是没有好处的。提高客户留存率的行动必须贯穿于客户合同期限的整个生命周期,尽管留存率只能在客户续签或不续签时进行衡量。等到客户即将做出决定再着手干预,不论对于什么样的客户成功活动,都太迟了!

帮助客户实现价值

客户视角与客户成功经理视角的差异

从客户的视角来看,他们在价值实现阶段主要的甚至是唯一关心的问题是,确保该购买计划为他们自己的组织带来尽可能多的价值,这常常是通过实现购买计划所阐述的结果来实现的(关于如何定义和记录结果的讨论见第1章)。从客户的视角来看,互动的目的是使得整个过程尽可能快速、高效地进入价值实现阶段,然后确保尽可能多的价值得到实现并尽可能高效和迅速地实现。

然而,从客户成功经理的视角来看,情况可能有点不同。从这个视角来看,后期的互动要求可能包括如下内容:

- 增加客户续签所有"X即服务"合同的机会。
- 尽可能增大所有"X即服务"合同的规模。
- 争取尽可能多的追加销售和交叉销售机会。
- 接收有关产品、服务和解决方案的有益反馈,这些反馈可以用于将来改进产品、服务和解决方案。
- 以参考资料、案例研究、推荐等形式获得宣传。
- 在了解客户需求和与关键利益相关者建立更深入的关系方面,与客户更亲近。
- 继续提供尽可能优质的客户体验,帮助客户达到预期的结果。
- 以互动过程中的经验为基础,推动组织的学习和发展。

在上面的清单中,只有一项与客户需求直接相关,可以认为其余的是供应商考虑的事情而不是客户考虑的事情。这并不是说其余项是错的,也不是说客户成功经理认为它们不重要。这就是客户成功经理在为每个客户制订客户成功计划的同时也要了解自己公司的成功战略,将上述所有因素(或任何与特定客户成功经理相关的因素)考虑在内的原因。有关这方面的更多信息,请参阅第2章。

致力于满足客户需求的好处

正如我们在上面看到的那样,客户成功经理不需要关心所有的事情,但帮助客户做他们想做和需要做的事情很重要,也就是说,重要的是在采用后实现价值最大化。毕竟,如果实现的价值不够大,那么客户就不太可能续签合同。因此,价值实现越快越好、越大越好,这符合每个人的利益。

客户成功经理向客户表明他们自己和他们的公司都了解客户对价值实现的需求,并准备持续地努力工作,以帮助客户实现目标。向客户表明客户成功经理是"长期支持他们的",能给客户带来非常积极的体验,也可以在很大程度上加强客户和供应商之间的关系。

给客户成功经理自身考虑的事情留出时间

如前所述,客户成功经理需要确定在之后的价值实现阶段,公司的成功战略对他们有什么要求。只有当清楚这一点时,他们才能制定个人时间表,将相关活动纳入其中,以实现这些额外的目标。也就是说,他们要知道公司对自己的期望是什么,然后相应地安排自己的时间。就这么简单。

好消息是,这些额外目标中的许多甚至大部分都与客户的目标很好地结合在一起,因此,这两组目标通常可以合并成一系列的任务或活动,从而促进目标的实现。不过,有些领域仍然需要专门管理,本章接下来的内容将阐述这些主要领域中的每一个。

审阅客户的成功建议书

本书第5章讨论的活动之一是制作一份客户成功建议书,记录所提供的客户成功服务的总体目标,并明确列出将给予的帮助类型,以及关于角色和职责(客户成功经理与客户)、时间表、里程碑、结果、衡量、沟通机制和进度报告的信息。成功建议书的内容要与客户合作提出。

正如先前所解释的那样，成功建议书旨在作为双方的持续参考。它阐明了要做什么，怎么做，谁来做，需要多长时间，以及应当产生什么样的结果。将这些细节记录在文档中，我们便能更清楚地了解取得的进展和实现的价值，当然，这也能够在最后展示并证明与客户互动所带来的整体成功水平。

牢记这一点，一旦实施了采用计划（或者，如果项目将随着时间的推移分阶段实施，并且之间有间隔，也许只要采用项目的某个重要阶段完成了），那么客户成功经理提议与高级项目领导及其他关键利益相关者举行一次必要的会议，以审阅成功建议书并就如何最好地向前推进达成一致，是一个好主意，同时，各方还可就客户成功经理可以持续地向客户提供哪些进一步的帮助和协助谋求一致。

帮助客户实现价值最大化的活动

那么，客户成功经理可以做些什么来帮助每位进展到后期的客户最大限度地实现价值呢？细节当然会因客户的不同而各异，帮助和协助的程度也会根据情况不同而有所不同。到后期，客户成功经理可以提供的协助的主要包括：

- 关键绩效指标、衡量和里程碑。
- 报告和评审进展情况。
- 应对挑战。
- 管理变革。

现在我们依次阐述这些，从关键绩效指标、衡量和里程碑开始。

关键绩效指标、衡量和里程碑

客户成功经理应该在互动的早期阶段应用的部分最佳实践是记录客户对结果的要求，以及用于衡量实现这些要求的进展的关键绩效指标。

第10章 客户成功管理实践框架第6阶段：价值实现

读者也许记得，与结果和关键绩效指标相关的概念，本书的第1章已经讨论过。读者还将回想起，必须仔细地选择关键绩效指标，以确保准确地描述目前的进展情况，而且，衡量这些指标在表明实现目标的进展方面是有意义的。

通常情况下（尽管并非总是如此），客户知道他们想衡量什么关键绩效指标。如果客户不知道这些信息，那么客户成功经理可以安排与来自客户所在行业的业界专家和同事进行讨论，帮助他们确定关键绩效指标的要求。不过，客户成功经理的特殊价值通常体现在如何进行关键绩效指标的衡量。当衡量将全部或部分地涉及客户成功经理公司的产品和服务时，情况尤其如此。来自客户成功经理的建议可能包括有关自动衡量哪些类型的活动或绩效的信息，以及可以配置哪些附加衡量的信息。同样，如有必要，客户成功经理可能带来更多的专业知识帮助客户，如来自产品专家或服务经理的必要的知识和经验，可让客户理解哪些选择是可用的、系统需要如何配置才能获得这些衡量的结果。

建议在适当情况下于新系统实施之前进行基线衡量。基线衡量可作为比较点，以便对比新系统实施之后的衡量结果，了解实施新系统之前和之后的绩效差异。此外，还建议客户确定一些中期目标，以便在实现整体和最终结果的过程中实现中期目标。这些中期目标通常被称为里程碑，它们作为过程中的检查点，确保取得足够的进展，保证实现长期结果目标，或者如果没有取得足够的进展或实现长期的结果，里程碑可作为预警信号，以便采取适当的纠正措施。图10.3显示了从基线到结果的过程。

总之，客户成功经理一定要让客户清楚正在衡量哪些关键绩效指标，如何衡量，如何记录，以及谁将负责确保衡量的进行。

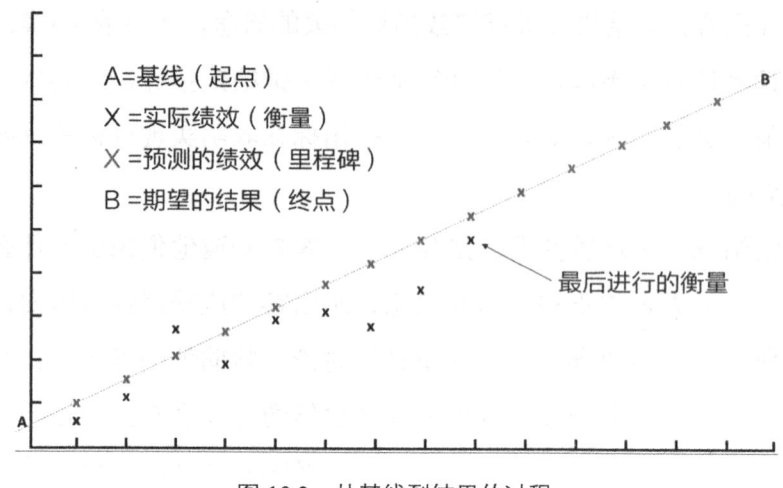

图 10.3 从基线到结果的过程

报告和评审进展情况

进行衡量和记录衡量结果很好，但仅有这些活动还不够。收集到的数据需要转化为有用的信息，而这些信息要报告给决策者，以便他们分析和确定是否有必要采取任何纠正措施，如有必要，这些措施应当是什么。

即使正在进行的所有衡量的结果全都是通过客户成功经理的公司提供的服务自动获取的（假设在"X即服务"提供的软件系统的情况下），也要记住，衡量的数据仍然是客户的数据。各方应进行讨论，以确定客户需要以何种格式接收这些数据，应多久提供一次。如果是连接软件的情况，很可能需要将连接软件配置为自动和定期地将这些数据从客户成功经理公司的系统传输到客户自己的系统。对于客户成功经理的公司来说，这应该是常规操作，并且很可能在售前阶段就已经讨论过并达成一致。但是，建议客户成功经理一定要保证与客户进行了这方面的讨论，并且相关的连接软件已准备就绪。此外，他们（或相关同事）可能需要向高级项目领导简要说明这一点，因为此人可能没有参与售前讨论。

关于报告和评审进度的一些考虑因素如下：

- 安排时间定期评审你自己的和高级项目领导的日志中记载的进度情况。

- 考虑来自客户公司的哪些人可能需要参加评审会议或可能从参加评审会议中受益。

- 考虑客户成功经理公司的哪些人可能需要参加评审会议或者可能从参加评审会议中受益。

- 考虑是否有来自任何第三方公司的人也需要参加评审会议或可能从参加评审会议中受益。

- 查明客户公司是否已经有合适的进度报告文档格式,如果有,建议将其用于这一购买计划的进度报告。

- 如果客户公司没有进度报告文档格式,请找出自己的组织是否有合适的模板可供使用(一个很好的选择可能是求助服务经理,他们或许拥有报告的模板,用于向客户报告服务交付情况,可根据不同需求进行调整)。

- 就正在进行的进展会议的步调和持续时间(多久召开一次会议和召开一次会议要多长时间)与高级项目领导(及其他必要人员)协商并达成一致。

- 就正在进行的进展会议的地点和形式(在哪里开会,以及会议将如何举行)与高级项目领导协商并达成一致。

- 从高级项目领导那里了解客户组织中哪些人不参加定期会议,但需要收到定期更新的报告。

- 如有要求,请帮助高级项目领导确定在报告中提供哪些信息,以及这些信息应如何显示。在可能的情况下,推荐尽量使用图形的方式来表示详细或复杂的信息(如使用饼状图、条形图等)。

- 尽量不要让报告过于冗长或复杂,要尽可能简洁,并确保需要批准的任何建议或行动得到了清楚的标记。

- 就哪些类型的需求可能会触发额外的、非例行的会议(例如,如果风险发生,或者高管层对计划的结果的要求做出了战略性的改变）及如何处理等事项与高级项目领导达成一致。

应对挑战

挑战包括任何实际地或潜在地干扰价值实现过程的事情。挑战必定会以某种形式出现，因此，客户成功经理应预见到这些挑战并为此做好准备。

挑战的类型包括但不限于：

- 出现先前确定的采用风险。
- 出现先前确定的采用障碍。
- 出现先前未被识别的采用风险。
- 出现先前未被识别的采用障碍。

在出现先前确定的采用风险或采用障碍的情况下，客户成功经理应协助高级项目领导遵循之前双方商定的活动来管理采用风险或采用障碍。在出现先前未被识别的采用风险或采用障碍的情况下，客户成功经理应协助高级项目领导遵循第9章中概述的应对采用风险和采用障碍的流程。

管理变革

管理复杂项目中的所有活动，有时会让人感到难以应付，甚至觉得是一项不可能完成的任务。当面对数百甚至数千个需要管理的活动，其中的许多活动还是同时进行的时，人的压力会迅速上升。"分而治之"的基本原则可以应用于此。

- 购买计划中对结果的要求发生改变。
- 客户组织的高级人员的变化，他们与购买计划存在一些关联。
- 客户组织的重大变革（如合并或收购）。
- 购买计划中的产品、服务和解决方案的革新（如软件升级的发布）。

当以上前三项发生改变时，可以由高级项目领导或其他关键利益相关者识别并提请客户成功经理关注。

当最后一项发生改变时，客户成功经理需要确保自己公司内的相关产品、服务和解决方案经理时刻掌握这些情况，他们也应当是让高级项目领导注意到这些变化的人。在这种情况下，客户成功经理应确保他们的同事——主题专家介绍了已经发生的变化对客户的影响。如有必要，可以邀请相关专家与客户直接会面，解释这些变化及其影响。这可能包括对公司决策者（如高级项目领导）的简要说明，但也可能包括更多的技术移交，甚至对客户组织中的相关技术经理或员工进行培训。

无论变革采取何种形式，只要发生变革，客户成功经理就应提议召开会议，讨论细节，并在会议中确定以下事项：

- 这些变革将对价值实现产生什么样的积极和/或消极影响（如果有的话）。
- 需要采取什么样的行动来应对这些变革。
- 如何采取行动，由谁采取行动及使用什么资源。
- 采取这些行动需要获得什么批准（如果有的话），谁将负责此事。
- 如何衡量这些行动并分析衡量结果，以确保成功地处理了变革。

开展上述活动所需的信息不容易获得，客户成功经理应当与高级项目领导商定一项计划，首先研究和确定缺失的信息。本书网站提供了一个名为"挑战与变革清单"（Challenges and Changes Checklist）的简单模板，可用来协助管理挑战和变革。

最大化续约

并不完全涉及续约，但是……

如果你的公司是通过每月或每年的可续约合同来销售产品和服务的，那么使续约最大化的重要性再怎么强调也不为过。能否确保每年（或每月）有尽可能多的客户续约，这将决定企业到底是一家成功的、盈利的、不断增长的企业，还是一家不成功的、不盈利的、不断萎缩的企业。就这么简单。对于许多客户成功管理团队，其存在的核心原因及高级领导者有兴趣投资客户成功管理的原因，就是减少客户流失，提高续约率（客户续约的百分比）和续约平均水平（合同平均规模的增加或减少）。在本节中，我们将此简称为"最大化续约"。

客户成功经理在最大化续约中扮演的角色

显然，客户成功经理作为负责带头帮助客户从购买本公司的产品、服务和解决方案中实现价值的人，在最大化续约中扮演着非常重要的角色。基本的概念是，如果客户能从他们的合同中获得良好的投资回报，就很有可能续约。客户成功经理以多种方式帮助客户实现这一目标（见表10.5）。

表 10.5　客户成功经理在最大化续约中扮演的角色

帮助的类型	描　述
定义客户对结果的要求	通过确保客户已经完整而准确地定义了他们对结果的要求，客户成功经理一定要有一个准确的目标，对照这个目标，可以在长期内衡量购买计划最终成功与否，同时，对照这个目标，还可以衡量价值实现的进展情况
定义里程碑	在帮助客户确定通向最终结果实现的道路上的里程碑时，客户成功经理提供额外的方法，在价值实现过程中，可以借助这些方法来衡量购买计划是否成功
确定关键绩效指标和衡量指标	协助客户选择相关的关键绩效指标并进行衡量，收集、分析和报告准确而有意义的数据，以证明正在取得的进展水平，进而证明投资回报水平
协助开展客户引导活动	为客户成功经理的公司的产品、服务和解决方案提供高质量的客户引导体验，使客户能够迅速上手，并开始更快、更有效地实现价值
协助开展采用活动	客户成功经理帮助研究和分析采用需求，制订成熟的采用计划（该计划包括沟通、培训和支持活动），以满足用户的知识、技能与态度需求，这极大地帮助客户确保客户成功经理公司的产品、服务和解决方案获得充分的采用和利用

续表

帮助的类型	描 述
使流程变革正式化	客户成功经理在采用实施过程中承担工作,如更新职责描述、编写新的流程指南、提供变革的记录(如常见问题)、更新外部认证文件(如 ISO 9001 等),以确保变革是正式的,使客户更容易采用新流程,更难回到以前的流程
报告和呈现信息	客户成功经理协助确定信息格式和报告的最佳方式,并在必要时向客户组织的高级领导报告和提交这些信息,这有助于将信息传递给决策者
应对挑战	通过帮助客户管理和克服障碍,如采用风险和采用障碍,客户成功经理帮助客户使购买计划保持在正确的轨道上,以实现结果
作为单一联络点	客户成功经理通过将自己作为客户与自己供职的公司甚至其他第三方的顾问、专家、资产和资源联系的单一联络点,为客户更容易、更有效地获得他们所需的人员和资源铺平了道路
领导、影响和销售	虽然客户成功经理不是销售人员,但他们也不应当羞于主动向关键利益相关者传达和展示自己公司的产品、服务和解决方案的价值,并积极影响续约
做大使和榜样	作为面向客户的员工,客户成功经理充当了自己公司文化、信仰和态度的大使,这样做有助于与关键利益相关者建立深厚而有意义的关系,关键利益相关者中的许多人可能参与了续约决策

追加销售和交叉销售

人人都是销售人员

在我看来,任何一位面向客户的员工都可以在公司的销售过程中发挥作用并做出贡献。我认为这条规则没有例外。至少,与客户的每次互动都应以能够加强公司与客户之间关系的方式进行,并从积极的角度展示公司。即使没有与客户就销售相关的话题进行谈话,客户成功经理也要保持友善、专业、礼貌和乐于助人的形象。客户成功经理与客户的每次互动都会增强或削弱客户对我们是谁和我们做什么的整体印象。

客户成功经理的销售职责

综上所述，虽然客户成功经理肩负着为公司带来正面影响并帮助改善与客户关系的总体责任，但他们也有一些具体的职责，如发现潜在的销售机会。客户成功经理与客户利益相关者进行沟通并提醒后者可以通过进一步的购买及与销售团队的联系和协调来获得可能的额外价值，以确保销售机会得到跟进。这通常被称为"扩张"活动。

事实上，客户成功经理经常处于与客户联系的特权地位。这是因为他们有机会与关键客户利益相关者建立有意义的关系，并且与这些人就愿景和战略、能力和流程、面临的挑战和机遇、业务和技术需求，以及打算或正在进行的项目等进行详细的对话。不仅如此，他们还以顾问和咨询师的身份而不是以销售人员的身份与客户进行对话。因此，如果做得好，并且假设客户利益相关者已经对其敞开心扉，客户成功经理很可能已经与一些关键客户利益相关者建立了非常牢固的业务关系，并且了解了许多关于客户愿望和需求的有益且重要的信息。

除了客户经理，从业务结果的角度来看，客户成功经理可能是最了解客户的人。也许他们有时甚至比客户经理知道的还多！因此，绝对应当赋予他们与销售团队密切合作的责任，以便发现并研究向每位客户进行销售的机会，当然，要确保这样做绝不会对他们和客户利益相关者之间的关系产生负面影响。

理解追加销售和交叉销售

简而言之，追加销售是指向客户出售比他们已经拥有的产品、服务或解决方案更昂贵的版本，而交叉销售是指向客户出售额外的产品、服务和解决方案，这些产品、服务或解决方案将与客户手头已经拥有的产品、服务或解决方案一起使用。

首先看追加销售。追加销售的形式多种多样，具体取决于销售的产品或服务。追加销售的例子可能包括：

- 购买更大尺寸的产品或更大规模的服务（如更大容量的车床，而不是更小容量的车床）。
- 为软件购买更多的用户许可（如2000个最终用户许可而不是1000个最终用户许可）。
- 购买包含附加功能或特性的产品或服务版本（如黄金版而不是白银版）。
- 购买基本产品或服务的附加功能和特性（如基本车床加旋转虎钳、三爪卡盘和自动刀具预调仪）。
- （可以论证）购买基础产品或服务之外的增值服务（如支持和维护、定制、与现有系统集成、保险、金融等）。

交叉销售要在购买清单中添加更多的产品或服务。交叉销售的例子可能包括：

- 管理服务，以运行和维护一项服务甚至整个部门。
- 专业服务，如咨询、协助客户分析挑战和机遇，并制定战略。
- 包含附加特性和功能的产品或服务，这些附加特性和功能与产品或服务的原有特性和功能相配套，以提供增强的结果（如销售配套的铣床与车床，或者销售配套的安全设备与网络设备）。

发现追加销售和交叉销售的机会

首先要说明的是，追加销售和交叉销售是密切相关的，没有必要将两者视为不同的或独立的活动。相反，两者是同时进行的，可以简单地认为，整体意义上的"销售"就包括了追加销售和交叉销售。

客户成功经理要在关键时刻保持警惕，以发现客户组织中可能由自己公司的产品和服务满足的需求。在每次对话及每次研究客户信息时，客户成功经理都有机会更详细地了解客户的挑战、机遇、战略、能力和需求。在任何时候，客户成功经理都可能遇到需求、需要、能够执行新任务的愿望，或者能够更好地执行现有任务的渴望——例如，以更低的成本、更高的质量、更快的速度等。具有发现挑战、解决问题，并为这些挑战提出解决方案的天赋的客户成功经理，可能尤其擅长进一步发现产品、服务和解决方案可能以怎样的方式为客户创造价值。

处理追加销售和交叉销售的机会

仅仅发现销售机会是不够的，还要以高效和有效的方式处理这种机会。每家公司对于如何处理销售机会都有自己的政策，如果客户成功经理不确定自己公司的政策是什么，那就应当尽快去了解。

在一些公司中，客户成功经理可能只负责发现潜在的机会，然后将这些机会传达给销售团队中的相关人员进行处理。不过，越来越普遍的情况是，由于客户成功经理非常适合与客户沟通和影响客户，现在可能需要客户成功经理在最初甚至所有的销售对话中都扮演更加积极的角色，几乎是作为客户的代言人，并且提供销售人员可能不太熟悉的主题背景信息，如对客户引导、采用及价值实现等的影响。

要求客户成功经理向销售人员提供多大的协助

一般来讲，这归结于人际关系和环境。例如，如果客户的客户经理已经管理这位客户账户17年了，了解客户组织的所有信息，并且与其CEO是密友，那么问题可能只是客户成功经理在发现任何潜在的销售机会时将其传达给客户经理，让后者继续处理。另一种情况，举例来讲，客户成功经理可能已经与客户的一些关键业务决策者进行了相当一段时间的互动，在推出一项广泛的和高度战略性的举措时与他们密切合作过。也许在这样做的过程中，客户成功经理与那些关键的决策者建立了牢固的关系，并对客户的能力、流程、挑战和机遇的某些方面有着非常深入的了解。在这种情况下，客户成功经理不仅要将销售机会传达给客户经理，还要与之密切合作，为其创建商业案例，然后将这个商业案例展示给客户的主要决策者，并与之沟通。

总之，与自身职业角色的诸多方面一样，客户成功经理通常需要了解公司对自己的一般要求和期望，然后采取灵活的方法来实现这些要求和期望，以便适应特定情况的具体需要。

反馈与宣传

害怕批评性反馈

老实说，每个人最喜欢的话题都是"自己"。我们每天都会花时间思考自己，如果一个感兴趣的朋友或熟人询问关于我们的问题，我们通常只会急于谈论自己，只要他们感兴趣（或者，至少假装感兴趣）。"自己"成为我们心中最重要的话题并不是没有道理的，毕竟对我们来说，"自己"是非常重要的……事实上，我们100%依靠自己来做任何事情，难怪这个主题对我们来说如此重要！

围绕"自己"的话题对我们来说非常重要，正因为如此，当听到别人对我们和/或我们的绩效及能力的反馈时，我们会非常敏感。当然，如果某人因为某种原因或多种原因已经变得脆弱或敏感时，这种情况就更明显了。如果反馈是完全消极的，一个情感脆弱的人可能很难处理它，所以他们当然会认为，最安全的做法是不向任何人寻求反馈，或者至少选择只向那些他们认为会给予表扬而不是批评的人寻求反馈。

批评性反馈的难以接受之处与宝贵价值

围绕"自己"及我们所在的组织的话题对我们来说极其重要，正因为如此，当听到别人对我们和/或我们的绩效及能力的反馈时，我们会非常敏感。当然，这样做的问题在于它可能导致错误的理解甚至自满。毕竟，如果我们从不了解自己的错误，又怎么能改正它们呢？因此，那些经常寻求和收到反馈（关于他们自己、他们的技能、他们的表现，他们是什么人、他们有兴趣从广泛而多样化的人群中提升自己的哪些方面）的人，可能发现自己处在一个持续学习、提升和改进的周期之中，久而久之，他们的这种提升和改进将使他们的身份和能力发生重大变化。相反，那些不寻求任何反馈的人，或者只寻求和收到朋友的赞扬的人，可能发现自己停滞不前，甚至因为他们目前的表现得到了积极的强化而使事情变得更糟。

以上情况适用于个人层面，但同样适用于公司层面。组织对自身的优势和劣势了解得越多，其领导者就越能采取措施弥补劣势。

因此，批评性反馈是必不可少的——甚至是无价之宝。它让我们了解我们自己和公司，并帮助指导我们（及我们的组织）的思想、决定和行动。这是成长和提升的一个非常重要的组成部分，绝对应该受到鼓励。事实上，虽然积极的反馈或表扬是好事（因为它增强了自我价值感），但只有批评性反馈才能真正助推我们改变。既然如此，是不是我们当然都应当渴望收到批评性反馈，以便能够成长为成熟的专业人员呢？好吧，你可能会这么想，但正如古话所说的"良药苦口，忠言逆耳"，仅仅因为批评对我们有好处，并不意味着它听起来让人很舒服。

正式的反馈和非正式的反馈

正式的反馈和非正式的反馈都非常有用，根据情况，可以从同一个人或同一家公司寻求一种甚至两种类型的反馈。

正式的反馈指的是书面（或以其他方式记录）调查。正式的反馈对于从多个人或多家公司收集对同一个问题的多个回答是非常好的。这可以让你比较不同的人或公司的回答，如果你在较长时间内重复这个过程，也可以比较同一个人或同一家公司的回答，看看取得了什么进展。正式的反馈有潜在的缺点，它有时可能会冒着获取"官方立场"而不是

"实际情况"的风险,比如,客户可能愿意私下告诉你,但不太愿意以任何正式的方式进行记录。

非正式的反馈可以填补这些空白,它提供了一个机会,提供反馈的人或公司能以一种"不公开"的方式发言,从而变得更加诚实和开放。当正式的反馈由于时间或成本等限制而不可行时,或者当提供反馈的人或公司不愿以正式的方式提供反馈时,非正式的反馈十分有益。这种反馈通常需要面对客户的员工(如销售人员或客户成功经理)与客户利益相关者建立了良好的信任关系,也需要有机会在合适的场合提出请求,如在午餐时间或喝咖啡时间。非正式的反馈可以像问"我做得怎么样"这样简单。

自发的反馈

有时候,客户会主动提供反馈,而不是在客户成功经理的请求下提供。这往往只发生在激发客户的特殊情况下。自发的反馈可能是积极的,也可能是消极的。

如果是前者,那就太好了,这无疑会促使客户成功经理不仅要感谢客户的积极反馈,还要请求客户进行宣传,因为他们持一种接受的心态。根据客户成功经理公司当前的需要,这种额外的帮助可以采取各种形式。例如,客户成功经理可能会问客户他们是否可以在营销材料中引用积极的反馈,或者问客户是否愿意将他们的公司介绍给任何有类似需求的同事或同行。

如果自发的反馈是负面的,那么无论客户成功经理认为反馈的有效性如何,都应认真对待。客户成功经理一定要尽快确认客户的反馈,并感谢客户花时间提供反馈,并确保客户的关注对公司是重要的,所提出的问题将被全面调查。让客户确信他们的问题或批评将得到认真对待是非常重要的第一步。从心理学的角度来看,抱怨的客户通常不只是想提供信息,而是想让他们的问题得到承认。及时礼貌地回答,并且表明你在认真对待他们的批评，即使不能解决任何实际问题，也会大有帮助，至少可以修复公司和客户之间的关系。事实上，如果做得好，有时甚至会加强这种关系，使之变得比以往任何时候都更牢固。

当然，除此之外，还应当仔细审查投诉或批评，并迅速采取任何必要的行动，以纠正任何被发现的错误。让客户知道正在发生的事情并在事后与他们沟通行动的结果，也是一种很好的做法，因为这会再次让客户放心，公司认为客户和客户的意见对公司很重要。同时，这无疑也消除（或减少）了客户将来进一步购买的任何潜在反对意见，因为之前的问题已经得到了解决。

管理反馈

客户成功经理的公司要有（或者应该有）关于处理反馈的政策和文档化的流程。不了解公司反馈政策与流程的客户成功经理一定要了解，这样才能知道自己在管理反馈中扮演的角色。根据反馈的类型，除了他们自己的工作、客户成功管理团队内部的任何合作，以及与客户的直接合作，客户成功经理可能需要与来自其他部门的同事进行沟通和联系，以解释、记录和处理反馈。这些部门可能包括：

- 研究与发展部门，该部门处理与未来产品/服务改进相关的反馈。
- 服务管理部门，该部门处理与所有现有服务相关的反馈。
- 销售和市场营销部门，该部门处理所有关于销售和市场营销的反馈。
- 运营部门（如定制、实施、配置等），该部门处理与其已经完成的所有工作相关的反馈。
- 市场部门（或处理客户问题和投诉的人），该部门负责处理所有的问题和投诉。

第10章 客户成功管理实践框架第6阶段：价值实现

什么是宣传？为什么它很重要

一般来讲，宣传是代表另一个人行事。在商业宣传的背景下，我们希望客户（无论是作为一个组织，还是作为该组织中的单项业务的领导者）代表我们的公司行事。我们特别希望他们用各种方式"为我们代言"，向其他潜在客户推销我们的产品和服务。客户可以通过各种方法来充当宣传者（见表10.6）。

表 10.6　客户充当宣传者的方法

方法	描述
推荐	最好的宣传方法是让客户直接介绍另一个潜在客户，后者与客户面临相同或类似的挑战，因此可能有望进行类似的购买。推荐是非常强大的销售机会，应当尽快跟进
提供销售参考	采用这种方法意味着客户同意与潜在客户联系，这些潜在客户正在考虑购买，并希望与以前的客户交谈，了解他们对公司及其产品/服务的体验情况
提供市场营销参考	采用这种方法意味着客户同意在公司的营销材料中提到甚至直接引用他们的客户体验
在销售活动上讲话	采用这种方法意味着现有客户参加会议，并向受邀参加会议的潜在客户介绍他们购买和使用公司产品/服务的体验
作为案例研究	采用这种方法意味着已将客户最初的挑战，他们对公司产品/服务的选择、购买和使用情况，以及获得的结果进行了记录和发布，作为潜在客户审查的示例。案例研究的范围很广，简单到可以是一本小册子或网站上一段相当简短的文字，复杂到可以是一部完整的"专题广告片"，在其中采访多个利益相关者，拍摄产品/服务的视频，并且详细描述获得的结果和产生的价值

客户成功经理在管理反馈与宣传中扮演的角色

因为客户成功经理在购买完成后与客户的利益相关者一同工作，以实施、配置、使用和采用公司的产品、服务和/或解决方案，然后持续协助客户，以确保在整个周期中实现价值，所以最适合请求客户反馈和/或宣传，并就反馈和宣传与客户联系及沟通。

请求反馈与宣传

就反馈和宣传的数量而言，这样说似乎很老套，但最好的方法——实际上也是唯一的方法——是增加收到的反馈和获得的宣传的数量，也就是说，请求得到更多的反馈和宣传。尽可能多地得到反馈和宣传的最好方法是将反馈请求直接嵌入公司的系统和流程中，这样，它就会在任何适当的场合自动地发生。这么做的好处是，对于那些害怕请求反馈和/或宣传的人来说，请求不再那么可怕，因为它可以让请求者严格遵循系统，而不用思考该说什么、什么时候说或如何说。

请求反馈和/或宣传的触发点可能包括：

- 在初步讨论开始时。

现在就提一下你正在进行的改进过程的一部分是请求客户的反馈，以便了解目前对客户有效的方法及可以改进的地方，这一点再怎么早也不为过。同时，如果发现客户对最终获得的结果感到满意，那么可以尽早请求让客户进行宣传。在早期提出反馈和宣传的话题，也可以在稍后提出这些请求时"软化"它们，因为这个话题之前已被提出和讨论过，因此客户应该预料到有人会提出来。

- 在谈判和合同签订时。

在合同范围内加强反馈和宣传的理念，并解释这是改进产品和服务的关键部分，以便客户成功经理可以在未来更好地满足客户的需求。如果与客户就折扣进行协商，作为回报，可以请他们同意提供全面、诚实的反馈和某些类型的宣传。

- 在产品、服务或解决方案实施后立即执行时。

在这一步，客户不可能就任何价值实现提供反馈，因为还没有发生，但他们可以就销售过程和任何后续过程（如定制、安装和配置）提供反馈。客户可能认识在自己公司或其他组织担任类似职位的人，这些人同样面临着类似的问题，客户成功经理的公司可以帮他们解决。尽快

第10章 客户成功管理实践框架第6阶段：价值实现

寻求反馈和宣传是一个好主意，因为客户面临的挑战可能仍然停留在他们的大脑之中。如果等到以后再去请求反馈和宣传，那就冒着这样一些风险：他们要么忘记了所发生事情的某些细节，要么被工作中其他重要的事情分散了注意力，因此要么提供的细节较少，要么根本没有提供任何反馈。

- 在实施后的第一次业务审查时。

假设你将与客户在实施后举行后续会议，以报告绩效并追踪实现客户目标结果的进展情况，这是一个请求反馈与宣传的理想时机。当然，如果报告的衡量数据是正面的，就更容易请求客户的反馈和宣传，但正如我们已经讨论的那样，事实上，当事情没有按照计划进行时，请求反馈可能更为重要，这样客户成功经理就可以学会将来如何解决问题了。

- 在随后的业务审查中。

客户成功经理可以不止一次向客户请求反馈和宣传。事实上，如果把请求反馈宣传嵌入业务审查的日程模板中，那么对客户成功经理、顾问、服务经理、销售人员或任何进行审查的人来说，这就变成一件很自然的事情。请记住，这并不一定非得很正式，也可以简单地问："自从上次您在×日给我们反馈后，您对我们的进展有什么看法吗？"或者"如果我们让A公司的××给你打电话讨论你的购买计划，让他们了解我们是如何帮助你的，你愿意吗？"

- 在获得结果之后。

如果客户已经预先声明了一个或多个特定的结果目标，他们希望通过采用产品、服务或解决方案来实现这些目标，那么当这些结果真正实现时，向客户请求反馈和/或宣传是有意义的。如果客户对你的解决方案感到满意，那么从市场营销的角度来看，客户宣传的力量当然十分强大。

- 在进行年度客户调查时。

也可以定期、周期性地请求反馈和宣传，如每年一次。从反馈的角度来看，这样做的好处是可以在同时提供反馈的客户之间进行比较，并且随着时间的推移比较来自同一客户的反馈。在宣传方面，这可以简单到在反馈调查中留出一点儿空白，让客户写下一两个简短句子，作为营销参考发布。再次强调，最好从最初的讨论开始，收集反馈以改善产品和服务，获得宣传以增加未来的销售机会，这是组织内部的标准程序。这样的话，客户在收到一份反馈调查问卷之类的东西，发现其中有一些空白是留给宣传的时候，就不会那么惊讶了。在发送调查问卷之前，最好让客户成功经理、销售人员或其他与客户相关的人员做好准备，如果可能，让客户承诺填写并返回问卷。

一切都准备好了吗

确保所有工作都完成的机会

在价值实现阶段，许多任务和职责都与客户的整体管理相关，使用健康评分系统等工具可以实现这一点。此外，客户成功经理还需要承担一些与续约、交叉销售、追加销售、反馈和宣传相关的特定新任务。除了上述任务，当任何特定的客户互动达到这一阶段时，对客户成功经理来说，这是回头反思互动的目标、计划与活动，并仔细检查以确保所有应当完成的事情实际上已经完成的一个绝佳机会。

使用清单

一个好方法可能是准备一个简单的清单，客户成功经理可以现在使用这个清单，也可以在未来的互动中使用，只需稍作修改。清单中包含的项目如下所示：

第10章 客户成功管理实践框架第6阶段：价值实现

- 我们是否进行了充分的研究和分析，以表明我们了解客户组织，包括其愿景、战略、挑战、机遇、能力、组织结构和文化？如果没有，缺少什么？
- 我们是否进行了充分的研究和分析，以表明我们理解购买计划及该计划对结果的要求，已经售出的产品、服务和／或解决方案，参与决策的利益相关者和受到变革影响的用户？如果没有，缺少什么？
- 是否对客户进行了引导？如果没有，缺少什么？
- 我们采用计划是否已完成？如果没有，缺少什么？
- 采用计划是否已实施？如果没有，我们在这个过程中处于什么位置？取得的进展是否足够？如果不够，应该怎么做？
- 是否确定了关键绩效指标和里程碑来衡量在结果方面取得的进展？如果没有，应该怎么做？
- 是否进行必要的衡量来确定已取得的绩效？是否对这些绩效进行了分析和报告？（如有必要）是否采取了任何纠正措施，以便购买计划重回正轨？如果没有，应该怎么做？
- 我们是否定期与客户见面，以讨论和审查进展并处理任何可能出现的挑战或变化？如果没有，应该怎么做？
- 我们是否致力于确保客户续签服务合同？如果没有，应该怎么做？
- 我们是否发现并适当处理任何额外的销售机会，包括追加销售和交叉销售？如果没有，应该怎么做？
- 我们是否请求并获得了客户的反馈和宣传？如果没有，应该怎么做？

我们已经创建了一个名为"价值实现活动清单"（Value Realization Activity Checklist）的文档，该文档以Excel工作表的格式提供了这份清单。

客户成功管理实践框架第 6 阶段的工具

当客户成功经理与客户的互动到达了价值实现阶段时，大多数围绕着诸如客户引导和采用等阶段的密集工作都已经规划并付诸实施了。在这一阶段，主要是让所有客户都保持在正确的轨道上，并且处理客户出现的任何问题或变化及客户成功经理负责的所有其他客户的全部需求，承担任何并不针对某些特定客户的职责。因此，客户成功经理需要使用的主要工具是自己公司的客户成功软件系统（包括健康评分工具）和其他系统，如客户关系管理工具、产品数据库等。此外，他们还应该参考公司的成功管理战略，以帮助确定活动的优先级，还要参考在客户成功管理实践框架第1阶段中为每位客户创建的"客户研究清单"，以便根据客户的挑战、机会和对结果的要求，在必要时做好自我更新的准备。

我们创建了两个工具来帮助实现价值，这两个工具分别是"挑战与变革清单"以及"价值实现活动清单"。"挑战与变革清单"提供了两份清单，一份用于变革，一份用于挑战，在Excel工作簿中显示为两个独立的工作表。每份清单都为客户成功经理提供了记录和追踪处理每次变革与挑战的方法。

客户成功管理实践框架第 6 阶段的活动与产出

客户成功管理实践框架第6阶段的活动

客户成功管理实践框架第6阶段的活动包括：

1. 查看公司的客户成功软件系统特别是健康评分系统，以确定所有客户关系的健康状况，并了解哪些客户需要帮助和协助。

2. 对于每位你认为需要协助的客户，确定你应当为该客户的需求分

第10章 客户成功管理实践框架第6阶段：价值实现

配多少时间，并根据该公司的需要，按以下步骤进行必要的操作。

3. 检查你在客户成功管理实践框架第1阶段中为客户创建的并已经填写的"客户研究清单"（或者你在移交中使用的其他工具）。

4. 如果有任何需要填补的信息缺口或需要验证的假设，将其记录下来，并准备向客户提出问题。

5. 检查已填写的"客户互动策略"，以及已经在中央存储库中为客户创建的任何其他文档，确保你了解对互动的最新要求。

6. 帮助客户实现价值，确保仔细地考虑和确定了关键绩效指标和里程碑，进行了衡量，监控并报告了进展情况，并（在必要时）采取了纠正措施使购买计划回到正轨。

7. 使用"挑战与变革清单"来识别出现的任何挑战和/或变革，并为应对它们中的每一项而做出计划，以便采取行动。

8. 尽一切努力确保客户感知到他们已购买的现有产品、服务和/或解决方案的价值，以便最大限度地增加续约的可能性，并且以更大的规模续约。

9. 密切关注追加销售和交叉销售的机会，一旦发现这样的机会，按公司的政策和流程迅速处理。

10. 定期参加与客户的会面，报告和讨论进展，确认并计划任何已确定的新挑战或变革。

11. 利用每个合理的机会向客户请求反馈和宣传。

12. 使用"价值实现活动清单"来检查，以确保所有应当开展的活动实际上已经开展，如果没有开展，现在就制订一个计划，确保活动得到开展。

13. 更新公司的客户成功软件系统，以确保与每位客户有关的所有信息都是准确和最新的。

客户成功管理实践框架第6阶段的产出

客户成功管理实践框架第6阶段的产出包括记录在客户成功软件系统上的更新信息,以及任何已完成的"变革与挑战清单"和/或"价值实现活动清单"。客户成功经理应当在中央存储库中存储在此阶段创建的任何文档的副本,并且应当在"客户成功经理活动追踪模板"中记录经验教训。在这一阶段结束时,你和客户将准备好进入客户成功管理实践框架第7阶段。

客户成功管理实践框架
第7阶段：互动评估

第 **11** 章

| Practical Customer Success Management

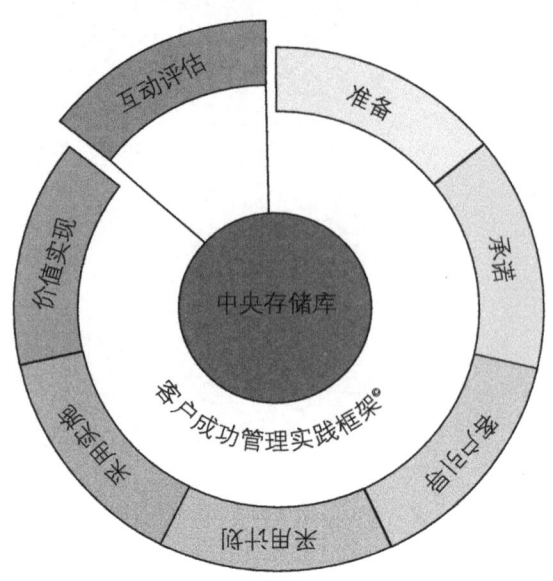

客户成功管理实践框架第 7 阶段：互动评估

审查客户成功管理活动的重要性

每次客户互动都涉及大量工作

在本书的第 4～第 10 章中，我们深入探讨了客户成功经理在帮助客户从其购买计划中实现价值方面所扮演的角色。我们已经看到，他们要采取许多步骤，开展许多活动，才能很好地履行这个岗位的职责。因此，每次客户互动都需要他们花费数周、数月甚至数年努力工作，来帮助客户实现他们想要实现的目标，并在此过程中继续使用和购买公司的产品、服务和解决方案（这是从客户成功经理公司的角度来看的全部内容）。事实上，如果表现良好，客户成功经理的工作在整个客户互动中不仅代表成百上千小时的努力，而且可能产生价值数十万美元的回报，这些回报体现在增加的销售额上。

从过去的互动中吸取经验教训

综上所述，所有客户成功经理当然都理应由于他们付出的辛勤汗水而得到老板的嘉奖。但除此之外，这些工作还应被视为更多其他知识和洞察力的宝贵来源，可应用于未来类似的工作之中。每次客户互动都应被视为一个潜在的钻石矿，从中可以提取关于客户、管理客户和与客户合作的最佳实践及流程改进的"钻石"信息，并在将来类似的客户互动中使用。通过这种方式，客户成功经理和客户成功部门都能进一步成长，并且增强其知识体系和理解力，充实其最佳实践、流程、模板和工具的宝库。客户成功经理和客户成功团队作为一个整体慢慢地成熟起来，变得对客户更加有用和更加相关。当然，这样一来，客户成功经理对自己公司而言也更有价值了，因此高级领导者更容易证明他们在客户成功运营方面的持续投资（甚至是追加投资）是合理的。

奖励成功

另外，追踪和记录每位客户成功经理的活动及活动的结果也是必要的，这样的话，公司就可以用其薪酬总额中与绩效相关的部分来奖励客户成功经理。虽然大多数客户成功经理不像销售人员那样直接通过销售佣金获得奖励，但他们大多数人仍然会在实现或超额实现个人和/或团队目标时获得相当可观的工资报酬。这些目标通常与服务合同续签率的增加、产品使用率的提高，以及客户满意度和宣传的提升有关。一般来讲，目标是为团队而不是单独的个人设定的，通常是每季度或每年设定一次，每家公司在薪酬方案的细节上都有所不同，有些公司可能拥有与我们所描述的截然不同的体系。显然，如果客户成功经理不知道公司的薪酬体系是怎样的，那么一定要弄清楚，因为这将（或应该）告诉他们公司希望他们和同事获得什么样的结果。

充实客户成功管理知识库

知识库的含义

知识库对不同的人可能有着不同的含义。在这里，我只是把它作为一个整体，以代表"客户成功部门知道的一切"。因此，充实客户成功管理知识库，可以提高客户成功团队的能力，尤其是团队新成员的能力，从而帮助客户实现他们希望从产品、服务和解决方案中获得的价值。从本质上说，这是一种非常简单的关系——我们知道的越多，能做的就越多，也能做得更好——或者，用弗朗西斯·培根（Francis Bacon）的话来说"知识就是力量"。

中央存储库的概念

如果不能将知识提供给那些需要它的人，那么拥有知识是毫无用处的。因此，信息需要存储在易于访问的位置，而且存储方式也不能让寻找它的人难以找到，还要容易消化和理解，容易更新和与人分享。新成立的小型客户成功团队可能在集中管理的服务器上暂时使用简单的共享文件夹结构，但随着团队的规模及其需求的复杂性的日益增大，可能到了某个时候，这种简单的结构将不再能够满足需要。目前的信息管理软件系统有很多，每个系统都有各自的特点、优势。无论客户成功经理团队使用什么工具或系统来存储信息，都应该让需要访问这些信息的任何人在任何地方访问，与此同时，还要确保信息的安全，禁止不该访问这些信息的人访问，并适当地备份，确保在系统发生故障的情况下不受影响。在较大的组织中，可能还需要考虑客户成功团队的信息如何集成并与公司其他系统协同工作，确保数据不至于毫无必要地存储在多个位置，并且能够为每个需要数据的人提供可用的数据。

添加到中央存储库

将新信息添加到中央存储库的"规则"是知识管理的另一个方面，可能需要根据客户成功团队的规模和团队需求的复杂性而采取不同的规则。让每个人都能够读/写所有的信息是一种简单方法，这对于小型团队来说也最有效。不过，随着团队的壮大及存储在中央存储库中的信息的规模与复杂性的增大，对该存储库"适当"管理的需求也在增加。在某个阶段，让一个人（或者一个非常小的团队）承担管理和控制团队信息的特定任务是明智的做法，当然，同时仍允许每个客户成功经理控制和管理他们自己的个人信息。这种方法有助于防止重要信息丢失或损坏，并消除了一些问题。例如，员工A使用他认为最好的方法修改了概述特定活动流程步骤的文档，然后，员工B又将相同的文档改回了其原始的状态，因为他不同意A的做法。

因此，作为一般规则，集中化的信息需要集中管理和控制。我们可能要制定规则和程序，以确定信息应当如何存储、何时存储、如何修改及由谁修改。然而，这些规则和程序需要仔细考虑，因为将官僚主义和行政的繁文缛节保持在最低限度是很重要的，而且客户成功经理和其他人不会因为履行职责受阻而感到沮丧。所有的客户成功经理对客户成功团队知识增长的贡献都需要受到欢迎和支持，因此，重要的是不要在这方面设置障碍。

更新个人及团队的最佳实践

应用最佳实践的力量

生活中的一项基本原则是"熟能生巧"，也就是说，你执行某项任务或开展某项活动的次数越多，就能做得越好。对于以技能为基础的任务，如拉小提琴或者做心脏直视手术，这项原则是正确的，而对于以知识为导向的活动,如客户成功经理将参与的研究、咨询和项目管理,这项原则同样正确。当然,更好的做法不是从头开始自己的工作或从最基本的原则着手工作,而是应当在前人的知识、技能和经验的基础上,从他们的经验中吸取教训,并将其应用到自己的身上。当然,这正是本书的全部内容——试图把我从自己的直接经验、培训课程、书籍、对话、其他类似的互动及向他人学习得来的所有知识集中起来,并将其提炼成一个最佳实践的框架,供其他客户成功经理阅读、调整并在其特定环境中使用。

从别人身上学习和从自己身上学习

阅读一本这样的书,然后将其中的信息应用到自己的工作中的好处是,如果幸运的话,你会发现自己能够比以前更高效地工作,并交出更高质量的结果。这至少是我的意图,当然,我非常希望这对你来说也是如此!不过,因为你我从未谋面,互不认识,因此我不知道你的职业角色是什么、承担了哪些任务或有什么需要,同时因为本书是专门为广泛而多样化的客户成功管理的从业者所写的,不论他们有什么职业背景,为哪种类型和规模的公司工作,而且因为它只包含一个来源——我的思想和原则,所以本书只能带你走这么远,不管它多么有用。剩下的旅程得由你自己去走,虽然其他书籍、培训课程、研讨会和辅导课程无疑也会在你持续不断的职业发展中发挥作用,但你也应该直接从自己的经历中及你的亲密同事的经验中学习。这种类型的学习尤其重要,因为是现场学习,也就是说,它直接与客户、活动、产品和服务、客户成功策略及自身资源和能力等相关。

构建和更新团队最佳实践的方法

我认为,客户成功经理个人和整个团队的知识与技能的不断发展,是他们不断成长的关键组成部分。因此,团队内部就最佳实践达成一致,并形成某种最佳实践框架是有意义的(例如,采用我在本书中为你列出的客户成功管理实践框架并对其进行调整，以满足你的组织的需要），然后通过确立一个定期检查和维护该框架的流程，以便随着时间的推移、新信息的获取和新创意的发现，可以对框架进行更新。在大多数情况下，应由部门负责人最终负责确保这一流程始终保持在足够高的标准上并满足公司的战略需要，但可能会将管理的责任指派给团队中的一两名特定成员，一旦有提议的和实际的更改出现，告知所有的团队成员（请参阅RACI矩阵来了解对这些不同角色的解释）。

一旦对团队的最佳实践做出了任何更改，确保这些更改在整个团队中传播是至关重要的。同样重要的是，不但要确保所有团队成员都知道这些更改，而且要确保他们开始使用这些更改。

将常用的流程步骤模板化

我宁愿只做一次，然后做很多次

根据我的经验，假如每次执行一项特定的任务时你都必须弄清楚要做什么和如何做，那是昂贵和耗时的，而且时常令人沮丧。如果你已经知道要做什么及如何做，在完成任务时就能遭遇最少的干扰和麻烦。"做什么"的部分来自最佳实践框架，应当以简单、循序渐进的形式说明需要执行哪些任务或开展哪些活动，执行或开展的顺序，以及应当以何种质量或标准完成。就"如何做"而言，这就是模板发挥作用的地方。

在本书前面的章节中，你已经看到许多在客户成功管理实践框架中完成每个阶段的工作所需的工具。这些工具是预先创建的模板，列出了在开发过程中的每个步骤中需要研究、分析和/或记录的信息，并帮助客户成功经理确保高效、完整和出色地执行任务。当然，它们首先可以适应特定的客户成功经理或客户成功团队的情况和需求。

创建你自己的模板

除了在本书和其他地方找到的工具,你也可以创建自己的模板来执行特定的任务,或者当对任务有着相当具体和/或不寻常的需求时,你可能会重新开发一个工具,而不是修改现有的工具。

改进你自己的客户成功管理实践

你的成败你负责

生活中各种各样的事情都可能发生,有些我们无法控制,如事故、疾病、工作中的事情和我们个人生活中的一些情况。因此,宿命论者可能认为,试图改变人们的命运是毫无意义的,因为环境决定了人们的成功或失败。他们当然会觉得现实世界确实是这样的。实用主义者会看到,虽然并非所有事情都在人们的掌控之下,但人们依然能够控制许多事情,因此,最好的行动方针是尽其所能去影响一些事情,以确保尽可能多地谋求积极的结果。他们也发现,现实真的就是这样的。换句话说,不管最终会发生什么,最好的方法是尽我们所能帮助自己(以及他人)达到我们(和他们)的目标。这当然同样适用于一个人生活的各个方面,包括专业人员。因此,重要的是我们对自己的职业发展负责,而不是将其交给命运或交到别人手中。如果你想有所建树,就必须对经历的旅程负责。

制订个人发展计划

将自己视为一家公司,并且就像公司董事会一样,运用类似的流程(尽管可能不那么正式和详细)来定义自己和自己的目标,并为实现这些目标而制订计划,这并不是个坏主意。

1. 创建一份个人愿景陈述。如果这听起来像一个吸引人的想法,那么为什么不从愿景陈述开始呢?花一个下午的时间思考,举例来讲,在5

年的时间内你想取得什么样的进步，然后试着将其浓缩成一个不超过两三句话的简单段落，它会真正告诉你你想成为什么样的人、想做什么、想怎样生活。你把这个愿景表述得越生动、越有意义，它就越能作为一种工具，在你努力实现它的过程中使你保持在正轨上。

2. 确定4～6个关键成功因子（Critical Success Factor，CSF）来帮助你实现愿景。一旦你有了自己的愿景陈述，确定4件、5件或6件（不要太多，保持相对简单）为了实现愿景而必须做的核心的、具有战略意义的事情。这些是你的关键成功因子——因为它们是你为了实现目标而必须做的事情。关键成功因子本质上应该是定性的，而且应该是有抱负的。关键成功因子的重点是，你不能只"实现"你的愿景，你可以继续下去并采取行动，通过这样做，你最终也会实现愿景——当然，假设你选择了正确的关键成功因子。

3. 为每个关键成功因子确定两三项活动。现在针对每个关键成功因子，你要决定如何最好地实现它。这可能包括你独自开展的活动、你通过自己的努力和资金而开展的活动，以及你说服公司为你出资而开发展的活动（当然这是最好的方式，只要你能证明这样做对公司有价值）。

4. 确定每项活动的关键绩效指标和衡量标准。现在，你要根据具体的质量、数量和期限来确定"成功"意味着什么——正如我们在本书前面介绍关键绩效指标这个主题时所讨论的那样——并且确定如何衡量实现这些目标的进展。

5. 制作路线图，然后付诸行动。最后，将必要的活动安排到路线图中，如果有必要（例如，如果总体愿景是长期的），考虑创建一些里程碑。然后执行计划并进行衡量，以保持在正确的轨道上。当然，你应当偶尔回顾和调整你的愿景、关键成功因子和活动，确保它们仍然与你当前的需求相关。你也可以在前进的过程中庆祝自己的成功，这是一个激励自己继续前进的好方法。

带有关键成功因子的个人愿景的示例

例如，我们假设某人的愿景的一个重要部分是"成为一家大型跨国公司的CEO"。根据那个人目前的情况，这可能是一个目标，虽然可以在长期实现，但不可能一蹴而就。也许此人的一个关键成功因子是"成为一名优秀的沟通者和鼓舞人心的领导者"，另一个关键成功因子是"能够应对艰难的谈判局面，为公司赢得可能的最好结果"。第三个可能的关键成功因子是"拥有企业家精神，有助于推动公司朝着新的、令人兴奋的方向发展"。第四个关键成功因子是"对财务决策最佳实践有深入的理解"。虽然从现在的位置到成为一名CEO可能很难，并不是"做点什么"那么简单的事，但此人可能想方设法去提高自己的沟通与领导能力、谈判技巧、企业家精神、理解财务与财务决策的能力。尽管获得了能力并不能让他成为CEO，但他肯定会比那些不具备这些能力的人更有机会成为CEO。

现在，此人要做的是为每个关键成功因子确定活动、关键绩效指标和衡量标准，然后将其放入计划中，并根据计划开展工作，以达到结果。

请记住，这个计划可以包括以下所有组成部分：

- 从外部来源进行正式的学习（如参加培训和研讨会等）。
- 从外部来源进行非正式的学习（如看书、上网等）。
- 从同事身上学习（如接受指导和辅导、分享观点等）。
- 从自己的经验中学习。

完成季度活动目标

定期、正式的进度审查的力量

我发现，如果我的工作有条理，而且我有明确的目标要努力实现，那么我的工作效果会达到最佳。我还发现，我在目标是相对短期的情况下工作得最好。因此，虽然我对自己的职业有一个长期的愿景，我也正在朝这个方向努力，但我也有一个可以立刻采取行动的季度计划。长期愿景和季度计划的组合激励着我，也帮助我保持在正确的轨道上，并且能够有效地衡量进展。

特别是，我发现让别人——值得信赖的某个人，他的观点和意见我都予以尊重——参与更加正式的季度评审是非常有帮助的，因为这种评审提供了宝贵的洞察和指导，如果用别的方式，我无法获得这些。这个角色的明显候选人是客户成功经理的直接主管，因为他们的经验与知识使他们成为有益的教练和顾问，他们也有权力批准和审批活动与资源。如果你（像我一样）没有直接主管，那么选择一个对你所做的工作具有知识与经验并且你信任他的意见的人。也许你可以当他的评审员，作为回报，让他也当你的评审员。

客户成功经理季度评审的形式

就像我们可能每季度与客户进行一次业务评审一样，我们也应该——定期——对自己的战略和活动进行季度评审。在某种意义上，季度评审应当是正式的，因为它按季度时间表定期进行，并且遵循预先规定的议程或形式。但是，季度评审在哪里举行，或者你和评审员怎样沟通、合作，并不需要十分正式。例如，在咖啡店或通过互联网虚拟会议工具进行客户成功经理季度评审的效果，与在公司的会议室进行评审的效果一样好。重要的是尽量不被打断或偷听，至于采取什么风格及在何种环境下进行，都无关紧要。

评审会议不必冗长——也许1~1.5小时就很好。我建议的议程或格式非常简单，包括以下组成部分：

- 评审上一季度的衡量结果和目标达成情况。
- 讨论上个季度的活动及遇到的任何问题或困难。
- 讨论下个季度需要做的工作、要实现的目标和所需的资源。

- 就下个季度的活动、目标及如何衡量它们等内容达成一致并记录在案。

如果是和同事而不是直接上级一同评审，那么你可以在一次次的评审会上分别扮演评审员和被评审人的角色，这样你们两个都会在同一次会议上主持评审和接受评审。

改进你的团队的实践

团队的力量

几千年来，人们聚集在一起以实现共同的目标。这是因为人们发现"整体大于部分之和"这句老话是正确的。一个经过精心挑选和组织的团队所能完成的工作，比那些单独工作的人所能完成的更多。

与团队合作和作为一个团队工作有很多潜在的好处，包括：

- 当执行需要多人完成的任务或需要更快完成的任务时。
- 通过协作想出最好的点子来创造性地解决问题。
- 其他团队成员的专业知识，所有人均可根据需要使用。
- 由一名团队成员开发的最佳实践流程、工具和模板，可在所有团队成员之间共享。
- 当执行利益相关者管理任务、谈判任务及其他团队成员可以完成但由于与对方未建立良好的信任关系而难以完成的任务时。
- 来自团队成员的培训、辅导和指导，可以增加知识和技能。
- 来自团队成员的情感支持和鼓励，使成员保持动力和活力。

营造"团队合作"的文化

一个团队的真正成功通常是这样取得的：团队的所有成员团结在一起，互相帮助，不是因为这是他们的工作，而是因为他们希望帮助团队中的其他成员走出困境，因为他们知道一个强大和支持性的团队会使每个人受益,包括他们自己。

这种为团队服务并努力帮助队友的文化并不是偶然形成的。当然,组建这样的团队首先要遴选合适的人员;同时,除了技术技能与经验,高情商、与人和谐相处和帮助他人的能力与愿望,也是每个潜在成员非常需要的特质。首先是团队经理,其次是所有的团队成员,他们负责创建和促进团队文化。应注意培育这种文化,并组建强大的、团结的和支持性的团队。关于这个话题的进一步讨论已超出本书范围,但我强烈建议团队管理者去研究创建和管理强大的、支持性的团队的最佳实践,如果他们还没有这样做的话。

客户成功团队中的专家角色

随着客户成功团队的规模和复杂性的增大,将整体工作划分为不同类型并开始使用专家角色来更有效地完成工作可能会有意义。根据公司所处的行业、产品和服务及客户的不同,不同组织的客户成功团队对此的需求可能截然不同,但单个的客户成功经理可能开始扮演的专家角色如下所示。

1. 产品专家。这个人通常具有更多的技术背景,在部署、配置、支持或销售特定产品或服务、产品/服务范围或组合方面具有特定的资格和/或经验。要求产品专家帮助客户了解他们购买的产品或服务,并就这些产品或服务的特性和功能的使用提供建议,以提高业务能力。

2. 行业专家。这个人在该行业具有强大的背景和丰富的经验——在担任当前职位之前,行业专家通常都在业内工作过。他们的目的是帮助客户理解在他们的组织中如何使用特定的产品或服务,以及这样做可能面临的挑战、机遇和后果。

3. 账户专家。这个人对客户成功有着更全面的了解,负责管理客户成功经理的公司与客户之间的关系。公司可能只分配一小部分重要的客户由其负责管理,因此他们在分配时间时可以为每个客户留出足够的时间。他们因而有机会与主要客户利益相关者建立牢固的信任关系，并且对客户业务有深入的了解，包括客户、产品和服务、优势和劣势、愿景、战略和支持计划等。

4. 许可／合同续签专家。这个人了解许可和／或合同续签的各个选项（通常非常复杂）。举例来讲，这可能包括与特定许可或合同中所包含内容的变化有关的信息，如许可或合同销售方式的变化，企业许可协议的引入或变更、申请折扣的方式等。

5. 变革管理与采用专家。这可能包括在变革管理最佳实践方面具有正式资格和／或背景的人。他们在采用计划阶段被引入，帮助客户制订可能的最佳采用计划，也可能参与管理或监督采用的实施。

6. 项目管理专家。这可能包括具备正式资格和／或项目管理最佳实践背景的人。他们也在采用计划阶段被引入，帮助客户制订可能的最佳采用计划，然后与客户项目经理一起领导、管理或监督采用的实施。

庆祝成功

我们用简短的说明来结束对客户成功管理实践框架的讨论。最后一条建议是，一定要确保在管理和完成需要以某种方式适应越来越紧凑的个人日程安排的艰苦工作的所有压力之中，仍然留出时间来认可、奖励和庆祝客户成功经理个人与团队的成功。

客户成功管理实践框架第 7 阶段的活动与产出

客户成功管理实践框架第7阶段的活动

客户成功管理实践框架第7阶段的活动包括：

1. 定期评审你在客户互动方面完成的工作，以明确为自己和团队吸取的经验教训。

2. 记录你为客户互动开发的任何最佳实践的流程、工具和模板，并将它们以一种固定格式保存，以便你自己或整个客户成功团队都可以访问它们。

3. 确定所犯的错误或吸取的教训，以便在未来类似的互动中做得更好，并规划如何做到这一点。

4. 为取得个人职业的成功制定自己的愿景，确定实现这个愿景的关键成功因子，然后设计和计划活动并按计划进行，以实现目标。

5. 定期开会（如每季度开一次），正式评审上一时期取得的进展，并确定下一时期的活动和目标。在可能的情况下，评审可以与你的团队经理一起完成，但也可以选择与一个同事一起完成。

6. 不仅要为客户成功团队的中央存储库充实内容，还要对其进行管理和维护。

7. 有机会时，通过帮助团队成员来发挥团队精神，当你需要帮助的时候，不要害怕向其他团队成员寻求帮助。

8. 只要有机会，就经常庆祝自己和团队的成功。

客户成功管理实践框架第7阶段的产出

客户成功管理实践框架第7阶段的主要产出是一个更优秀的你。怎么做到呢？通过吸取你在与每位客户互动并帮助他们努力实现价值的过程中的经验教训来做到。除了这一点，随着你的知识体系的不断成熟和发展及个人经验的不断增长，你和你的团队要适时完善最佳实践的流程、工具和模板。

12

结束语

第 **12** 章

谁从客户成功管理中受益

客户成功管理值得做吗

这是何苦呢？正如我们看到的那样，客户成功管理需要付出很多努力，所以为什么要自找麻烦呢？不提供客户成功管理服务，难道不是更简单、更省事且能够节约支出吗？毕竟，我们在没有正式的客户成功管理岗位的情况下生存了多年，而且重要的事情已经由客户服务人员完成了，不是吗？

我经常听到客户成功管理行业内外的人提出上述问题。老实说，在任何情况下，答案都不是明确的"是"。这确实取决于公司销售什么、如何销售及销售的对象。决定一家公司通过拥有和运营客户成功管理团队所能获得的投资回报水平的4个主要因素如下所示。

1. 来自服务合同续签的收入。客户成功管理可以很好地降低客户流失率，提高续签率（续签客户的百分比）和续签级别（每个续签合同的价值）。如果来自"X即服务"合同续签的收入足够高，特别是当该收入在所有收入中占很大比例或公司的战略是增加"X即服务"合同的收入时，那么拥有并运营一个客户成功管理团队在财务上可能是合理的。

2. 售出的产品、服务和/或解决方案的复杂性。如果公司销售复杂的产品、服务和/或解决方案，它们需要高水平的计划和活动来实施（如定制、安装、配置、与公司其他系统的集成、培训和最终用户的支持、业务能力和流程的革新等），那么客户就会对客户成功管理人员能够提供的与客户引导、采用和价值实现等相关的帮助有着更高的需求。

3. 客户忠诚度与终身客户价值。如果客户忠诚度对公司来说很重要（因为公司希望通过在客户的整个生命周期内向客户销售多种产品、服务和解决方案来提高总收入，而不是向客户销售相对较少的产品、服务和解决方案），那么公司可能希望将更多的努力投入客户成功管理活动之中，将其作为整体客户体验战略的一部分，目的是最大限度地提高客户的留存率。

4. 交易的平均规模。如果客户在公司的产品、服务和/或解决方案上进行了投资，那么他们很可能对自己的购买所带来的回报有着更高的期望，同时也会对他们从供应商那里获得的售后支持的类型和水平抱有更高期望。

客户成功管理对客户的好处概述

客户希望从供应商提供的客户成功管理服务中获得的好处是多种多样的，不过，最常见的好处如表12.1所示。

表 12.1 客户成功管理最常见的好处（对客户来说）

好 处	描 述
改进客户引导的体验	当客户成功经理同时具备产品知识和客户知识时，当他们能够与客户协商并了解客户组织的特定的客户引导需求时，客户能够获得更好的客户引导体验。这使客户能够更快、更有效地采用和使用解决方案
使用有益的资产和资源	熟悉自己公司和第三方的资产与资源（如通用的培训内容、用户指南、安装说明等）的客户成功经理可以根据他们对客户需求的理解，作为一个有益渠道来推荐和提供这些资产和资源
使用技术专长和其他专长	既了解自己公司的人力资源又了解第三方的人力资源（不仅包括技术专家，还包括商业咨询、变革管理、项目管理、培训等领域的专家）的客户成功经理可以作为推荐和提供这些人力资源的有益渠道
提高解决方案的采用率	客户成功经理可以帮助客户提高解决方案的采用率，方法是提供其他客户采用相同或相似解决方案的经验，并通过推荐最佳实践流程和工具来规划和实施采用计划，使解决方案的用户能够最大限度地发挥其潜力
增进对投资回报率的理解	客户成功经理通过帮助客户确定适当的关键绩效指标，并以对公司决策者有意义的方式帮助分析和报告衡量的结果，从而帮助客户更好地理解投资回报率
更好地管理变革	客户成功经理可以运用他们的解决方案知识来帮助客户管理来自他们自己组织内部的变革（如战略方向的改变），以及他们所购买的产品和服务的革新（如产品升级）

客户成功管理对客户成功经理的公司的好处概述

客户成功经理的公司可能希望通过部署客户成功管理服务来帮助客户从他们购买的解决方案中实现价值。客户成功管理对客户成功经理的公司的好处也是多种多样的。最常见的好处如表12.2所示。

表12.2 客户成功管理最常见的好处（对客户成功经理的公司来说）

好处	描述
提高合同续签率	那些获得了帮助并从购买的解决方案中产生并实现可能的最大价值的客户更有可能续签服务合同，也更有可能续签更高级别的合同
提高合同续签级别	通过帮助客户了解如何从购买的解决方案中获得额外价值，客户更有可能续签更高级别的服务合同，以实现这种额外价值
增进客户的理解	通过与客户在售后服务中密切合作，帮助客户适应新产品、采用新产品和实现价值，客户成功经理可以了解客户的很多信息，从而帮助自己的公司了解怎样变得对客户更有用
改善与客户利益相关者的关系	通过与客户在售后服务中密切合作，帮助客户适应新产品、采用新产品和实现价值，客户成功经理可以加强和深化与关键利益相关者的关系，从而增加销售额和延长客户的总生命周期
增强产品/服务的研究和开发	因为客户成功经理与客户一起实地观察和了解了客户怎样采用和使用客户成功经理公司的解决方案，因此可向研发团队提供有价值的反馈，告诉后者如何改进产品和服务的未来迭代，使之更适应客户的真正需求
增加来自客户的宣传	因为客户成功经理将过去的销售关系延伸到采用并最终扩展到价值实现，所以在价值已得到衡量和实现的后期阶段，他们是请求客户支持的最理想人选，如请求客户作为销售参考，提供产品推荐，并用于书面案例研究
增加其他销售机会	除了提高现有解决方案的合同续约率和续签级别，客户成功经理还可以充分了解客户组织面临的挑战、机遇、规划和需求，从而发现向同一客户销售更多解决方案的额外"扩展"机会

客户成功管理常见的陷阱

会出错的事情

就像在个人生活中一样，商业中也有许多事情会出错。有时这些事情是不可避免的，要么是因为我们无法及时预见到并采取纠正措施，要么是因为超出了我们的控制范围而无法影响它们。然而，精明的客户成功经理可以通过一些方法来做好准备，这样既可以在一开始就减少这些挑战发生的可能性，又可以在挑战发生时减少负面影响。表12.3提供了客户成功管理常见的陷阱，拥有丰富知识和自我意识的客户成功经理可以完全避免这些陷阱，或者在它们发生时采取应对措施。

表 12.3 客户成功管理常见的陷阱

陷 阱	后 果	行 动
为每位客户做太多	没有足够的时间适当地履行自己的岗位职责，导致生产力下降	确保客户拥有尽可能自给自足的信息。试着扮演顾问、咨询师和项目经理的角色，而不是对更长、更复杂的请求说"是"。理解同事和利益相关者的关键角色，并让他们适当地参与进来
没有为自身职业持续发展留出时间	客户成功经理渐渐变得无用且与客户的需求不再相关	使用 80/20 规则，将 80% 的时间分配到客户成功经理的职业角色上，将 20% 的时间分配到你自己的角色上。这使你能够及时了解自己公司的产品和服务、客户的业务和行业，以及自己的知识和技能
不了解自己公司的客户成功战略	没有优化时间去执行那些最符合这个战略的任务	确保你非常清楚地知道，作为客户成功经理，你的公司和上级对你的期望是什么。例如，与续签合同相比，拓展销售机会有多重要？与从健康状况评分高的客户那里获得支持相比，是否应当优先考虑帮助健康状况评分低的客户
太过注重技术问题而忽略了业务问题	将客户成功经理提供给客户的帮助的潜在价值降低到了仅提供技术协助	尽可能将与客户利益相关者的对话聚焦在业务问题和对业务结果的要求上。积极发展与业务相关的关键利益相关者的关系。在可能的情况下，将技术问题交给专业的专家处理（即使你自己能够处理）
对客户的商业模式、战略、能力、挑战及结果缺乏洞察	阻碍了客户成功经理成为客户可信赖的业务顾问，降低了客户成功经理能够提供的帮助的价值	学习如何创建和分析业务模型，花时间提出高质量的开放式问题，这些问题涉及客户的商业愿景、战略、能力和挑战，尤其是他们渴望的结果，以便客户成功经理拥有足够的背景信息，能够理解并帮助客户

续表

陷阱	后果	行动
将太多的时间花在了"文书工作"和日常管理上	由于与客户合作的时间不长，缺乏生产力和效率	诸如客户关系管理和健康评分系统等工具是用来了解客户并记录活动的重要资产，但它们绝不能成为客户成功经理开展"真正的"面向客户的活动的障碍，这些活动才能真正地实现客户成功
缺乏最佳实践资源，如框架和工具/模板	由于每次都必须弄清楚该做什么和怎么做，导致生产力和质量低下	采用最佳实践框架，或者使用现有的或自己创建的清单、工具和模板，以一贯高质量的方式继续执行任务，而不是每次都浪费时间去想该做什么和怎么做。与直接上级及团队成员合作，在整个团队中创造最佳实践
缺少与客户的持续沟通	削弱了与客户的关系，降低了客户成功经理在客户心中的重要性，并且减少了续签合同与扩展销售的机会	作为客户的客户成功经理，确保与客户保持联系。这应当包括定期的业务评审，至少每季度进行一次

客户成功是客户体验皇冠上的宝石

我们衡量的是幸福还是成功

在讨论客户成功管理背后的概念时，重要的是要认识到，"客户成功"与"客户幸福"或"客户满意"是不同的，尽管它们肯定密切相关。一般来讲，"客户幸福"或"客户满意"是指客户对公司整个体验的总体满意程度，包括产品和服务的质量及有用性、员工的友善和专业知识、营销与销售技术、售后支持水平，以及其他任何与双方关系有关的内容。

我并不是说客户的幸福不重要——很明显，它很重要——但我们需要承认两者之间的区别。客户满意是对整体客户体验的衡量。客户成功则略有不同且更加具体。顾名思义，当客户成功地从他们购买的产品和/或服务中获得了他们希望获得的价值时,客户成功就发生了。因此,成功是价值的衡量标准,客户从对产品和服务的投资中获得的回报越多,客户购买这些产品和服务就可以说越成功。

总之,我将客户幸福或客户满意描述为对客户从他们与公司的关系中获得的整体体验的衡量,而将客户成功描述为对客户通过使用产品和服务来产生他们想要的商业结果从而实现的整体价值的衡量。

客户成功是客户体验的子组件

如果我们是在定义和/或衡量整体的客户体验,那么就该从客户幸福或客户满意的角度来讨论;如果我们是在更具体地定义和/或衡量客户价值的实现,那么就该从客户成功的角度来讨论。客户成功(衡量客户价值实现)是客户体验的子组件(衡量客户幸福或客户满意),如图12.1所示。在公司中,每个以任何方式与客户互动的员工都在整体客户体验中发挥作用。客户成功经理的工作重点是帮助客户增加他们从公司购买的产品和服务中获得的价值,在成功履行岗位职责时,客户成功经理当然也会对整体的客户体验做出贡献(见图12.1)。

客户体验					
市场营销	销售	专业服务	产品支持	管理服务	客户成功
分析客户,提高产品意识,进行宣传和教育	了解需求,制作销售计划书和进行交易谈判	因为给客户创造额外价值而需要支付额外费用的服务	解答客户问题,解决产品相关问题	按照合同规定的质量和可用性交付特定的服务	帮助客户将从产品中获得的价值最大化

图12.1 客户成功是客户体验的子组件

综上所述,客户成功衡量客户从使用产品和服务中获得的价值。提高客户成功的水平,是客户成功经理的具体任务。在这么做的过程中,客户成功经理的努力也将提高客户的幸福(或满意)水平,因为客户体验将变得更加积极。

为什么客户成功如此重要

在我看来,客户成功是客户体验牌组中的王牌。当然,客户体验的各个方面都必不可少——如果没有市场营销、销售、客户支持、服务管理和专业服务,企业不可能称之为企业——我并不是说它们都不重要。然而,我的建议是,如果客户成功经理能让客户成功,即使客户体验不那么理想,客户也会比较宽容,并仍然保持忠诚;相反,如果客户成功经理不能使客户成功,即使客户体验的各个方面都很出色,客户也不太可能保持那么高的忠诚度。

让我们暂时扭转方向,从客户的角度来看问题。作为客户成功经理,如果我们设身处地为客户着想,我们会认为什么是他们与我们关系中最重要的东西?或者换句话说,他们为什么购买我们的产品、服务和解决方案?是什么让他们当回头客并继续购买?我的观点是,在他们认为我们的营销信息是优秀的还是令人尴尬的,或者我们的销售过程是简单的还是令人沮丧的,或者我们的产品支持服务是有用还是做得不够之前,对他们来说,最关键的还是我们的产品、服务或解决方案是否解决了他们的问题或满足了他们的需求。如果我们的产品和服务为客户产生了可衡量和可证明的价值,那么客户就会对客户体验的其他方面宽容得多。相反,如果我们的产品和服务不能为客户产生可衡量和可证明的价值,那么这些客户将很可能不再是我们的客户了,无论我们对他们有多好或与他们合作有多容易。

客户成功——关键

从本质上讲,我想说的是,客户成功是关键所在。赢得新客户要付出很大的努力。任何从事销售或市场营销的人都知道,与从现有客户那里赢得更多的业务相比,赢得新客户是多么的困难。研究表明,如果用金额来衡量,对大多数企业来说,将更多的精力放在增加现有客户终身价值

（Customers' Lifetime Value，CLV）而不是获取新客户上是有意义的，而且只要在客户终身价值上有小小的改进，就可以获得显著的利润增长。

怎样改善客户体验

与客户成功一样，客户体验也是当前非常流行的一个词，改善客户体验的概念是许多公司关注的焦点。想知道如何改善客户体验的组织需要问问自己，目前在客户体验的哪些方面最强，哪些方面最弱。由此可以清楚地看到组织需要在哪些方面进行投入，才能将其提升到一个合适的水平，从而创造出良好的整体客户体验。在许多情况下，组织可能要在客户成功方面进行投入，因为这是客户体验的一个方面，通常也是最薄弱的一环。

帮助现有客户实现最大成功的价值

客户好比珍贵的钻石，需要培养和珍惜。客户体验的所有方面都有助于培养客户忠诚度，所有方面都很重要，但在我看来，对客户来说，最关键的问题是他们是否能从购买中获得积极的投资回报（这种投资回报可能是可以衡量的，而且并不总是用金钱来衡量）。这就是为什么客户成功管理是如此重要。我们的产品、服务和解决方案要么能够满足客户的需求，要么不能。假设我们已经有一些很棒的产品、服务和解决方案，目前有一些客户正在使用它们，那么我们能做的最重要的事情就是提高业务盈利能力，帮助客户从这些产品和服务中获得最大价值，这样我们才能留住客户，并继续向他们销售更多的产品。

客户成功管理的未来

客户成功管理将走向何方

客户成功经理仍然是一个相对较新的职业，虽然正如我们所看到的那样，与客户成功经理的职业角色相关联的许多职能和活动已经存在了很长时间，并且由各种不同的面向客户的人员来履行其职责，包括销售人员、服务管理人员和支持专业人员等。我们已经看到，客户成功经理作为一个特定角色的崛起，在很大程度上是由于供应商需要通过提供灵活服务型产品来为客户提供更高的敏捷性，从而使客户能够做出风险更低的购买决策。

客户成功管理现在绝对是"一件要做的事"，而且看起来肯定会持续下去。那么，它将从这里走向何方？它将如何随着时间的推移而改变和调整呢？当然，就像其他人一样，我也没有一个能让我看到未来的"水晶球"，但我确实想跟读者分享一些我认为客户成功管理未来可能的走向的想法，供读者参考。

客户成功管理将得到更广泛的采用

对价值的差异化需求，加上客户对敏捷和灵活的服务式合同和共享风险模型的需求增加，将继续推动客户成功行业的增长。客户成功管理的概念最初是为"软件即服务"行业内的大型企业设计的，而现在，客户成功管理被所有规模和行业的企业广泛采用。例如，我的一个好朋友的妻子成功地将客户成功管理方法应用到她经营的牙科诊所，作为一家小型企业，牙科诊所在收入增长和客户留存方面都取得了优异的成绩。

客户成功管理将更加融入业务

目前，客户成功管理有时会让人感觉像被添加到业务中的事后想法，并不完全适用于任何领域。关于"客户成功管理属于哪个领域"的问题，在特定的公司内部和更普遍的客户成功行业内部都引发了诸多讨论。它是销售和市场营销的一部分吗？它属于专业服务和管理服务吗？或者，它是不是应当成为"客户体验"的一个全新部门？在一些公司，如Salesforce.com，首席客户官和首席财务官处于同一组织级别，只负责客户成功管理团队。

虽然将来各公司的组织结构和层级可能会因需要而有所不同，但我认为，从最初的研发到生产、市场营销、销售和客户支持运营，客户成功管理的概念将体现在公司的所有部门之中。最终，我们将看到组织将客户成功管理放在整个业务的首位。

客户成功管理将成为一个新兴行业

就像每个新创意一样，客户成功管理也有生命周期，我认为，可以肯定地说，我们目前看到的客户成功管理刚刚开始步出生命周期的"早期采用者"阶段，并开始进入"早期大多数采用"阶段。这一趋势很可能持续到"晚期大多数采用"阶段，最终即使是"落后者"也会接受客户成功管理的概念和价值观，尽管这可能需要相当长的一段时间才能发生。但与此同时，我相信我们正在看到的"早期大多数采用"的转变将使业界制定更清晰的职业指南和标准，包括全行业最佳实践框架和工具的开发，如在本书中介绍的那些，这将有助于标准化客户成功管理的工作方式，并确保符合质量、效率和生产力的要求。

客户成功管理将被自动化以扩大规模

并不是每家公司都能向客户出售价值数百万美元的解决方案。一些公司销售水电站的大坝，另一些公司销售蜡笔，但可以说，无论客户购买的是战略软件系统还是一盒回形针，客户成功管理仍然是必需的。不过，问题在于，虽然为支持少量的高价值客户而提供较少的客户成功经理看起来相对简单，但面对数以万计的客户，而且每个客户的净资产都较低时，客户成功经理所在的公司难以承担向这些客户提供大量的客户成功管理服务。实现客户成功的唯一途径是将客户成功管理活动自动化，以提供对客户仍然有价值的、客户也负担得起的服务。

客户成功管理术语表

本术语表（见表12.4）不打算全面概括所有的术语。其目的是列出一些在客户成功管理行业中更常用的术语，并解释它们是如何在本书的背景下和更广泛的客户成功管理领域中使用的。许多单词有多个定义，因此即使你熟悉某个术语，我还是建议你回顾一下定义，这样你就知道我在本书中是如何使用它的。同样，如果有一些术语对你来说是新的，而且在这个阶段对你来说没有意义，也不要担心，每个术语都在书中适当的地方进行了充分的解释并提供了必要的例子，以确保读者完全"理解"。

表12.4 客户成功管理术语表

术 语	描 述
X 即服务（XaaS）	作为服务提供的"任何东西"，客户通常按月、季度或年度合同为服务付费，但有时也以"现收现付"的方式提供服务
客户成功	指客户从购买和使用产品与服务中获得可衡量的价值
客户体验	指客户从与客户成功经理的所有互动中感受到的总体幸福感或满意度
专业服务	可与核心产品或服务一同出售的单独收费服务，可能包括咨询、管理、开发等
支持服务	在客户购买了产品或服务后，为他们提供技术和/或最终用户帮助和协助的服务
增值服务	免费销售或提供的服务，与主要产品/服务一同交付，提高了主要产品/服务对客户的价值
营业收入	由全部或特定部分的产品、服务或解决方案（以及它们的使用）所产生的收入，通常按年计算
资本支出	与购买和实施产品、服务或解决方案相关的前期成本
运营支出	与管理和维护产品、服务或解决方案相关的持续成本
总支出	与产品、服务或解决方案相关的总成本，通过将资本支出和运营支出累加起来计算
利润	将产品、服务或解决方案产生的收入减去总的资本支出和运营支出。利润通过收入减去总支出来计算（技术上称为毛利润）。投资回报率这个术语有时被用来描述利润

续表

术　语	描　述
投资回报率	正确使用的话,投资回报率指的是投资的效率水平(例如,投资对我们来说有多么"有效"),通常用百分比表示,百分比越高,效率越高。投资回报率的计算方法是从收入中减去总支出,然后除以总支出。不过,在非金融领域,投资回报率通常用于描述利润
客户引导	向客户提供信息和帮助,以确保他们能够开始使用购买的产品或服务
价值主张	对客户将从特定产品或服务的使用中获得的预期价值的描述
研究与分析	揭示信息并进行研究,以了解其意义和/或价值的行为
计划	确定为实现目标需要开展哪些活动及应当怎样开展这些活动的行为
项目管理	管理活动和衡量进展,以引导和指导如何成功实现某一目标的行为
变革管理	为了降低变革对公司的负面影响及确保变革完全发生而对变革进行管理的过程
采用	将新系统、新流程、新产品或新服务投入使用,从而产生预期产出的过程
扩展	向现有客户销售更多产品、服务和/或解决方案的过程
产出	开展某一活动的直接结果,可以对其进行衡量,以确定该活动的价值
结果	购买计划预期的最终结果,通常是通过一段时间内多个产出的积累来实现的(例如,产品的每次销售都有助于实现年度收入目标这个结果)
激励	为用户提供正面的奖励或者负面的惩罚,以激励他们做(或者不做)某事
验证	核实的过程,以确保信息足够准确或观点达成一致
活动	一项可被描述为需要完成的一件离散"事情"的任务
框架	最佳实践指南,将复杂的目标分解为一系列包含活动的步骤,并提供关于应当如何开展这些活动的帮助
敏捷	能够在不花费太多成本或不太困难的情况下改变当前正在发生的事情
风险	对不确定性的衡量,基于意外事件发生时可能产生的后果

续表

术　语	描　述
角色（待商榷）	拥有相同采用需求的一群用户
用户群	执行相同任务或履行相同职责的一群用户
高级权威人物	拥有权威并获得他人尊重的人，人们因此倾听和服从其要求与命令
高级决策者	负责做出（或者参与）具有深远影响的高层决策的人。通常负责管理预算
高级项目领导	负责项目日常管理的人，通常由高级决策者任命和/或是高级决策者的直接下属
关键利益相关者	影响高层决策的人，通常凭借他们的资历、经验或地位来影响
利益相关者	任何对项目感兴趣和/或受其影响的人
最终用户	正在或将要执行受项目影响的活动的人（因此可能需要与之沟通并提供适当的培训、支持和激励）
最高层高管	高级管理人员，通常（但不总是）在他们的职位名称中使用"首席"一词，如首席执行官
观点	一个人或一群人的观点，他们由于在公司的位置和/或在项目中的角色而拥有共同的观点
视角	个人或团队的视角（它定义了他们在公司中的位置和/或他们在项目中的角色）
主题专家或专家	具有特定专业知识的人，能够提供与该专业知识相关的建议和指导，以帮助决策者做出明智的决策
愿景	对公司在未来希望成为什么样子的高层次的、有抱负的描述
目标	愿景的一个特定方面（愿景可划分为多个目标）
目的	目标的一个特定方面（目标可划分为多个目的）
使命	对公司为将愿景变成现实将做些什么的高级的、有抱负的描述
战略	实现目标的中级计划
战术	实现目标的详细计划
SMART 目标	具有具体、可衡量、可操作、现实和有时限等特点的目标
计划	客户为了实施某种战略或战术而正在进行的特定项目或任务
路线图	涵盖中长期时间框架的高级计划，它通常将整个计划划分为包含构件和里程碑的阶段
构件	路线图的一个组件，可以被离散地描述和衡量

续表

术　语	描　述
里程碑	有助于衡量实现预期结果进展情况的中期目标
项目	为达到预期结果而进行的全部活动
解决方案	为解决共同的问题或克服共同的商业挑战而组合和打包在一起的多件产品和多项服务
客户互动	客户成功经理与客户合作的一个特定实例，以帮助客户从购买的产品和/或服务中实现价值。客户成功经理应当将与每位客户的互动作为一个单独的项目来对待，并进行衡量和管理
互动战略	客户成功经理为其自身利益而开发的与特定客户互动的总体计划
互动策略路线图	客户成功经理与某位特定客户进行互动的策略，将其总结并格式化为简单易懂的文档
客户购买计划	客户在自己的业务范围内进行的项目，这是他们购买产品和/或服务的根本原因。购买计划涉及的范围可能很大，如整个公司范围，也可能较小，只影响一个团队、部门或流程
健康评分	客户成功管理中常用的衡量标准，用于确定客户成功经理自己的公司与每位客户之间关系的相对健康程度
净推荐值	这是一个常常用来确定客户总体满意度的指标，通过询问客户将公司推荐给朋友或同事的可能性来计算
关键成功因子	必须与所有其他的关键成功因子一起获得，才能实现该购买计划的成果
关键绩效指标	用来指示在实现目标和结果方面所取得的进展程度。为充分了解实现结果的总体进展情况，有可能需要使用多个关键绩效指标
客户留存	保持（并衡量）现有客户的行为——特别是当客户签订了年度或月度可续签服务合同时
客户流失	对不续签合同的客户的衡量，通常表示为客户总数的百分比。例如，14%的流失率表示14%的现有客户不再续签合同
价值实现	从客户成功经理的公司的产品、服务和/或解决方案中为客户实现价值的过程，通过长期使用它们来帮助客户实现结果
采用障碍	对公司产品、服务和解决方案的成功采用构成潜在障碍的挑战或问题，因此必须加以克服
用例	关于如何使用客户流程生成特定产出的一步一步"演练"
续签	在现有服务合同期满时续签服务合同（如按年续签）

续表

术语	描述
客户生命周期	一家特定的公司或一个特定的个人作为公司客户的整个时间长度
互动生命周期	客户成功经理与客户进行互动,以协助他们完成已购买产品或服务的特定计划的整个时间长度
产品/服务生命周期	客户在产品或服务被替换之前所使用的全部时间

恳请提供反馈

写本书是一种乐趣和荣誉,我真诚地希望它给你带来了新的概念和新的创意,你可以应用到你自己独特的情况中去,为你的客户、你的公司和你自己创造更多的价值。

我非常渴望从读者那里获得反馈,因为反馈是我们学习和改进的动力所在。无论你想说什么——简单的评分,或者你对本书的一般性评论,抑或针对本书中可改进的方式提出具体的建议——我都渴望听到你的声音。我保证,所有的反馈我都会饶有兴趣地阅读。谢谢你!

你还想要更多

如果你喜欢本书,希望更进一步为自己或整个客户成功团队做一些事情,那么你可以找到与客户成功相关的文章、培训课程、认证考试、指导、咨询、在线工具和其他服务的信息,这些都是我提供的,并且与本书相辅相成,有助于你将客户成功管理实践框架背后的概念提升到另一个层次。